Pedro F. Barbadillo

Historia desconocida del Imperio español

LIBROS
EN EL
BOLSILLO

Edición en Libros en el Bolsillo, abril de 2025
www.almuzaralibros.com
info@almuzaralibros.com
Síguenos en redes sociales: @AlmuzaraLibros

Libros en el bolsillo: Óscar Córdoba
Edición: Rosa García Perea
Impreso por Liberdúplex

I.S.B.N: 978-84-10527-70-6
Depósito Legal: CO-479-2025

Código IBIC: HB
Código THEMA: NH
Código BISAC: HIS000000

Editorial Almuzara
Parque Logístico de Córdoba. Ctra. Palma del Río, km 4
C/8, Nave L2, nº 3. 14005 - Córdoba

Impreso en España - *Printed in Spain*

A los jóvenes de los dos hemisferios que se reconocen en esa herencia común de religión, lengua y cultura que llamamos Hispanidad.

El futuro es de ellos.

ÍNDICE

PRÓLOGO

Una película subvencionada por el canal de la televisión pública presenta la gesta científica y humanitaria de la primera expedición mundial de vacunación como una lucha de egoísmos y avaricias entre aristócratas y curas. Docenas de concejales quieren suprimir de los escudos de sus municipios las referencias a la Reconquista porque las consideran racistas. Un periodista propone depurar de machismos el Museo del Prado, sin duda esperando que se le encargue a él la operación. Un funcionario privilegiado que ejerce como ministro de Cultura compara la colonización española de América con la del Congo dirigida por el rey Leopoldo de Bélgica y nos recomienda reconocer nuestras culpas coloniales, como han hecho —apelación infalible para muchos catetos— «los países de nuestro entorno».

Los españoles padecemos desde hace décadas una catarata de insultos y desprecios a nuestra historia y a nuestros antepasados que no existe en ningún otro país. Los hechos enunciados en el párrafo anterior son sólo algunos de los más recientes, pero quién no las ha escuchado más idiotas o, peor aún, quién no ha tenido que escribirlas en exámenes. Los mexicanos, según Octavio Paz, viven «entre el mito y la negación»; los españoles estamos peor, porque la negación es de nosotros mismos y el mito es, sencillamente, insulto.

¿Qué podemos hacer frente a estas oleadas de odio financiadas por los poderes públicos y divulgadas por los medios de comunicación y las universidades? Lo mismo que frente a otras mentiras patrocinadas, como la de vivir en la «era de la ebullición», o los proyectos de restricción de nuestra libertad, como la supresión del dinero físico. Lo primero es no creerlas y lo segundo es, en la medida nuestras posibilidades, combatirlas, siquiera en nuestros grupos de redes sociales. Y en cuanto ejecutemos ambos actos, uno interno, que es la convicción, y otro externo, que es la acción, las cosas comenzarán a cambiar.

Uno de los mayores estandartes de España ante el mundo es el buque-escuela *Juan Sebastián Elcano*, prueba de lo que los españoles podemos hacer cuando apartamos las divisiones y trabajamos juntos. Ese barco no solo despliega nuestra bandera, sino que también da a conocer al primer marino que circunnavegó la Tierra. ¡Pues estuvo a punto de no llevar ese nombre y solo lo impidió la osadía de unos muchachos!

Cuando en 1925 empezó la construcción del buque-escuela de la Armada en los astilleros de Cádiz, la prensa y las autoridades locales lo llamaron *Minerva*, por otro barco, un motovelero con ese nombre del que se habló como primer buque-escuela adaptado. Sin embargo, la adaptación era irrealizable y el Gobierno prefirió encargar un barco nuevo. El empresario dueño de los Astilleros de Cádiz, Horacio Echevarrieta, propuso que se bautizase al buque-escuela con el nombre de quien era presidente del Gobierno en ese momento, el general Miguel Primo de Rivera, en la cima de su popularidad al haber acabado con la guerra de Marruecos. La costumbre de los ricos cuya fortuna depende de las dádivas y contratos gubernamentales de halagar a quienes firman en el *BOE* no se ha alterado.

El día fijado para la colocación de la quilla en el astillero, el 24 de noviembre de 1925, acudió Primo de Rivera. Durante los actos, los alumnos de la Escuela Naval insistieron a Echevarrieta que el español que debía honrar el barco era el vasco Elcano, junto con Cristóbal Colón, el mejor marino de la historia. Este se lo propuso a Primo de Rivera y el presidente dijo en público que el Gobierno se comprometía a cumplir esa petición.

No sabemos quién de los guardiamarinas tuvo la idea, ni quiénes se la plantearon al constructor. Pero ellos hicieron más por España que esos gobiernos de los que podemos decir lo mismo que escribió Jorge Luis Borges sobre los que conoció en Argentina: «En este país los gobiernos suelen ser pésimos». Al final, lo intangible, lo inmaterial, lo espiritual, son los pilares que sostienen a una nación. Y mientras haya españoles que se sientan como tales, España resistirá.

Contar la proeza científica del calendario gregoriano nacido en Sañamanca, las mañas del conde de Gondomar en la corte inglesa o la determinación del general Miguel de Álava para recuperar los cuadros robados por los franceses es una manera de alzar la cabeza y alejarla de la putrefacción actual. No, no somos como la mayoría de quienes ocupan los escaños del Congreso y aprueban las leyes que nos obligan a conductas cada vez más humillantes. Puede que tengamos que soportarles y mantener sus privilegios, como a los últimos vástagos de linajes endogámicos y babeantes que han heredado, junto con sus taras, el poder, porque ninguna sociedad puede librarse de un grupo de parásitos. Pero no aceptemos jamás sus patrañas ni sus deseos de convertirnos en individuos tan viles y cretinos como ellos. La primera manera de rebelarnos es conociendo nuestra historia. Por ello, coincido con mi admirado amigo Aquilino

Duque: «para seguir sintiéndome orgulloso de ser español, no tengo más remedio que refugiarme en esa historia de la que abomina la "corrección política" y que culmina en dos conceptos que son el Imperio y la Hispanidad».

Agradezco a la editorial Almuzara que haya aceptado mi propuesta de continuar glosando y, en algunos casos, desvelando episodios y personajes desconocidos de esa época que llamamos Imperio español. Agradezco, sobre todo, a los lectores que han agotado las varias ediciones de mi libro anterior, *Eso no estaba en mi libro de historia del Imperio español*. Les deseo a quienes repitan que no queden defraudados. Y a quienes por primera vez me leen les digo que hay mucho más en la historia de España de lo que les contaron en el colegio que merece conocerse, siquiera para ser patriotas y ciudadanos cabales que renuncian a vivir en la mentira.

1. EL FRAILE QUE FUE EL «REY JIMÉNEZ»

Cumplidos los cincuenta y cinco años, muchos hombres consideran que ya han hecho todo lo que les correspondía en su vida y piensan en el retiro. Sin embargo, el franciscano Francisco Jiménez de Cisneros a esa edad comenzó sus grandes servicios a la Cristiandad y a España. ¡Los caminos del Señor son inescrutables!

El historiador francés Joseph Pérez cuenta que, en el siglo XVII, varios pensadores, entre ellos el influyente obispo Fénelon, propusieron a Cisneros como ejemplo de gran estadista y lo contrapusieron al cardenal Richelieu. Mientras el francés era vengativo, avaricioso y corrupto, el español destacaba por lo contrario; incluso el francés no vacilaba en aplastar y hacer matar a sus rivales, cuando el español prefería el acuerdo con los rebeldes y los remisos. Cisneros demostró lo acertado del dicho de otro cardenal que también gobernó España, aunque dos siglos más tarde, Giulio Alberoni: «España, bien administrada, es un monstruo desconocido».

DE BACHILLER AMBICIOSO A EREMITA

El futuro rey sin corona de España nació en 1436 en Torrelaguna (Madrid), adscrita entonces al arciprestazgo de Uceda, en una familia de pequeños comerciantes. Su padre, Alfonso Jiménez, fue regidor de la villa. Recibió en el bautismo el nombre de Gonzalo. Marchó a Salamanca en 1450 a estudiar leyes y teología, y regresó a Torrelaguna graduado en 1560.

Cisneros ataviado como cardenal en la sala capitular de la catedral de Toledo.

Su primer plan para entrar en el mundo por la puerta grande fue instar en Roma un proceso por irregularidades canónicas contra el arcipreste de Uceda. Este fue depuesto y Cisneros le sustituyó; pero el arzobispo de Toledo, Alfonso Carrillo de Acuña, del que dependía el arciprestazgo, le encarceló por unos meses para bajarle los humos. El bachiller Cisneros terminó en la diócesis de Sigüenza, donde prosperó hasta el punto de que podía considerarse uno de los clérigos más ricos de Castilla.

En 1484, tuvo un deslumbramiento religioso que le condujo a abandonar sus puestos y prebendas y a renunciar a sus bienes. Marchó al eremitorio de La Salceda, en la Alcarria, y cambió su nombre de pila por el de Francisco, en homenaje al santo de Asís. De ese retiro le sacó el cardenal Pedro González de Mendoza. El jerónimo fray Hernando de Talavera había sido nombrado primer arzobispo de la Granada reconquistada y era también confesor de la reina Isabel I. Para ocuparse de esta función, Mendoza recomendó al franciscano, ya conocido en Castilla por su sana doctrina y sus virtudes. En el año prodigioso de 1492, Cisneros entró en la corte y no porque él hubiera llamado a la puerta de los palacios. De las filas del pueblo llano fue elevado a los más altos puestos de la sociedad de su época gracias a su valía y, en ocasiones, contra su voluntad.

En 1494, sus hermanos le eligieron provincial de la orden en el reino de Castilla. La reina, encantada con el franciscano, consiguió que el papa Alejandro VI le nombrase en 1495 arzobispo de Toledo, la sede primada más importante de España, cuando falleció Mendoza y, también la más deseada por los grandes linajes y los poderosos. Después de las casas de los Mendoza, los Carrillo y los Álvarez de Toledo, más un hermano del valido Álvaro de Luna, la mitra toledana pasó a un franciscano sin parientes ricos, más como prueba que como premio. Su jurisdicción abarcaba las actuales diócesis de Toledo, Madrid, Getafe, Alcalá y parte de las provincias de Guadalajara, Albacete, Jaén, Badajoz, Cáceres y Granada. Cisneros aceptó por obediencia. Sin embargo, Toledo, siempre hostil al poder, como demostró varias veces en la dominación musulmana, se le opuso. Así describe José García Oro al vecindario de la ciudad:

> «Toledo era el desafío permanente a los arzobispos: una nobleza en permanente bandería; un Cabildo obsesivo de su autonomía y grandeza y desconfiado hacia sus prelados; una catedral en permanente reconstrucción; una ciudad que pretendía ser casa de la Monarquía y sede de las Cortes del reino. Alcalá era para los prelados la verdadera casa de campo.»

Los prebendados no querían a un fraile observante como obispo que les obligase a cumplir los votos; el de castidad, sí, y también los de obediencia y pobreza. El cabildo mandó a Roma a un delegado capitular para presentar sus quejas al papa Alejandro VI. Por orden de los Reyes Católicos, el embajador García Laso de la Vega se presentó con su guardia en el puerto de Ostia para forzar al cura a regresar a España.

Cisneros con esclavos cristianos liberados en Orán.

Cisneros, sin duda escarmentado por sus pleitos anteriores, no empleó la fuerza, sino la negociación, y en septiembre de 1497 fue recibido por toda la población y los distintos bandos. Él quiso entrar de noche para evitar los homenajes, pero tuvo que hacerlo de día y en medio de un despliegue de lujo que no le agradó.

Su tarea como reformador religioso determinó que España se librase de las guerras de religión que asolaron Alemania, Inglaterra y Francia, y a la vez ejerciese de paladín de la Iglesia. Su amparo legal fue la bula *Quanta in Dei Ecclesia*, concedida por el papa en junio de 1493. Fray Francisco encabezó la reforma de las órdenes y su vuelta a las reglas de los fundadores respectivos: franciscanos, benedictinos, agustinos y dominicos. Su labor también se extendió a las órdenes femeninas. Él y sus delegados persiguieron a los curas amancebados, obligaron a los relajados a atender sus parroquias y conventos y mejoraron el nivel cultural del clero, ya que incluso había párrocos que apenas sabían leer o eran analfabetos. En vez de la soberbia y la rebelión de Martín Lutero, practicó la obediencia a Roma y la aceptación del magisterio y la tradición de la Iglesia. Y esa proeza fue importante no sólo para la Iglesia, sino también para la unidad de España.

> «Lo que la reforma eclesiástica que hicieron al alimón confesor y confesanda —uno actuando y la otra sosteniéndole— representa para España, salta a los ojos: se anticiparon —quitándole el pretexto— a la otra, la de Lutero, el 'nuevo Elías', según sus paniaguados. Ambos a dos plantaron palma, que cuando fruta, fruta para otros; cargaron con las amarguras, y nos libraron de buena, pues dado nuestro carácter, tan amigo de

> campar por sus respetos, los diversos reinos de las Españas, con su religioncilla de campanario, andarían a tarascadas y zarpazos un día sí y otro también».[1]

Alfonso de Aragón, bastardo del rey Fernando y arzobispo de Zaragoza, trató de extender a la Corona de Aragón las medidas cisnerianas.

Uno de los empeños del primado de España fue la erección de una universidad en la cercana Alcalá de Henares, proyecto heredado de sus predecesores, Carrillo y Mendoza. Entonces Madrid no pasaba de ser una pequeña villa, de modo que se podía viajar entre Toledo y Alcalá sin atravesarla. En 1499, año en que se trasladó a Granada a petición de Isabel y Fernando para impulsar la conversión de los musulmanes, Cisneros fundó el Colegio Mayor de San Ildefonso, cuyo primer curso académico se inauguró en 1508.

Antes, en 1502, había comenzado los trabajos para elaborar la Biblia Políglota —en latín, griego, hebreo y arameo—: compra de libros y manuscritos, contratación de traductores y eruditos y forja de los tipos de imprenta para esos idiomas. Cisneros confió la dirección de este proyecto al teólogo Diego López de Zúñiga, perito en latín, griego, arameo, hebreo y árabe. Y aunque el cardenal vio concluido el texto, murió antes de que se realizasen las impresiones.

En Granada se empeñó en conseguir la cristianización de los musulmanes, para la que predicó en persona. En enero de 1500 calculó en 50.000 las conversiones, que acompañó de la quema de coranes. También defendió a los cristianos nuevos de suspicacias por parte de los cristianos viejos.

---

1 SANTA MARINA, Luys: *Cisneros*, Luz de Trento, Madrid, 2023, p. 79.

Sus actividades no tenían fin y se dedicaban tanto a lo más grande como a lo más pequeño; en todas ellas aparece la preocupación por la correcta administración y el «bien común».

En su diócesis construyó silos —entonces llamados pósitos— para almacenar el grano sobrante de las buenas cosechas. Y propuso a los vecinos de Alcalá de Henares plantar encinas en unos montes pelados a las afueras para que aprovechasen la leña y las bellotas para criar cerdos; sin embargo, los alcalaínos prefirieron que siguieran siendo pastos para sus ovejas. Editó manuales de agricultura para los campesinos. Obligó a que las personas se identificasen e inscribiesen en los documentos con el apellido paterno. Renovó el rito mozárabe y fundó una capilla dedicada a él en la catedral de Toledo. Envió misioneros franciscanos y de otras órdenes a América y redactó instrucciones para proteger a los nativos. La presencia franciscana fructificó no sólo en bautismos, sino en obras materiales, como la construcción de un hospital en 1503. Y, como un obispo de la Reconquista, amplió las fronteras de España.

La piratería berberisca asolaba las costas de España y el Rey Fernando había impulsado las conquistas del peñón de Vélez de la Gomera y del puerto de Mazalquivir (1505). Cerca de éste se encontraba la ciudad de Orán, objetivo que Cisneros le propuso a Fernando. Como el monarca le dijo que la Corona no disponía de fondos para sufragar la conquista, se realizó a costa de las rentas de su arzobispado, de unos 60.000 ducados anuales. En 1509, junto a un ejército de 14.000 hombres mandado por Pedro Navarro, Cisneros viajó a África para participar en la conquista de la ciudad, que permanecería bajo soberanía española hasta el siglo XVIII. Una vez tomada, «consagró el cardenal las mezquitas:

una a Nuestra Señora de la Encarnación, y otra en que había muchos moros muertos al Señor Santiago, que ya está bien curado de espantos y no muere de coz de gansa»[2] . Como tantos otros europeos de esos años, soñó con la liberación de Jerusalén y avanzó un poco hacia oriente las banderas de la Cristiandad. El primado de las Españas incorporó Orán como una vicaría de su sede.

Cisneros fue uno de los servidores más leales a los Reyes Católicos.

---

2 SANTA MARINA, Luys: *Op. cit.*, p 244.

A Cisneros le costó tiempo cobrar los más de treinta millones de maravedíes empeñados en esta campaña. Aunque Fernando era un genio político, la tacañería destacaba como uno de sus defectos, que también sufrió su hija la infanta Catalina en la lejana Inglaterra mientras enlazaba un matrimonio con otro en la casa de los Tudor. Conquistador y cruzado por unos meses, Cisneros no olvidó su carácter académico y regresó de Orán con numerosos libros y pergaminos árabes para la biblioteca de su universidad.

REGENTE DE CASTILLA

Desempeñó por dos veces la regencia de Castilla. La primera, después de la muerte de Felipe I el Hermoso, en septiembre de 1506. Al rey Fernando le prometió en una carta secreta que le envió a Nápoles que «entretendría a todos los grandes de Castilla» y pondría el reino a su favor. En la presidencia del Consejo de Regencia, se enfrentó a varios linajudos que quisieron recuperar los privilegios arrebatados en el reinado anterior. En julio de 1507, por fin regresó Fernando y se encargó de la gobernación en nombre de su hija, la enferma Juana I. Así, Castilla fue el primer reino europeo en el que se sucedieron dos mujeres en el trono, aunque la desdichada Juana lo hiciese sólo de nombre desde su encierro en Tordesillas.

Aunque pasó a ocuparse de su diócesis, Cisneros siguió prestando consejo al rey. Éste, en agradecimiento, le nombró inquisidor general en lugar del arzobispo de Sevilla, Diego Deza, y obtuvo del papa Julio II que le crease cardenal. El franciscano recibió los dos cargos ese mismo año.

La segunda vez que ejerció como regente de Castilla,

en esta ocasión sin junta, es decir, sin compartir el poder, transcurrió desde la muerte del rey Fernando hasta su propio fallecimiento.

Durante cerca de nueve años, Fernando el Católico se dedicó a gobernar sin impedimentos. Se sentía más a gusto en Castilla que en Aragón, adonde no regresó ya. En sus viajes le acompañaban su nueva esposa, Germana de Foix, con la que se había casado en 1505 para sellar la paz con Luis XII de Francia, y su nieto el infante Fernando, llamado así en su honor. Había nacido en Alcalá de Henares en 1503 y permanecido en España. Por el contrario, a su hermano mayor y heredero de Juana, solo se le conocía por retratos y cartas, pues no había pisado España. En su último vagabundeo, el Rey penetró en Extremadura para ir a Sevilla, dejó a Fernando con los jerónimos del monasterio de Guadalupe, muy queridos por la reina Isabel, y él prosiguió hasta Madrigalejo, donde la muerte le alcanzó el 23 de enero de 1516. Como un presagio, unos días antes había sabido del fallecimiento de Gonzalo Fernández de Córdoba en Loja en diciembre.

En su testamento, el Rey nombró al cardenal Cisneros como regente de Castilla y a su bastardo Alonso de Aragón, arzobispo de Zaragoza, regente de Aragón. El pequeño Fernando creía que seguía vigente un testamento anterior, otorgado en Burgos en 1512, que le colocaba a él en la regencia, y trató de dar órdenes. El Consejo Real le respondió con una cita bíblica: «No tenemos otro rey que el césar». Enterado Cisneros, corrió a Guadalupe, no en busca de gloria para él, sino de paz para el pueblo.

> «Luego que el Rey Católico murió, yo fui a Guadalupe solamente por poner recabdo en lo que

toca al infante Fernando, porque no oviese algunas revueltas y alteraciones en estos reinos.»

Echó mano del infante, de sus cortesanos y del enviado de Carlos, Adriano de Utrecht, y todos se trasladaron a Madrid, pequeña villa que ya pujaba por la capitalidad de España, gracias a su situación y su condición de realenga.

En los veintiún meses que desempeñó la regencia, Cisneros se ganó el apodo de «Rey Jiménez». Se dedicó a afianzar la autoridad de la monarquía; no compartió el poder ni con los aristócratas castellanos ni con los enviados de Bruselas, pero trató de hacerlo sin violencia, mediante el aviso, la negociación y la apelación a la autoridad real que él representaba. Si lo anterior fallaba, desplegaba soldados y cañones, y los usaba. ¡Y tenía ochenta años!

Hubo varias revueltas de nobles y de villas; las principales ocurrieron en Málaga, Burgos y Huescar. El recién conquistado reino de Navarra (1512) se agitó, por lo que Cisneros envió tropas al virrey y procedió a demoler numerosas fortalezas, entre ellas el castillo de la familia del futuro san Francisco Javier. También mandó soldados a Sicilia, a pesar de que la isla era de soberanía aragonesa. Desde Madrid escribía a Carlos para que acudiese cuanto antes a España a jurar ante las Cortes. El joven, que solo tenía dieciséis años, se hacía el remolón. Vigilaba al belicoso rey de Francia y en las cartas en las que aprobaba las medidas del regente le pedía más dinero. No comprendía que el trono que le había llegado por la muerte de un anciano lo podía perder a manos de alguien más joven que él. El reparto del inmenso patrimonio que se acumulaba en los Austrias entre los dos hermanos lo trataron varias veces sus abuelos, el emperador Maximiliano y el rey Fernando, y aunque habían decidido mantenerlo unido en la cabeza de Carlos el acuerdo podía convertirse en ceniza. En Bruselas se vendían los cargos que quedaban vacantes en Castilla y así se creaba un malestar que estallaría más tarde en la sublevación de las comunidades.

Uno de sus proyectos más queridos, propio de quien tenía temple de monarca y había sufrido la soberbia de los magnates, fue el de «las gentes de Ordenanza». Se trataba de una milicia permanente de 10.000 hombres, que se reclutaría en las ciudades en función de su población; estas mantendrían a los soldados, que recibirían a cambio de su servicio la hidalguía y la exención de impuestos. Estarían bajo el mando de la Corona, dedicadas a defender los caminos, proteger las fronteras y guarnicionar las plazas fuertes. Carlos aprobó el plan en abril de 1516 y en seguida se presentaron voluntarios unos 30.000 hombres.

De haberse cumplido, Castilla habría dispuesto de un ejército moderno, pero era tan innovador y rupturista que dos poderes rivales se unieron para hacerlo fracasar: la aristocracia y las ciudades. Los nobles temían que semejante milicia, en la que ellos ni pinchaban ni cortaban, la usara la monarquía contra los más rebeldes de entre ellos; y a algunas villas les preocupaba que los milicianos se convirtiesen en una carga para sus arcas, ya que no solo tendrían que mantenerlos, sino que encima estos dejarían de abonar impuestos y quizás hasta quedasen oficios vacantes.

Cuando los hombres del regente se presentaron en Valladolid para reclutar los seiscientos milicianos que se habían asignado a la ciudad castellana, el concejo se opuso, amparándose en sus privilegios y libertades. Detrás de los burgueses, se encontraban el almirante de Castilla, el condestable, el arzobispo de Granada, el duque de Alba, el marqués de Astorga y el conde de Benavente. El cabildo protestó a Carlos y este, para evitar más tumultos, le mandó a Cisneros suspender las «gentes de Ordenanza».

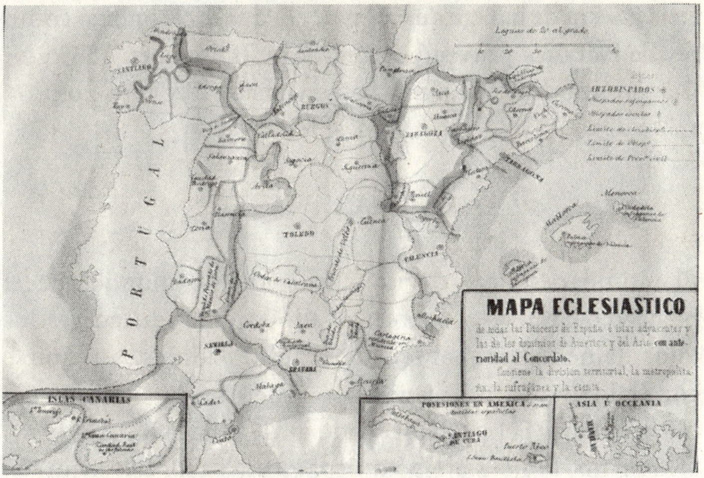

Las diócesis españolas antes del concordato de 1851. El arzobispado de Toledo se extiende hasta Valladolid y Osma en el norte y Córdoba, Jaén y Cartagena en el sur.

Entre tantos aciertos, Manuel Fernández Álvarez señala un borrón debido a «los desorbitados celos regionales». Cisneros desconfiaba de los naturales de la Corona de Aragón y trató de sembrar en el rey ausente esa sospecha, mediante opiniones y consejos como el de que jamás nombrase un embajador ante el papa que fuera originario de esos estados. Carlos no le hizo caso y mantuvo en Roma hasta 1520 al valenciano Jerónimo Vich y Valterra, designado por el gran Fernando en 1507, y en 1528 envió al catalán Miquel May Rovira. Vich causó una inmejorable impresión en Julio II, apodado «El Terrible», al pronunciar su discurso de presentación de manera breve y elegante.

Y May, que entró en la corte pontificia al año del «*sacco di Roma*» y sin haber cumplido los treinta años, fue capaz de reconciliar a Clemente VII a Carlos V. A cambio de la devolución por el Emperador de varias plazas conquistadas en la guerra de la Liga de Cognac, el Papa le reconoció como rey de Nápoles y aceptó coronarle en Bolonia en 1530[3]. Ni Cisneros podía acertar en todos sus haceres y consejos.

LA NUEVA DINASTÍA

El último desencanto que sufrió en este mundo fue el rechazo del nuevo monarca, un adolescente educado en los lujos flamencos y manipulado por aduladores, a reunirse con él. El muchacho, dispensó a Cisneros un trato similar al que su padre, Felipe, había dado al viejo Fernando.

Por fin, la flota arribó a España en Tazones (Asturias) en septiembre de 1517. Carlos fue a Tordesillas a visitar a su madre, en cuyo nombre él reinaría hasta 1555, y citó al regente en el pueblo de Mojados. Los recién llegados estaban al tanto de la agonía del cardenal a través del médico de este. Cisneros, llevado en litera, falleció en el camino, en el palacio de los condes de Siruela, en Roa, el 17 de noviembre de 1517. Mientras agonizaba consumido por su edad y sus trabajos, se recibió otra carta del Austria en el que le decía que se volviese a Toledo, como a un administrador del que se sospechan sisas. Las palabras de desagradecimiento las pusieron en los oídos de Carlos sus consejeros flamencos y castellanos, que de esta manera se vengaban de quien les

3 ABELLA Y RAMALLO, Carlos: *Confesiones del Palacio de España en Roma*, Ciudadela Libros, 2012, Madrid, pp 48-49.

había cerrado los cofres. Al menos se las ahorró, porque sus íntimos no le entregaron la carta. Viejo y cansado, aunque sabio y astuto, Francisco Jiménez de Cisneros entregó una Castilla unida, purificada y fortalecida a otro rey extranjero, como el imbécil Felipe el Hermoso. «Carlos halla en él a su más leal servidor», escribe Alfredo Alvar Ezquerra, ¡pero qué mal se lo agradeció!

¿Se torcieron aquí los destinos de España al enfangarse en las décadas siguientes en las querellas dinásticas y religiosas de las tierras del Rin y del Danubio, o bien fue uno de esos cambios de eje que suceden de vez en cuando en la historia en que un pueblo encarna el Destino?

En pocos años, como narraremos en otro capítulo, el flamenco Carlos, que hablaba mediante intérprete con sus nuevos súbditos, quedó tan subyugado por lo hispano que elogió a los españoles como sus mejores súbditos y escogió España para pasar sus últimos años de vida.

El cardenal Mendoza presenta a Cisneros a la reina Isabel.

En su testamento, Cisneros dejó su patrimonio a la Universidad y pidió ser enterrado en la capilla de San Ildefonso con la sencillez correspondiente a un franciscano. Sin embargo, sus albaceas incumplieron su deseo y encargaron en 1518 un espléndido sepulcro en mármol por el que se pagaron más de 2000 ducados de oro. El escultor, el italiano Domenico Fancelli, también había elaborado los sepulcros del príncipe Juan, en el monasterio de Santo Tomás el Real de Ávila, y el de los Reyes Católicos, en la catedral de Granada. Sin embargo, los restos de Cisneros y su sepulcro estuvieron a punto de desaparecer dos veces, después de la desamortización del XIX, más destructora para el patrimonio nacional que la guerra de Independencia, y en la guerra civil de 1936.

No es logro menor que muchos de los hombres que en las décadas siguientes del siglo XVI gobernaron dos continentes o polemizaron con los herejes se hubieran formado en la universidad cisneriana. Ésta, precisamente, fue el modelo para la primera universidad establecida en América, la de Santo Domingo, fundada en 1538.

La paz que había traído en vida se convirtió en disputa con motivo de su muerte. El nuevo rey desairó a un posible aliado, Alfonso de Aragón, al negarle la diócesis. En diciembre de 1517, el papa León X nombró como su sucesor en la sede Primada de las Españas a Guillermo Jacobo de Croy, sobrino de Guillermo de Croy, señor de Chiévres, el valido de Carlos. No sólo era un joven nacido en 1498 —tuvo que recibir una bula de indulto—, sino que además era flamenco, con lo que el rey bisoño incumplía el mandato de su abuela Isabel en su testamento de no conceder empleos ni cargos a extranjeros. Y para aumentar los agravios, De Croy no residió nunca en la diócesis y, encima, propuso dividirla en tres —Toledo, Alcalá y Talavera—. Su caso lo citaron los procuradores de las Cortes de 1518 y estuvo entre las protestas que azuzaron la rebelión de los comuneros. El imberbe arzobispo acompañó a su señor a Aquisgrán para su coronación como Rey de Romanos, en 1520, y luego a la Dieta de Worms, adonde estaba convocado el agustino Lutero para exponer sus tesis contra la Iglesia. Antes de la apertura de la asamblea, Guillermo de Croy se mató al caerse del caballo durante una cacería.

El siguiente arzobispo fue un aristócrata, Alonso de Fonseca y Acevedo, hijo del arzobispo de Santiago, pero al menos era castellano, tenía más de cuarenta y cinco años de edad y tomó a Cisneros como ejemplo. En su pontificado, que duró hasta 1534, vigiló al clero, financió las artes, fundó colegios y animó al emperador a acabar con la piratería atacando Argel. Tal era su proximidad a la corona que bautizó en Valladolid al futuro Felipe II.

De Cisneros, como explica el obispo emérito de Alcalá de Henares Juan Antonio Reig Pla,

> «podemos decir, sin embargo, que, siendo leal a la Corona española, supo distinguir entre el poder del monarca y el Reino que tenía que ser gobernado. La doctrina católica de la ley natural, establecida por la Sabiduría creadora de Dios y el concepto de bien común como el conjunto de instituciones y medios para el desarrollo y el perfeccionamiento de las personas presidieron el actual político del Cardenal. Además de procurar el florecimiento de la Universidad, Cisneros se preocupó de que no faltaran personas formadas para administrar el Reino desde la lógica del bien común persiguiendo

> la unidad política como fruto natural de la unidad religiosa».[4]

Religioso de observancia estricta, generoso, mecenas, constructor, gobernante, misionero y cruzado, convencido de que lo más importante para el hombre es conocer a Dios y salvarse, y hasta víctima del bando socialista. No sorprende, por tanto, que su nombre sea apenas conocido en la España del siglo XXI, donde los poderosos y parte del pueblo repudian la fe y la obra del «Rey Jiménez».

---

4 SANTA MARINA, Luys: *Op. cit*, prólogo de monseñor J. A. Reig Pla, p 24.

2. CUANDO EL ESPAÑOL RETUMBÓ EN ROMA

Es un tópico, incluso entre la historiografía proespañola, asegurar que los reyes de la Casa de Austria no se preocuparon de España, porque colocaban por delante el interés de la dinastía, incluido el de la rama germana. España y sus Indias eran, para ellos, solo una fuente de recursos para asegurar su poder en Europa: plata y soldados. Esa interpretación, que apuntala la consigna de que España no existe hasta los Decretos de Nueva Planta del siglo XVIII o la Constitución de 1812, se desmiente en la hispanización del emperador de dos mundos.

Cuando Isabel de Portugal mostró las señales de su primer embarazo, Carlos V trasladó la corte a Valladolid, y allí nació el 21 de mayo de 1527 su primogénito Felipe. Él fue el primer heredero de la monarquía destinado a gobernar todos los reinos españoles, y como tal recibió los títulos de príncipe de Asturias, príncipe de Gerona y príncipe de Viana. Consciente de su misión unificadora, escribe Manuel Fernández Álvarez, Felipe incorporó a su sello personal el lema «*Philippus Hispaniarum Princeps*», es decir, «Felipe, príncipe de las Españas». Para su educación, Carlos V asignó tutores exclusivamente españoles a su hijo. Y al final de su vida, el emperador decidió retirarse a un convento en Extremadura, no en su Flandes natal que defendió de Francia, ni en Austria, donde comenzó su linaje. Como concluye su biógrafo Fernández Álvarez, «aquel Carlos de Gante se acabó convirtiendo en Carlos de Yuste». Sin embargo, a parte de la familia le ocurrió lo contrario:

> «Su hermano Fernando y su hijo Max habían sufrido cierta regermanización, a consecuencia de la cual se hallaban muy en su hogar en Alemania, mientras que él, y aún más su hijo Felipe, quedaban bastante excluidos de todo lo alemán».[5]

Barbarroja representado con el tridente de Poseidón.

---

5 FERDINANDY, Miguel de: *Carlos V. Su alma y su política*, Áltera, Barcelona, 2008, p. 170.

De la misma manera que Carlos, que tenía como lengua materna el francés, aprendió castellano, Fernando terminó hablando, junto al castellano, el francés, el alemán y el italiano. Y la seducción fue recíproca entre los Habsburgo y los españoles de entonces. Una vez eliminado el pequeño movimiento de los comuneros, sus súbditos se abrazaron a Carlos. ¡Era tan deslumbrante el orbe que el césar mostraba en sus manos! Ya a finales de la centuria y a lo largo del siglo XVII, algunos, y no pocos, lamentaron la inacabable guerra de Flandes[6], donde se enterraban hombres por millares, pero entonces la juventud de Carlos y los signos que le acompañaban embriagaban de entusiasmo a muchos españoles. Este es uno de los poemas con que los sevillanos recibieron a Carlos y a su prometida Isabel, nieta también de los Reyes Católicos, tan pronto como en 1526:

> «Invicto Carlos, gran señor del mundo, que a ti solo el gobierno se atribuya, que venza al hado tu valor profundo, y el turco, y la africana tierra suya, tiemblen ya de tu brazo furibundo»

Otro de los abundantes actos que demuestran su nacionalización española consistió en pronunciar un retumbante discurso en lengua castellana ante el papa Paulo III, en vez de usar para ello el latín tradicional.

---

6 España envió a Flandes 250 millones de ducados a lo largo de siglo y medio, dinero con el que se pagó a veinticinco gobernadores y un ejército que osciló entre los 30.000 y los 90.000 soldados, en función de las campañas. Cfr. LOSADA, Juan Carlos: *Los generales de Flandes*, La Esfera de los Libros, Madrid, 2007, p. 327.

PRUEBAS DE LA TRAICIÓN DE FRANCISCO

Una las gestas que los europeos deben agradecer a España y a los Habsburgo es el combate contra los otomanos, que desde la conquista de Constantinopla (1453) avanzaban imparables por tierra y mar hacia el Oeste. En 1534, Jeireddín Barbarroja, pirata berberisco renegado al que el sultán Solimán había nombrado gran almirante el año pasado, sometió al Mediterráneo cristiano a una campaña de terror. Zarpó de Constantinopla al mando de una flota compuesta por unas ochenta galeras y veintidós fustas, y asoló las costas occidentales de Italia. En estas razias, Barbarroja hundió numerosos barcos, destruyó poblaciones y capturó a miles de italianos a los que convirtió en esclavos. Acabó la temporada con la conquista de Túnez y el estratégico puerto de La Goleta en agosto. El bey, Muhammad V, vasallo de España, huyó, y Barbarroja proclamó a Solimán nuevo soberano. En diciembre de ese año, en Oriente, Solimán arrebató Bagdad a Persia. El poder del Gran Turco parecía omnipotente.

Carlos V intentó terminar con este enemigo primero de la manera más sencilla y barata: el soborno. Mandó a Barbarroja un mensajero, el mercader genovés Luigi de Presenda, que hablaba árabe, con el ofrecimiento de reconocerle como señor del norte de África si abandonaba al sultán y se convertía en aliado suyo. Barbarroja, sin embargo, descubrió las intenciones del enviado y le hizo decapitar delante de los tunecinos[7].

---

7 CAPRIOLI, Francesco: «*The "Sheep" and the "Lion": Charles V, Barbarossa, and Habsburg Diplomatic Practice in the Muslim Mediterranean (1534-1542)*», revista *Journal of Early Modern History*, n.º 5, vol. 25, 2021, University of Minnesota, pp. 392-421.

Entonces, el emperador pasó a la vía militar y durante el invierno siguiente convocó a otros gobernantes cristianos para formar una flota que reconquistase Túnez. Para pagar la campaña contaba con el tesoro enviado por Francisco Pizarro desde Perú. Solo dos años había permanecido en España el soberano y ahora comenzaba una campaña en la que iba a arriesgar su vida y con el temor de que un fracaso provocara la desbandada de todos sus aliados y permitiera a Francisco y a Barbarroja irrumpir en Italia.

Carlos V pintado por Tiziano. Éste debió de ser el aspecto que tenía el emperador cuando pronunció su discurso.

A su llamada acudieron el rey de Portugal, que envió al hermano de Isabel de Avis, con varias carabelas y el *São João Baptista,* un galeón con 360 cañones, lo que le convertían en el buque con mayor potencia de fuego del Mediterráneo y el Atlántico, por lo que se le apodaba *Botafogo*. También participó la República de Génova, con diecinueve galeras, mandadas por Andrea Doria, un *condottiero* del mar, pues había pasado del servicio de Francisco I al de Carlos V; este le nombró almirante, le ennobleció con el título de príncipe de Melfi y le concedió el Toisón de Oro. Por último, el papa Paulo III, elegido en el cónclave en octubre de 1534, y la Orden de los Caballeros de San Juan, establecidos en Malta por merced del emperador en 1530, aportaron más galeras. El mayor esfuerzo correspondió a los reinos de Carlos. Se alistaron galeras, naos y urcas, tripulaciones, soldados y galeotes de Flandes, de los puertos del Cantábrico, de Nápoles, de Andalucía... El rey Francisco rechazó la petición de Roma de unirse a la expedición con la excusa de que había firmado una tregua con Barbarroja y, claro está, un soberano cristiano no podía faltar a su palabra; aunque se comprometió a no aprovechar la campaña para atacar a ningún otro cristiano. El Papa y el Emperador debieron de sentirse desencantados, pero al menos el mayor enredador de Europa guardaba sus armas por el bien de la Cristiandad.

Entre las ordenanzas que Carlos dio estaban las de cesar las disputas y las enemistades entre los miembros de la expedición y la prohibición de embarcar mujeres, a pesar de lo cual, aparecieron más de 4000 en Túnez. El emperador zarpó de Barcelona el 30 de mayo de 1535. La flota entera se reunió en Cagliari el 12 de junio, donde se le pasó revista: 74 galeras y 30 galeotas y fustas, más otras 300 embarcaciones menores; en torno a 25.000 infantes y 2000 caballeros, a los que se añadían los marineros, los señores, sus criados y los aventureros. El 13 de junio se salieron rumbo a Túnez. Las carabelas portuguesas ocupaban la vanguardia; en el centro iba el Emperador; y la retaguardia la mandaba Álvaro de Bazán y Manuel, fundador de una dinastía de espléndidos marinos[8].

En el viaje, Carlos cobró una pieza capital. En la escala que se realizó en Porto Farina (hoy Ghar el-Melh), se apresaron dos naos francesas, enviadas por Francisco a Barbarroja con el aviso de que una flota se dirigía contra él y que, por tanto, acelerase los trabajos de fortificación de la ciudad y de la fortaleza de La Goleta. No fue esta la única prueba de la traición del francés. El 14 de julio desembarcaron cerca de Cartago, la rival de Roma, nombre de gran resonancia en el Renacimiento, fascinado por el redescubrimiento de la Antigüedad. Allí, los cristianos se prepararon para el combate. El primer objetivo fue la fortaleza de La Goleta, llave de Túnez y su puerto.

La estrategia de Barbarroja, que disponía de más hombres —se ha hablado de cerca de 100.000—, pero no estaban tan entrenados como los cristianos, consistió en tratar de clavar a los invasores en esa comarca pantanosa en el verano y desgastarles mediante guerrillas. Es cierto que la disentería causó algunas bajas, pero no detuvo su penetración. El almirante otomano no debía de estar seguro de su victoria, porque despachó doce galeras cargadas de riquezas a su guarida de Argel. De España y de Nápoles llegaban galeras

---

8 FERNÁNDEZ DURO, Cesáreo: *Historia de la Armada española desde la unión de los reinos de Castilla y de Aragón*, Instituto de Historia y Cultura Naval, Ministerio de Defensa. Accesible en https://armada.defensa.gob.es/html/historiaarmada/tomo1/tomo_01_16.pdf

trayendo tropas de refresco y bastimentos y luego retirando a los heridos y enfermos en sus viajes de vuelta. La Goleta cayó después de casi un mes de ataques y bombardeos. El *Botafogo* rompió con su espolón las cadenas que cerraban el acceso al puerto. Después, los cristianos se dirigieron a Túnez. Los contraataques de Barbarroja fracasaron ante los tercios de españoles e italianos. En el interior de la ciudad, los prisioneros y esclavos cristianos se rebelaron al ver cerca su liberación. La mortandad de musulmanes fue enorme. El 21 de julio concluyó la batalla. Barbarroja huyó a Argel y en torno a 20.000 cautivos cristianos recobraron la libertad.

Escena idealizada del triunfo de Carlos V en Túnez.

Carlos devolvió Túnez al derrocado Muhammad V y le obligó a entregar el fuerte de La Goleta a España, donde se instaló una guarnición, mandada por Bernardino de Mendoza. Aunque el emperador insistió en aprovechar la fácil victoria para arremeter contra Argel, que sospechaban abandonado y aterrorizado, los jefes del mar le convencieron de que no era conveniente, porque la estación estaba avanzada, debían reponer suministros y Barbarroja había quedado quebrantado. Esto último era una suposición que no se cumplió.

Entre los despojos de los vencidos, los cristianos encontraron cañones marcados unos con las armas del Valois, unas delatadoras lises, y otros con su animal heráldico, una salamandra, y su divisa, «*Nutrisco et extinguo*». La revelación de la alianza entre París y Constantinopla ya no se asentaba sobre los inseguros rumores recogidos por un embajador o las palabras de unos espías que aguardaban una bolsa de oro, sino que se basaba en pruebas duras como el bronce. Que un monarca cristiano prostituyese su palabra y encima obstaculizase una cruzada contra el enemigo común musulmán llenó de indignación al Emperador. Su ira estallaría en Roma meses más tarde.

La operación fue un éxito, no solo militar, sino también propagandístico. En esa campaña, el emperador se ganaría el apodo de «Carlos el Africano» y el adjetivo de valiente por haber combatido personalmente en varias ocasiones. Además, incorporó a la expedición a poetas, cronistas y artistas para inmortalizar la hazaña. Uno de ellos fue el castellano Garcilaso de la Vega; y otro el flamenco Jan Vermeyen, que había servido como pintor de corte para sus hermanas Margarita y María, y luego elaboró a partir de sus bocetos una serie de tapices y grabados ensalzando el triunfo imperial.

La victoria de Carlos, que sería la única que conseguiría frente al islam, fue entonces tan humillante para los turcos que sus cronistas, a fin de proteger la reputación de invencibilidad y genialidad de Solimán, llegarían a escribir que Barbarroja tomó él solo la decisión de apoderarse de Túnez[9]. También se anudaron los lazos entre la Sublime Puerta y Francia para atacar al enemigo común. El emperador Carlos V delegó en Doria la prosecución de la campaña y el 17 de agosto zarpó en dirección a Sicilia, a donde arribó tres días después. Quería recibir el homenaje de sus súbditos, mostrar su poderío a los demás estados de la península y, también, revelar los tejemanejes de Francisco. Los sicilianos y luego los napolitanos se volcaron con su señor, que les había librado del azote turco. «Carlos, Carlos, César, César, Imperio, Imperio» aclamaban a su paso. En las ciudades se montaron arcos triunfales, fuegos artificiales, juegos, desfiles, conciertos, representaciones teatrales… En Palermo y Mesina se le dio la bienvenida con un versículo de los Salmos: «*A Solis ortu ad ocassum*» («Desde la salida del sol hasta el ocaso»). Cerca de Siracusa se fundó la ciudad de Carlentini, llamada así en su honor. El propio Carlos intervino en la elaboración de los festejos y el protocolo desplegados en Nápoles, donde gobernaba su virrey Pedro de Toledo. Y, tan importante como los festejos y la leyenda, los parlamentos locales aprobaban cuantiosos subsidios para el monarca.

Mientras tanto, le llegaban noticias del ansia de Francisco por apoderarse del Milanesado, de las maledicen-

9 TÜRKÇELIK, Evrim: «*The best-kept secret in the Mediterranean: Barbarrosa's 1534 Tunis Campaign*», revista *Mediterranea*, n.º 58, año XVII, agosto 2020, Università degli Studi di Palermo, Palermo, pp. 373-394.

cias que los franceses esparcían en la corte pontificia y de nuevos ataques piráticos. Barbarroja se mantenía en Argel tan poderoso que, cuando Carlos desembarcó en Sicilia, él arrasó Menorca. Los enemigos parecían las cabezas de la hidra. ¡Y el Papa y sus cardenales aparentaban neutralidad entre él y el rey de Francia!

Carlos de Austria y Francisco de Valois estaban enemistados desde hacía casi veinte años. Francisco, seis años mayor que Carlos, había sido coronado en 1516, y Carlos tomó posesión de sus reinos españoles en 1517. Los dos presentaron su candidatura a la corona imperial, cuando en 1519 murió Maximiliano I, el abuelo de Carlos, pero este dispuso del oro de Nueva España para pagar mayores sobornos a los príncipes electores; desembolsó 850.000 florines de oro. A los celos por haber sido derrotado, Francisco unió sus planes para acrecentar su territorio a costa de Flandes y de los estados italianos. El mayor obstáculo eran Carlos y sus ejércitos. Tan pronto como en 1521, Francisco animó a Enrique II de Navarra, que reclamaba al emperador la devolución del reino conquistado por Fernando el Católico en 1512, a cruzar los Pirineos, cosa que hizo coincidiendo con la sublevación comunera en Castilla. Además, Francisco continuó las guerras en Italia comenzadas por sus predecesores, Carlos VIII y Luis XII, para apoderarse de Nápoles o del gran ducado de Milán. En la batalla de Pavía, librada en 1526, el francés sufrió la humillación de ser apresado por los soldados de su enemigo. No era más que Carlos, pero desde ese momento no podía considerarse ni su igual. Siempre estaría por debajo, a no ser que le causase una derrota catastrófica. Y la única manera de lograrlo consistía en pactar con los otomanos, mientras Carlos se preparaba para enfrentarse a Barbarroja. Al morir Francisco II Sforza, duque de Milán, en octubre de 1535, Francisco reclamó ser reconocido como su sucesor y, a la vez que negociaba con el emperador y el papa, se preparó para invadir Milán y otro ducado, Saboya, cuyo duque era aliado de Carlos.

Transformado en un guerrero a la altura de Escipión, en un héroe clásico, en el protector de la Cristiandad y en el salvador de los italianos, Carolus Africanus entró en Roma el 5 de abril de 1536.

«QUIERO PAZ, QUIERO PAZ, QUIERO PAZ»

No hacía ni diez años del *sacco di Roma* por las tropas imperiales como castigo por la alianza del papa Clemente VII con Francia, Venecia y varios estados italianos contra el emperador. Pero reinaba otro pontífice, Paulo III, elegido el año anterior, y los romanos prefirieron festejar la victoria sobre los otomanos que traía el emperador en vez de recordar el saqueo; en vez de recordar los muertos, las ultrajadas, la destrucción de 30.000 casas o el uso de la Basílica de San Pedro como establo. El recibimiento fue apoteósico. Con los 50.000 ducados recaudados mediante un impuesto especial, el Papa embelleció la ciudad, limpió el Coliseo y derribó casuchas y hasta algunas iglesias para despejar la entrada entre la puerta de San Sebastián y el viejo Foro. Después de ser recibido por Paulo III en la Plaza de San Pedro, Carlos pasó dos días recorriendo la ciudad de incógnito y asistió a las ceremonias de la Semana Santa. Concluida esta, el 17 de abril, lunes de Pascua, pidió a una reunión con el Papa y la curia, a la que asistieron todos los embajadores, las personalidades residentes en Roma y, por supuesto, el séquito imperial.

El emperador habló durante una hora y se ayudó con un guion escrito en una hoja de papel. No se conservó ese papel ni hubo ningún taquígrafo que registrase el discurso, pero en seguida los embajadores y varios de los asistentes reprodujeron algunos de sus párrafos y, sobre todo, la intención. Así lo han podido reconstruir los historiadores. El discurso fue una iniciativa personal de Carlos V, al margen de sus dos consejeros más íntimos que le acompañaban, Antonio Granvela y Francisco de los Cobos.

Primero, se remontó a los orígenes de las guerras de Italia, que duraban ya décadas, y reprochó a Francisco que incumpliese una y otra vez los tratados firmados. En un magnífico *tour de force* presentó las pruebas de la inteligencia entre el «Rey Cristianísimo» y el gran almirante del sultán:

> «También creo que V. S. sabrá, y si no sépalo, que al tiempo que quisimos partir a hacer la empresa de Túnez, le enviamos a rogar para solo este efecto nos prestase sus galeras. A lo cual respondió que no lo podía hacer por cuanto Barbarroja era su amigo, y no solamente esto, más yo propio con mis manos tomé en la Goleta esta cartas que tengo en la mano, que las enviaba a Barbarroja en una fragata el rey de Francia en las cuales hay palabras de tan familiar amistad cuanto en ellas podrá ver quien ver lo quisiere».[10]

Para zanjar el enfrentamiento desafió a Francisco a un duelo,

10 FERNÁNDEZ ÁLVAREZ, Manuel: *Carlos V, el césar y el hombre*, Espasa Calpe, 18.ª edición, Madrid, 2006, p. 528 y ss.

> «En camisa con la espada y un puñal, en tierra o en mar, o en una puente o en isla, o en campo cerrado o delante de nuestros ejércitos, o do quiera o como quiera que él querrá y justo sea».

Anunció que al día siguiente marchaba para Lombardía, «donde nos toparemos para rompernos las cabezas»; y por tres veces, repitió: «Que quiero paz, que quiero paz, que quiero paz». Por último, le pidió a Paulo III que dijese delante del mundo quién de los dos monarcas tenía razón en la disputa y tomara partido[11].

Inmediatamente, los embajadores escribieron a sus capitales con los fragmentos más importantes del discurso, que así empezó a circular por Europa.

El 18, Carlos se despidió del Papa y se dirigió, a la cabeza de un ejército, contra Francisco. Esa guerra fue corta y desastrosa para el emperador. Concluyó en 1538 con la Tregua de Niza, un compromiso de paz por diez años y luego

---

11 En las crónicas actuales del discurso se suele incluir esta supuesta réplica del Emperador a uno de los dos embajadores franceses que dijo no entenderle: «Señor Obispo, entiéndame, si quiere, y no espere de mí otras palabras que de mi lengua española, la cual es tan noble que merece ser sabida y entendida de toda la gente cristiana». Este relato aparece en *Gentilezas y bravuconadas de los españoles*, de Pierre de Brantôme (1540-1614). Ninguno de los españoles presentes recogió esas palabras. Y, como explica el profesor Fernando González Ollé, «si el Emperador hubiera proferido la declaración final que le atribuye Brantôme, las propuestas y, sobre todo, el tono del discurso precedente hubieran sufrido un notable debilitamiento y aun hubieran caído en descrédito, por incurrir en manifiesta contradicción» (Cfr. GONZÁLEZ OLLÉ, Fernando: «El discurso de Carlos V en Roma (1536), ¿una apología de la lengua española?», *Carlos V. Europeísmo y universalidad*, vol. V, Sociedad Estatal para la Conmemoración de los Centenarios de Felipe II y Carlos V, Madrid, 2001).

de formación de una liga conjunta contra los musulmanes y los protestantes. El francés aparentó cambiar tanto que al año siguiente permitió a su rival —y cuñado— atravesar Francia desde España para llegar a Gante a aplastar una rebelión; incluso hicieron juntos parte del camino. Pero Francisco rompió la tregua en 1542, cuando comprendió que su rival no le cedería Milán. Ese tratado, como tantos otros firmados por el monarca francés, se convirtió en papel mojado. La emperatriz Isabel le había escrito a su marido cuando Francisco se comprometía a trocar paz y amistad eternas por el Milanesado: los franceses «no cumplen sus promesas».

En cambio, las palabras pronunciadas por Carlos V en Roma han resonado durante siglos. El emperador había introducido la lengua española en la que Fernando el Católico llamaba «la plaza del mundo». Y presumió de ello una vez que regresó a España. En las Cortes de 1537, celebradas en Valladolid, en el mismo lugar en que se le exigió aprender el castellano, Carlos alardeó del discurso que pronunció en Roma y añadió que estaba puesto por escrito.

EL CASTELLANO, LENGUA FRANCA EN ITALIA

¿Cuáles pudieron ser los motivos de que Carlos recurriese a la lengua española para su parlamento? Uno, desde luego, mostrar la importancia creciente de Castilla, reino que le proporcionaba dinero y soldados, en el Mediterráneo y en el Imperio. Y otro, resaltar la hegemonía española en Italia frente a Francia. El castellano se extendía con rapidez por la península en la primera mitad del siglo XVI, como demostró Benedetto Croce.

Los *lansquenetes* que saquearon Roma.

> «No ya sólo en la sociedad, sino en la política se difundía también el empleo del español. El castellano, en Cerdeña y en Sicilia, desplazaba al idioma catalán; en Nápoles se desarrollaba intensamente; español era el lenguaje de la diplomacia hasta en Lombardía, y español hablaban los virreyes y gobernadores, que no siempre tenían el humor de hablar, y hablar bien, el italiano».[12]

Fernández Álvarez interpreta que el discurso de Carlos de Habsburgo es

> «signo de su hispanismo cada vez más creciente, y que hay que tomar como un gesto de reconocimiento hacia la nación que mejor le estaba sirviendo».

12 CROCE, Benedetto: *España en la vida italiana del Renacimiento*, Editorial Mundo Latino, Madrid, 1920, p. 138.

Entre las peticiones que le habían presentado las Cortes de Castilla y León en febrero de 1518 estaba la de que aprendiese el idioma de sus súbditos. Esta fue de las pocas que cumplió, y lo hizo tan a conciencia que para la primavera ya lo hablaba con sus cortesanos. Pedro Mártir de Anglería escribió: «El Rey ya se ha soltado en hablar la lengua española y se expresa como si hubiera nacido y hubiera sido criado entre nosotros». Su hermano Fernando fue un políglota: junto a su castellano nativo, aprendió francés y el dialecto principal del germano y el del italiano; también leía latín y griego gracias a su educación humanística en Castilla. En cambio Felipe II fracasó en sus intentos de aprender tudesco y francés, lo que le distanció de sus súbditos del norte de Europa.

EL LATÍN, EL ESPAÑOL Y EL FRANCÉS CAEN ANTE EL INGLÉS[13]

A pesar de las victorias militares, de los magníficos artistas y literatos y de la ciencia que fundamentaron el Imperio, el idioma español no se convirtió en la lengua franca entre las clases gobernantes, cultas y académicas europeas. Ese fracaso pudo deberse a la división de los Habsburgo en dos ramas, la diversidad de los dominios hispanos, casi todos con lenguas cultas propias, la extensión del latín entre las

13 Para redactar este epígrafe seguimos la memoria de ORTEGA SALINAS, Joaquín: *El español en las organizaciones Internacionales*, inédita, presentada en la Escuela Diplomática, Madrid, 1961, según la cita YBAÑEZ BUENO, Eloy: *El idioma español en las organizaciones internacionales,* Anuario del Instituto Cervantes 1998. Accesible en https://cvc.cervantes.es/lengua/anuario/anuario_98/default.html

élites europeas, o quizás la renuencia de los propios españoles, encabezados por la Corona y el clero. No olvidemos que cuando se producen las emancipaciones americanas, el español no es la lengua mayoritaria en los países que surgen; alcanza ese predominio en las décadas posteriores, gracias a los regímenes republicanos.

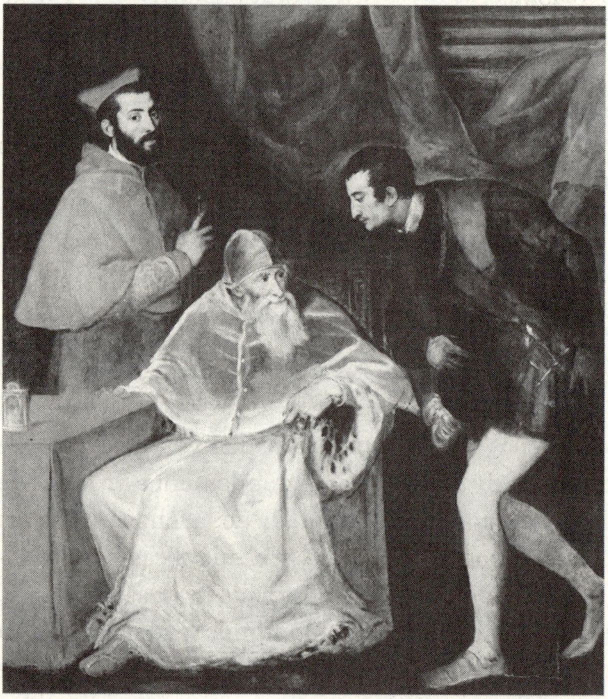

Paulo III, el papa ante el que habló el emperador.

Después del discurso de Carlos V, el latín mantuvo su hegemonía en las relaciones internacionales durante más de siglo y medio. Las negociaciones del Tratado de Utrecht se realizaron en latín, pero en las del Tratado de Rastadt, entre el reino de Francia y el Sacro Imperio, que fueron posteriores en unos meses, las delegaciones emplearon únicamente el francés. Esta lengua se fue imponiendo en los tratados firmados a lo largo del siglo XVIII, aunque algunas potencias incorporasen reservas a los textos. El Congreso de Viena constituyó un paradójico triunfo del francés en los palacios después de las derrotas de los soldados que lo hablaban en los campos de batalla. Los embajadores ingleses plantearon otra reserva a su uso, pero en el Tratado de París (1856), que concluye la guerra de Crimea, desaparecen las quejas o anexos en este sentido.

A finales del siglo XIX, la potencia que se levanta contra la lengua francesa no es la Alemania unificada, ni la Rusia zarista aliada de Francia, ni el Imperio británico, sino un país extraeuropeo: Estados Unidos. En la comisión de arbitraje reunido en París en 1893 para solucionar la disputa con el Reino Unido sobre la jurisdicción en el mar de Bering, el gobierno de Washington se opuso al empleo del idioma francés. Y en la conferencia de 1919, el presidente Woodrow Wilson, aureolado por su prestigio como elemento decisivo en la victoria de los Aliados, logró que el inglés se equiparara al francés. Todos los países implicados aceptaron como auténticas las versiones inglesa y francesa del Tratado de Versalles. La diplomacia francesa se desquitó en el resto de tratados que pusieron fin a la Primera Guerra Mundial, los de Neuilly, Saint-Germain, Trianon y Sèvres, pues se redactaron únicamente en francés, al igual que el Tratado de Lausanne, tres años posterior y que corrigió el de Sèvres en favor de Turquía.

En la Sociedad de Naciones y sus organizaciones se impusieron como lenguas oficiales la inglesa y la francesa, a pesar de las peticiones de las delegaciones hispanoamericanas para un uso más amplio del español. En la Conferencia de la Unión Postal Universal celebrada en Madrid en 1920, los representantes hispanoparlantes, respaldados por el estadounidense pidieron que se reconociera el español como lengua oficial junto al francés por ser mayoría entre los países presentes los de habla española; pero se rechazó. La exclusión de cualquier otro idioma se mantuvo hasta la Segunda Guerra Mundial.

En el sistema de las Naciones Unidas, los documentos fundacionales se redactaron exclusivamente en inglés, como la Carta del Atlántico y los Acuerdos de Bretton Woods, pero posteriormente se dio entrada a varios idiomas más, sobre todo en la Conferencia de San Francisco, que consagra el plurilingüismo. Ahora, los idiomas oficiales son el árabe, el chino, el inglés, el francés, el ruso y el español. Como del proceso de instauración de las Naciones Unidas se excluyó a España por su neutralidad en la guerra, la propuesta de la inclusión de la lengua española correspondió a varias naciones hispanoamericanas. Una prueba de que para ellas el español no es una simple lengua de trabajo o de relación que supere el multilingüismo en tantas antiguas colonias francesas o británicas, sino una parte esencial de su identidad y su cultura.

Y demostración, también, de que el Imperio español no fue un agregado de colonias sometidas a una metrópoli.

3. DE SALAMANCA SALIÓ EL CALENDARIO PARA TODO EL MUNDO

Uno de los hechos en que se constata el triunfo de esa Europa que ahora se acerca a su ocaso es la aceptación por todo el mundo de nuestra medida del tiempo. Incluso civilizaciones milenarias como la china y la india han tenido que aceptar el calendario gregoriano. ¿Pero cuántos seres humanos saben que cuentan los días y celebran sus cumpleaños en unas fechas concretas porque así lo calcularon unos científicos en Salamanca y lo mandó un papa? ¿Y cuántos españoles?

En un mundo tan secularizado como el occidental, se siguen contando los años desde el nacimiento de Cristo —*Anno Domini*—, conmemorando la Navidad y la Pascua de Resurrección, encendiendo hogueras en San Juan y feriando el lunes de Pentecostés. Por eso, los dirigentes de la sociedad tratan de sustituir los viejos nombres por «vacaciones del solsticio de invierno» y los santos por días mundiales dedicados a la tolerancia, la OMS, el retrete o los asteroides. «El símbolo trata de irritar en el hombre sus alas mutiladas», escribió Nicolás Gómez Dávila, y bien lo saben quienes quieren extirpar de los hombres su parte espiritual. Por ello, los revolucionarios franceses —nunca suficientemente maldecidos— trataron de erradicar el calendario, junto con sus fiestas cristianas y sus costumbres. Decidieron contar el nuevo tiempo, la Era de los Franceses, desde 1792. Los doce meses del año, a los que se cambiaron los nombres, los componían tres decenas de diez días, con solo uno de ellos de descanso; cada hora tenía cien minutos y cada minuto constaba de cien segundos. El año comenzaba el 22 de septiembre, el equinoccio de otoño, y se renombró como día *primidi* —primero— del mes de vendimiario. Robespierre fue depuesto el 9 de termidor del año III, equivalente al 27 de julio de 1794, y Napoleón se coronó emperador el 11 de frimario del año XII, o sea, el 2 de diciembre de 1804. Este calendario se abolió el 1 de enero de 1805 y solo lo recuperó otro régimen sangriento, la Comuna de París, durante dieciocho días de 1871. También en la URSS y Camboya, sus déspotas comunistas trataron de introducir sus propios calendarios, con castigos para quienes no los aceptasen.

Calendario soviético con la semana de cinco días.

Nuestro calendario recibe el nombre de gregoriano porque lo promulgó el papa Gregorio XIII. Este, que reinó entre 1572 y 1585, era un jurista especializado en derecho canónico y civil, por lo que nombró una comisión para reformar el entonces usado. Se limitó a impulsar y sancionar, que no es poco mérito para sus consecuencias universales, una obra elaborada en la que se encuentra el genio de varios profesores de la Universidad de Salamanca[14], entonces uno de los principales centros de conocimiento del mundo, tanto que en la ciudad leonesa vivieron o estudiaron los primeros economistas de la historia. Detengámonos un poco en este asunto.

LA INFLACIÓN, DELITO CONTRA EL PUEBLO

La ignorancia de la Escuela de Salamanca hasta hace muy pocos años responde, por un lado, al interés de los británicos y franceses por reclamar para ellos la gloria de tener los primeros economistas y, por otro lado, a la indolencia de los universitarios españoles, más pendientes de traducir a autores foráneos y de viajar al extranjero que de revisar los excelentes archivos españoles.

El dominico fray Tomás de Mercado y el sacerdote regular Martín de Azpilcueta explicaron la revolución de los precios del siglo XVI por la catarata de oro y plata venida

14 Quien mejor ha estudiado este avance científico ha sido la profesora Ana María Carabias Torres, autora de *Salamanca y la medida del tiempo*, Universidad de Salamanca, 2012. Lo consultamos para redactar este capítulo. http://bibliotecahistorica.usal.es/en/resources/current-news/19-novedades-bibliograficas/124-reforma-del-calendario-en-1582

de las Indias. Antes que el francés Jean Bodin, asociaron el nivel de los precios —inflación— con la oferta monetaria disponible. Este fenómeno no se producía solo en España, sino también en América. Otros españoles observaron que si los bienes eran más caros en Potosí que en Lima, a casi 3700 kilómetros, se debía a la abundancia de dinero en la ciudad minera. Este conocimiento recibe en la actualidad el nombre de teoría cuantitativa del dinero. El justo precio —que solo Dios conoce— depende, según Luis de Molina, de factores como la abundancia y la escasez por la cantidad de las cosechas; a mayor abundancia, menor será el precio justo; y viceversa.

Azpilcueta, llamado *Doctor Navarrus*, argumentó que el cobro de interés por el dinero prestado se justificaba por el pago por el tiempo. Pedro de Valencia enunció la verdad de que existen leyes fatales que no pueden ser derogadas por reales cédulas —el equivalente a los decretos actuales— y entre ellas citó el provecho propio; un precedente del concepto de la «mano invisible» que describió Adam Smith en Escocia en el siglo XVIII. Alberto Struzzi, diplomático italiano al servicio de España, puso como ejemplo de ello a la colonia de comerciantes flamencos establecida en Sevilla que había formado la Compañía de Ámsterdam. Aunque estos fueran herejes y súbditos rebeldes, con su conducta se convertían en defensores de la Monarquía Católica.

La Escuela de Salamanca criticó a los soberanos que degradaban el valor de la moneda por el daño a sus súbditos en sus modestos patrimonios. Estos teólogos y juristas de la España de los Austrias y la Inquisición se atrevieron a enfrentarse con la Corona y sus ministros, mientras que hoy muchos economistas aconsejan a los políticos causar inflación para reducir el coste de la deuda pública o devaluar la moneda. Igualmente, Mercado censuró a los banqueros que especulaban con los depósitos de los clientes debido al riesgo de perderlos en una operación fallida y a la ruptura de las condiciones pactadas. Para asegurar la solvencia de los bancos propuso un coeficiente de caja del 100 %, que evitaría la creación de dinero fiduciario por la banca o los gobernantes, junto con la especulación.

En esta escuela de pensamiento también brillan pensadores políticos y teológicos, como el jesuita Francisco Suárez, *Doctor Eximius*, contrario a la doctrina imperante en Inglaterra y Francia de que el poder de los reyes provenía directamente de Dios y, por tanto, era sagrado e inatacable. Entre Dios y el rey, el jesuita introdujo al pueblo. Sostuvo que la soberanía la recibía, primero, la comunidad y esta la entregaba a un monarca, que debía gobernar con justicia para conservar su legitimidad. También aceptó el tiranicidio del gobernante opresor, fuera o no católico. Su libro *De Defensione Fidei* fue quemado en Londres y prohibido por el Parlamento de París, porque menoscababa la autoridad de los reyes respectivos. En cambio, en la España de los Austrias y la Inquisición no sufrió ningún tipo de persecución o censura. Felipe II apreciaba tanto al *Doctor Eximius* que le envió a la Universidad de Coimbra, en Portugal, y en este reino de la Monarquía Hispánica falleció en 1617. Sus teorías se enseñaron en las universidades jesuitas americanas y en ellas se ampararon los independentistas americanos cuando la Corona quedó vacante a causa de la captura de los reyes por Bonaparte: al desaparecer la autoridad legítimamente constituida, a la que el pueblo debe obediencia, el poder político retornaba al pueblo para establecer un nuevo gobierno.

ONCE DÍAS QUE NO EXISTIERON

Para los cristianos, la fiesta principal de su fe es la muerte y la resurrección de Jesucristo, que, como narran los Evangelios, coincide con el comienzo de la Pascua judía, el día 14 del mes de nisán, según el calendario judío bíblico. Pero este es de base lunisolar; o sea, combina las fases de la luna para calcular los meses y el ciclo solar para el año. Por tanto, la fecha exacta de la Pascua y, ligada a ella, el comienzo de la Cuaresma, depende de las fases de la Luna[15]. El concilio de Arlés (314), convocado por el césar Constantino, acordó, aparte de la condena de la herejía donatista, que la celebración de la Pascua fuese el mismo día en todos los lugares. El concilio de Nicea (325), primer concilio ecuménico y que se cree que presidió Osio, obispo de Córdoba, designó como fecha para la Pascua de Resurrección el primer domingo posterior al plenilunio de primavera.

En el siglo IV de la era cristiana —aunque todavía no se fijaba el tiempo de esta manera—, el calendario vigente era el juliano, así llamado en honor a Julio César. Y antes de su adopción en el año 709 de la fundación de Roma o 46 antes de Cristo, el calendario romano era lunisolar y compuesto solo por diez meses. Como duraba 304 días, en seguida ese calendario dejó de seguir tanto las fases lunares como el

15 La Pascua judía y la cristiana siempre oscilan entre marzo y abril. Los calendarios hebreo y musulmán tienen una duración de entre 354 y 355 días. Pero en el musulmán, al ser de base exclusivamente lunar, los cambios respecto al calendario gregoriano son más amplios. Por ejemplo, el mes de ramadán, dedicado al ayuno, en 2010 se extendió entre agosto y septiembre; en 2016 abarcó desde el 6 de junio a la primera semana de julio, y en 2023 ocupó la última semana de marzo más veintiún días de abril. Los meses lunares duran veintinueve días y unas horas.

ciclo solar. El astrónomo egipcio Sosígenes de Alejandría le sugirió al cónsul Julio César la adopción de un calendario de doce meses de duración determinada más un día extra cada cuatrienio. El año de su implantación se conoció como el «año de la confusión», ya que se añadieron noventa días para colocar los meses en sus estaciones correspondientes. El comienzo del año lo mantuvo César el 1 de enero, cuando los cónsules romanos prestaban juramento, aunque muchos pueblos conservaron otras fechas, como el 25 diciembre, el solsticio de invierno. El único defecto del calendario juliano es que se atrasa respecto al año solar; cada año, once minutos y quince segundos respecto a la hora astronómica; lo que suponía un día cada 128 años.

Con el paso del tiempo, el defecto afloró y se plantearon varias reformas, entre las cuales figuran las *Tablas alfonsíes*, del rey de Castilla y León Alfonso X el Sabio. En el siglo XVI el desfase entre el calendario y el año trópico medido desde Nicea ya superaba los diez días. El Papa Julio II convocó el quinto concilio de Letrán (1512-1517) para reformar la Iglesia y en respuesta al concilio cismático de Pisa reunido el año anterior por su enemigo, el rey francés Luis XII. Entre las resoluciones aprobadas por los participantes se encontraba la modificación del calendario para devolver la Pascua a su fecha asignada. Julio II falleció en 1513 y le sustituyó León X, que prosiguió el concilio y los planes de corrección del calendario. El Papado y el rey Fernando el Católico pidieron a la Universidad de Salamanca, donde existía una cátedra de matemáticas y astrología desde mediados del siglo XV, la elaboración de un informe, que esta concluyó en 1515. Se trató de una obra magnífica, casi definitiva, pero su texto ha desaparecido, al igual que los nombres de sus autores. Conocemos su contenido por las referencias que hace de él otro informe elaborado por profesores de la misma Universidad sesenta años más tarde.

Como Roma no lo llevó a la práctica, el siguiente concilio, que fue el de Trento (1545-1563), concedió al Papa la facultad de enmendar el calendario por sí. Poco más tarde, por fin coincidieron en ese deseo un papa, Gregorio XIII, y el monarca más poderoso de la Cristiandad, Felipe de España, además apasionado de la astronomía como se comprueba en cualquier visita al monasterio de El Escorial. Encima, ambos soberanos se conocían, ya que el papa, antes de ser elegido, viajó a España como legado pontificio en 1565 para intervenir en el proceso de la Inquisición contra el cardenal Carranza.

Gregorio nombró una comisión, en la que el único miembro español era el matemático y sacerdote Pedro Chacón, que también provenía de Salamanca, aunque no era catedrático de esa universidad, y se encontraba en Roma desde 1572. Contra el tópico de la lentitud española, italiana y eclesiástica, los trabajos avanzaron deprisa. En 1577, la comisión aprobó un proyecto para la reforma basado en un informe redactado por el matemático italiano Luigi Giglio (*Aloysius Lilio*), quien había fallecido en 1576, y presentado por su hermano Antonio, también integrado en la comisión. En enero de 1578, se envió el proyecto a reyes y diversos expertos para que lo analizasen. Solo unos meses después, Felipe II solicitó dictámenes al anciano ingeniero milanés Juanelo Turriano y a la *Universitas Studii Salmanticensis*. Los profesores designados por el claustro remitieron su informe al Rey en noviembre y de Madrid viajó a Roma. La comisión se pronunció en 1580 y aprobó la propuesta de Giglio con diversas enmiendas. Los catedráticos de Salamanca, destaca Carabias, no dejaron de señalar que ese escrito «coincidía sorprendentemente» con el informe de la universidad remitido en 1515. Los plagios no son una novedad en el mundillo intelectual.

Cristo entrega el mundo a Gregorio XIII y a Felipe II.

La reforma perfeccionó el calendario y lo acercó al año trópico. Si el juliano perdía un día cada 128 años, el gregoriano lo hace cada 3324 años. Los cálculos de Sosígenes estaban ligeramente equivocados y daban como duración del año la cantidad de 365,25 días, cuando la cifra correcta es de 365,2422 días. Uno de los aciertos fue la reducción del número de años bisiestos. Julio César los incluía hasta en los años seculares, los que cierran un siglo, que son siempre múltiplos de 100 y acaban en doble cero. Para ajustar el calendario al año trópico, la comisión designada por el Papa propuso recortar los años bisiestos y, por tanto, los días de más. Según la nueva regla solo los años seculares múltiplos de 400 tendrán 366 días. Desde la entrada en vigor del calendario gregoriano solo han gozado de la condición de bisiestos 1600 y 200; el siguiente será 2400.

La tarea científica había concluido y ahora quedaba el esfuerzo, no pequeño, de aplicarla. Chacón no pudo participar en ella porque falleció en 1581. Una bula papal, *Inter Gravissimas*, promulgada el 24 de febrero de 1582, estableció como fecha para implantar el calendario el mes de octubre de ese mismo año, el que tiene menos festividades religiosas: del jueves 4 se pasó al viernes 15. Para hacer cumplir la bula en sus reinos, Felipe II dictó la *Pragmática sobre los diez días*, firmada el 29 de septiembre en Lisboa. Este documento se incluyó entre los veinte textos españoles con los que la UNESCO inauguró la Biblioteca Digital Mundial. Una de las afectadas por el cambio fue la carmelita Santa Teresa de Jesús, que murió en Alba de Tormes la noche del 4 al 15 de octubre.

El salto no fue simultáneo, debido a las distancias y a la necesidad de preparar la sociedad y las instituciones civiles para una medida tan sorprendente. España y Portugal, entonces bajo una misma corona, y los estados italianos lo realizaron en los días pedidos por el Papa. Francia y los Países Bajos españoles, en cambio, se adaptaron unas semanas más tarde, en diciembre. A los virreinatos de América la novedad tardó en llegar unos años; en el de Nueva España el cambio se efectuó los mismos días de octubre de 1583 y en el de Perú en 1584. Se sumaron a este grupo de territorios Brasil, Austria, Baviera, Polonia, Lituania, Hungría, Bohemia y Moravia, Angola, los cantones suizos y los principados y ducados alemanes leales a Roma, Filipinas, Malaca… Cada gobernante borraba los diez días que prefería. Aunque Gregorio XIII envió legados a las Iglesias orientales para persuadirles de que aceptaran el nuevo calendario, estas lo rechazaron. Sin embargo, antes de que acabase la década, el nuevo calendario regía en gran parte del mundo.

Una de las consecuencias filosóficas de este proceso, en que cientos de científicos no pudieron ponerse de acuerdo sobre datos supuestamente objetivos fue, como señala Carabias Torres, «desbaratar la tradicional imagen del cosmos cerrado, ordenado y jerárquico aristotélico».

La globalización del tiempo siguió a la globalización del espacio. Y ambas las realizaron los titanes españoles del siglo XVI.

LA HUMANIDAD SE RINDE A LA CIENCIA ESPAÑOLA

El fanatismo religioso y político de los enemigos de la Iglesia y de España hizo que muchos protestantes rechazasen el calendario, al igual que pasó con la quinina. El dictador inglés Oliver Cromwell enfermó de malaria, pero se negó a tomar quinina, porque se apodaba «corteza jesuítica» y los reformados la consideraban hasta un veneno distribuido para eliminarles. Cromwell falleció en 1658 de esta enfermedad[16]. Y durante unas décadas más, la Inglaterra supuestamente liberal, tolerante y científica se resistió a la medicina y el calendario papistas. Nada que viniese del sur soleado y católico podía ser bueno para los cuerpos o las almas de sus pobladores. Pero la realidad y la extensión del nuevo calendario —en 1612 lo adoptó el ducado de Prusia

16 FERNÁNDEZ BARBADILLO, Pedro: *Eso no estaba en mi libro de historia del Imperio español*, Almuzara, 3.ª edición, Córdoba, 2023, pp. 98-99.

y en 1700 el reino de Dinamarca, que abarcaba también Noruega e Islandia, y Holanda— forzaron al Reino Unido de la Gran Bretaña y de Irlanda a rendirse a la ciencia y la comodidad. Otra medida del tiempo desigual dentro del país era el día inicio del año; Escocia usaba el 1 de enero desde 1600, mientras que el resto del reino aplicaba el 25 de marzo, fiesta de la Anunciación a la Virgen.

A mediados del siglo XVIII, tres hombres se unieron para que se adoptara por fin el calendario gregoriano. Fueron George Parker, conde de Mcclesfield, miembro de la Royal Society, sociedad dedicada a la ciencia, y astrónomo apasionado, James Bradley, astrónomo real, y Philip Dormer Stanhope, conde Chesterfield, un político importante. En 1751, Stanhope registró en la Cámara de los Lores un proyecto de ley para modificar el calendario juliano, cuando este ya marchaba once días retrasado respecto al gregoriano. El Parlamento la aprobó en seguida y el rey Jorge II la firmó en mayo. En el texto, se reconocía la diferencia entre el Reino Unido y sus colonias respecto a la mayoría de los países europeos en el cómputo de los días. Para ponerse al mismo paso con el continente, se borraron los días comprendidos entre el 2 y el 14 de septiembre de 1752. La misma operación se ejecutó en las colonias británicas, incluidas las de Norteamérica. Sin duda influyó en la aceptación del proyecto no solo las ansias de acabar con la confusión de fechas, sino también que se propusiera en una época de relativa paz, entre la guerra de Sucesión de Austria, concluida en 1748, y la guerra de los Siete Años, que empezaría en 1756.

La ley no mencionaba de ninguna manera el calendario gregoriano, sino que se refería al «Calendario en Uso»; y en los años siguientes se emplearían las siglas O. S. (*Old Style*) y N. O. (*New Style*) para marcar las fechas sin tener que citar al calendario juliano o al gregoriano. Sin embargo, la norma tenía unas llamativas coincidencias con este último en el cálculo de la Pascua; la exclusión como años bisiestos de los de comienzo de centena salvo que fueran divisibles entre 400; la colocación del día extra el 29 de febrero; y traslación de la fecha de comienzo del año del 25 de marzo al 1 de enero. Un método muy usado por los ingleses: apoderarse de lo que les gusta y hacerlo pasar como propio.

Al año siguiente, 1753, el reino luterano de Suecia, que incluía Finlandia, también aceptó el calendario elaborado en Salamanca. En Suiza, los cantones protestantes prolongaron el proceso hasta final del siglo XVIII. Albania lo aprobó en 1912, cuando se independizó del Imperio otomano. El calendario gregoriano alcanzó a Asia y África en el siglo XIX debido a la expansión europea y sustituyó a efectos civiles los calendarios vigentes, casi todos de base lunar: Camboya lo cambió en 1863; Japón, en 1872; Egipto, en 1875; Tailandia y Laos, en 1889; Corea, en 1895. En la India, el calendario juliano se implantó, primero, en los enclaves portugueses —Goa, Damán, Diu— en el siglo XVI y posteriormente en las ciudades y puertos de los que se iban apoderando otras potencias europeas. En el siglo XIX, cuando Londres pasó a controlar el país entero, lo impuso de punta a punta. Y ya en el siglo XX el calendario gregoriano penetró en el resto de los países, sobre todo de la mano de guerras y revoluciones.

En Rusia, el zar Pedro I introdujo el ya anticuado calendario juliano en 1699, medida que entonces fue una innovación, pues hasta entonces el país y la Iglesia Ortodoxa seguían una costumbre bizantina según la cual los años se contaban desde el nacimiento de Adán y comenzaban el 1 de septiembre. Los rusos entonces vivían en el año 7207. Dentro de sus reformas modernizadoras, el emperador mandó mediante un decreto que el 1 de enero marcase el comienzo del año 1700 del nacimiento de Cristo. Pedro ganó tiempo, pero poco, ya que, como hemos visto atrás, cuantos más años transcurrían, más claro era el desajuste del calendario juliano. Por ello, la Academia de Ciencias propuso en 1830 modificarlo, pero se opuso el ministro de Educación; y el zar Nicolás I, que detestaba las innovaciones venidas de Europa y era protector de la Iglesia Ortodoxa, le dio su apoyo. Solo Alaska pasó al calendario gregoriano cuando Moscú se la vendió a Estados Unidos. En el siglo XX, el desfase entre los calendarios gregoriano y juliano alcanzó los trece días; en 1905 una comisión propuso reformar este último, aunque sin ceder al del extranjero. No se hizo nada hasta la Primera Guerra Mundial, y la obligación del calendario gregoriano la ejecutaron *manu militari* los alemanes en los territorios conquistados, como Lituania, Letonia, Bielorrusia, Estonia y Ucrania[17].

Entre las medidas radicales tomadas por los bolcheviques desde su golpe de Estado de 1917, como la concesión de independencia a las nacionalidades del Imperio, la introducción del divorcio irrestricto, el aborto, la formación de la terrible policía secreta, la NKVD, la constitución del Ejército Rojo y el traslado de la capital a Moscú, estuvo la supresión del calendario juliano. En medio de un huracán de acontecimientos y mientras los revolucionarios luchaban por sobrevivir, el Consejo de Comisarios del Pueblo,

---

17 Lo mismo ocurrió en la Segunda Guerra Mundial en Francia con la hora oficial. La zona libre, con capital en Vichy, mantuvo la hora francesa, mientras que el resto del país, ocupado por los alemanes, seguía la oficial de Berlín, que era una hora adelantada.

presidido por Lenin, ordenó que del 31 de enero de 1918 se pasase al 14 de febrero. Los bolcheviques querían no solo destruir las tradiciones y costumbres del pueblo ruso, sino, además, prepararse para la revolución mundial, que daría paso a una humanidad unificada bajo las banderas rojas. En 1929, derrotado el Ejército Rojo por los polacos en su intento de penetración hacia Berlín y terminada la guerra civil, el régimen bolchevique, ya controlado por Stalin, trató de emplear el calendario para la creación del «hombre nuevo». Se introdujeron nuevas festividades, como la muerte de Lenin y el golpe de Estado de 1917; y se creó la semana de cinco días, para eliminar el domingo y aumentar la producción industrial y minera. El experimento fue un fracaso y en 1940 se regresó al diseño original.

La Gran Guerra también provocó la aprobación del calendario gregoriano en dos aliados de Alemania y Austria Hungría: Bulgaria en 1916 y el Imperio otomano en 1917. Rumanía y Yugoslavia, que después de la victoria de los Aliados incorporaron territorios que usaban los dos calendarios, aprovecharon para suprimir el juliano en 1919. Grecia, también situada en el bando vencedor, tomó la decisión unos pocos años después; en 1923 pasó del 15 de febrero al 1 de marzo.

La República China aprobó oficialmente el calendario gregoriano el mismo año de su fundación: 1912. Para respetar algunas costumbres populares y debido al control del norte del país por señores de la guerra, la vigencia total se alcanzó el 1 de enero de 1929. De esta manera, casi la totalidad de la humanidad pasó a contar los días del año según la decisión de un papa para celebrar la Pascua de Resurrección. Una vez derrotaron a los nacionalistas en la guerra civil, los comunistas celebraron una conferencia política en septiembre de

1949; y entre los acuerdos, como la designación de Pekín como capital y de la bandera roja como la oficial del país, más el nombramiento de Mao Zedong como jefe del gobierno, se aprobó el mantenimiento del calendario gregoriano.

El último país que lo ha adoptado ha sido Arabia Saudí, que usaba desde su nacimiento en 1932 el calendario islámico Hijri. Semejante acontecimiento en la patria de Mahoma ocurrió el 1 de octubre 2016, aunque el calendario, aquí motejado por sus adversarios de «cristiano» como Cromwell lo apodaba «papista», se usa solo a efectos administrativos, y con la finalidad de homologar las fechas de los contratos con los suministradores occidentales y, también, de pagar menos días de trabajo a los funcionarios y los empleados.

Solo se resisten a la obra de los científicos españoles e italianos cuatro países: Etiopía, Nepal, Irán y Afganistán.

Para comprender el logro que supuso el calendario gregoriano, la profesora Carabias destaca que, hasta su invención y difusión, existían distintas formas de realizar el cómputo del tiempo, agravadas, además, por la inexactitud de los aparatos mecánicos —relojes, termómetros— y las medidas —distancias, pesos, monedas—. También durante la mayor parte de la historia, lo habitual fue que las personas desconocerían su edad, debido a la falta de registros sobre su nacimiento; el concilio de Trento —de nuevo, la Iglesia— empezó a resolver ese problema cuando estableció la obligación de los libros de bautismo en las parroquias. Podemos apreciar las imperfecciones de la tecnología y los conocimientos científicos con que se contaba entonces en la disputa entre los geógrafos españoles y portugueses para delimitar el meridiano y el antemeridiano del tratado de Tordesillas. Sin ordenadores ni satélites, la Universidad de Salamanca «inventó en 1515 un procedimiento matemático que permitía enlazar en un cómputo convergente el distinto ritmo del Sol y de la Luna».

NO FALTAN CIENTÍFICOS, FALTA INTERÉS

Basta asomarse a la historia nacional para saber que en España siempre ha habido científicos. Antes, cuando el país era la cabeza de un enorme imperio, y ahora, cuando parece un satélite de Marruecos. La diferencia es que en esos siglos de oscurantismo las capas más altas de la sociedad, como la Corona, la Universidad y la Armada, les reconocía y apoyaba, y, por el contrario, ahora les ignora.

La recuperación de la gesta de la Real Expedición Filantrópica de la Viruela (1803-1806), la primera campaña de vacunación mundial, empezó con motivo de su bicentenario; hasta ese momento, apenas había bibliografía sobre ella. Lo mismo pasó con el almirante Blas de Lezo y su victoria en Cartagena de Indias (1741). Aunque el Museo Naval de Madrid exhibía en sus vitrinas las medallas acuñadas por el invasor inglés que mostraban al marino español humillado y rendido, poquísimos compatriotas, incluso historiadores profesionales, sabían de este episodio. Su figura apenas era conocida fuera de la Armada, que le ha recordado dando su nombre a tres buques —el último de ellos es la fragata F-103, en activo desde 2004—. Después de varios libros, de numerosos programas de radio y artículos y de varias campañas populares en redes sociales, este vasco que salvó al imperio español[18] ha ascendido a la categoría de mito en

18 La editorial Áltera, en la que trabajé unos años, inició la reivindicación del almirante Blas de Lezo a principios de siglo, con la publicación de la novela *El día que España derrotó a Inglaterra*

la España del siglo XXI, y por fin se le han erigido unas pocas de las estatuas que merece.

El calendario propuesto en Salamanca ha caído en la misma oscuridad; el libro de la profesora Carabias Torres que aquí hemos seguido es el primero sobre esta proeza intelectual y científica con la que el mundo entero cuenta el tiempo. «Nadie parece haberse dado verdadera cuenta en España de que incluso el nacimiento del heliocentrismo copernicano fue una consecuencia directa de los estudios sobre la reforma del calendario», escribe la doctora. Sin embargo, la comunidad científica española no parece muy interesada, ya que desde su edición en 2012 no han aparecido nuevos trabajos.

¿Quizás porque el interés de los profesores de ciencias se consagra a las investigaciones sobre el cambio climático, el género y la ausencia de mujeres en las carreras de STEM debido al machismo, mucho más subvencionadas y reconocidas por las revistas científicas y los gobiernos?, ¿porque, al igual que tantos episodios del Siglo de Oro y del imperio, abruma su enormidad a unos españoles volcados en sumar sexenios a sus nóminas y días de cotización a su pensión?, ¿o porque se trata de una obra católica?

(2005), escrita por el exsenador colombiano Pablo Victoria, aún en circulación, y la biografía *El vasco que salvó al imperio español* (2008), del catedrático de instituto José Manuel Rodríguez.

4. ¿FUE EL TRIUNFO DE LEPANTO UNA VICTORIA INÚTIL?

En el contenido habitual de la «Leyenda Negra» no solo se niegan hechos o se inventan matanzas, sino que las victorias innegables se desprecian y se despojan de sus laureles. Es el caso de Lepanto. Se reconoce el triunfo de la Liga Santa, la coalición cristiana dirigida por España, sobre los turcos, pero se le quita importancia porque no condujo a la liberación de Tierra Santa, la conquista de Constantinopla, o el derrumbe del imperio otomano.

Según esta manera de pensar, la Segunda Guerra Mundial no sirvió de nada porque, desde la unión monetaria, la Alemania reunificada domina Europa mediante su marco, llamado euro para no asustar. Esta afirmación se calificaría como una *boutade*, sobre todo a la vista de la sumisión de la política exterior alemana a Washington. Sin embargo, muchos españoles aceptan que la mayor batalla naval de la historia, ganada por la armada y la infantería españolas, fue inútil. Incluso para llegar a semejante conclusión bastan argumentos como los siguientes: no se recuperó ningún territorio antes controlado por los cristianos, la Liga Santa se disolvió poco después de Lepanto y los otomanos reconstruyeron su flota. Para cerrar la discusión con un toque erudito se suelen citar estas frases del gran visir Sokollu Mehmet Bajá al embajador de Venecia:

> «Cuando os arrebatamos Chipre, os privamos de un brazo; al derrotar a nuestra flota, solo nos habéis afeitado la barba. Un brazo cortado no puede crecer de nuevo; pero una barba esquilada crecerá mejor para la navaja».

La historiografía francesa, encabezada por Voltaire, ha sido adelantada en denigrar Lepanto y, por ampliación, todo intento de oponerse al islam, o a los turcos, aliados privilegiados del París eterno, al margen de dinastías, en sus proyectos de sustituir a España, a los Habsburgo o a Gran Bretaña como principal potencia europea. Lamentablemente, muchos españoles, unos por odio a sí mismos y otros por vergüenza de haberse convertido en pigmeos, difunden la misma propaganda. Tan pronto como en 1805, el poeta Manuel José Quintana esputó un poema contra los monarcas de la Casa de Austria, a los que aparte de llamar «imbéciles», les considera responsables de la decadencia española, que él fecha en la batalla de Villalar (1521)[19]. Y en el siglo XX un sacerdote, el benedictino Luciano Serrano, «enterró Lepanto en 1918 bajo la losa de dos tomos y lo atrancó con su desprecio»[20]. Según Serrano nada hicieron los generales y almirantes al día siguiente del 7 de octubre, salvo repartirse el botín y correr a sus países para recibir aplausos:

---

19 He aquí unos versos del poema, titulado *El panteón de El Escorial*: «Mandar, sólo mandar, que se estremezca / La tierra a vuestro arbitrio, éste es el orden, / Ésta la ley con que regís al mundo / Tú y tus iguales, y al ahogar la vida / De las naciones míseras que os sirven / Dais el nombre de paz al desaliento / De la devastación. ¡Oh de Felipe / Hijos, nietos imbéciles (…)».

20 DUMONT, Jean: *Lepanto, la historia oculta*, Ediciones Encuentro, Madrid, 1997, pp. 97-98.

> «los aliados habían incurrido en el gravísimo error de no emprender la jornada hasta principios del otoño y en el de no prepararse sino para una acción aislada; y no imaginando siquiera que su triunfo pudiese alcanzar las proporciones que logró en efecto, descuidaron disponer oportunamente las fuerzas y vituallas convenientes para afianzar de algún modo los beneficios de la victoria. Lo avanzado de la estación y la carencia de cuanto necesitaba la flota para sostenerse en aguas de Grecia obligaron, pues, a los aliados a regresar inmediatamente a Italia. Por otra parte, de tal modo embargó el ánimo de los generales y sus ejércitos la grandeza del triunfo de Lepanto, que toda empresa les parecía de ninguna importancia ante la perspectiva de presentarse victoriosos en sus respectivas naciones».[21]

No pensaban lo mismo los contemporáneos, pues la victoria de Lepanto se conmemoró en poemas, pinturas, obras de teatro y fiestas desde reinos protestantes del norte de Europa a las capitales virreinales de Lima y México. El senado de Mesina aprobó la inmediata erección de una estatua dedicada a Juan de Austria, el general de la armada de la Liga Santa. Los gondoleros venecianos compusieron canciones dedicadas al hijo de Carlos V. El rey Jacobo VI de Escocia escribió en 1585 un poema titulado *Lepanto* y la reina inglesa Isabel felicitó en público al embajador español por el triunfo. ¡Pero qué sabrían ellos!

---

21 SERRANO, Luciano: *La Liga de Lepanto entre España, Venencia y la Santa Sede (1570-1573)*, tomo I, Escuela Española en Roma, Madrid, 1918, p. 142.

Batalla de Lepanto según una pintura contemporánea.

El sultán Selim II, derrotado en Lepanto.

ESTRATEGIA DEFENSIVA DE LA MONARQUÍA HISPÁNICA

Quienes reprochan a la Monarquía Hispánica que no organizase desembarcos en Grecia o ataques en los Dardanelos no tienen en cuenta la situación de esta ni sus concepciones estratégicas.

Como escribe Enrique Martínez Ruiz:

> «la consideración principal de la política filipina (...) es eminentemente defensiva: no hay guerras de conquista; las que se plantean son para combatir la herejía de unos súbditos rebeldes (Flandes), en defensa de unos derechos legítimos (Portugal, Francia) o combatir las amenazas agresivas (Turquía, Inglaterra). (...) La defensa es el elemento dominante en la política y conducta real. Defensa de sus territorios. Defensa de sus súbditos. Y su sometimiento si algunos de ellos se pronuncian por la rebeldía. Una defensa que es la que predomina en las preocupaciones gubernamentales y la que marca la realización de los numerosos trabajaos que se realizan en este sentido».[22]

Y para mantener esta estrategia, la Corona contaba con unos recursos siempre escasos, desde el dinero a los hombres.

El objetivo primordial de la Liga Santa consistía en frenar la expansión otomana, que se había asentado en el

22 MARTÍNEZ RUIZ, Enrique: *Felipe II. Hombre, rey, mito*, La Esfera de los Libros, Madrid, 2020, pp. 300 y 321.

Magreb, conquistado Chipre y atacado Malta. No había fuerza militar ni planes para alcanzar la capital del sultán. La finalidad era la destrucción del poder naval de los turcos, que entonces parecía invencible. Y eso se cumplió.

Los turcos habían irrumpido en Europa en el siglo XIV. Con una fuerza que recordaba la expansión de los árabes en los siglos VI y VII, penetraron en los Balcanes y en 1453 se apoderaron de Constantinopla, la capital del Imperio Romano de Oriente. Espoleados por la *yihad* y el botín, se extendieron por el Mediterráneo. Combatieron a la república de Venecia y a los caballeros hospitalarios, establecidos en Rodas. En 1480, una expedición turca se apoderó de la ciudad italiana de Otranto, donde asesinó a 12.000 varones, esclavizó a 5000 niñas y mujeres, convirtió la catedral en un establo y decapitó a 813 vecinos que se negaron a abjurar del cristianismo. Otranto se encontraba en el reino de Nápoles, gobernado por una rama de los Trastámara de Aragón. Quien recuperó la ciudad, el príncipe Alfonso de Nápoles, luego rey durante un año entre 1494 y 1495, era primo de Fernando el Católico. La ocupación de Otranto y el martirio de sus habitantes influyeron en la decisión de los Reyes Católicos de reconquistar el emirato de Granada, que comenzaron en 1481. La creciente mancha negra de los turbantes turcos explica la alegría con que se recibió la toma de Granada en una Europa a la que los reformadores como Martín Lutero todavía no habían desgarrado.

Selím acercó a los otomanos a Europa aI apoderarse del sultanato mameluco de Egipto (1517), la Cirenaica en África, Asia Menor, con Jerusalén, y el Heyaz árabe, lo que dio a los osmanlíes el dominio de La Meca y las rutas de peregrinación. Su hijo, Solimán el Magnífico (r.

1520-1566), llevó el imperio a su máxima extensión: sus ejércitos conquistaron Hungría (1526) y Bagdad (1534) y sus buques controlaron el mar Rojo y el golfo Pérsico. Aceptó el vasallaje de los piratas argelinos y puso a su frente al renegado Barbarroja, al que nombró almirante. Este causó una gran derrota naval a una flota compuesta por naves de España, Venecia, Génova y Malta, en Preveza (1538) y durante años asoló las costas europeas. Solimán despojó a los caballeros hospitalarios, dedicados a combatir al islam, de la isla de Rodas (1522); los guerreros recibieron de Carlos V Malta como nueva base (1530). Carlos conquistó Túnez (1535) y liberó a alrededor de 9000 cautivos cristianos, pero sufrió una enorme derrota frente a Argel (1541), debido principalmente al mal tiempo. Uno de los corsarios de Solimán, Dragut, conquistó a los hospitalarios la ciudad de Trípoli (1551). Y mientras tanto, los marineros berberiscos y otomanos saqueaban todas las islas del Mediterráneo y un rosario de ciudades.

El mayor desastre cristiano ante Solimán en el mar fue la batalla de Los Gelves (1560), en que una escuadra turca que zarpó de Constantinopla aniquiló a la expedición de las naciones cristianas que se preparaba para recuperar Trípoli: se calcula que los muertos superaron los 10.000 y con sus calaveras los turcos erigieron una siniestra torre de diez metros de altura que se demolió a mediados del siglo XIX. Cuando se difundió la noticia de esta derrota, corrió el pánico entre las poblaciones costeras y Orán estuvo a punto de abandonarse.

La única derrota que sufrió Solimán fue el sitio de Malta (1565). La catástrofe se debió a la resistencia vehemente de los caballeros y sus tropas desde mayo hasta septiembre, cuando llegaron los refuerzos españoles desde Sicilia, que se habían retrasado por miedo al ataque de otra flota turca. Los caídos se contaron por miles y seguramente rebasaron los 20.000, muchos de ellos además tropas de élite y entrenadas. El sultán tenía setenta y un años y padecía de gota y de otros achaques, pero se empeñó en lanzar una nueva campaña militar, la décimo tercera de su reinado, esta vez por tierra y contra los Austrias de Viena, de modo que en la primavera de 1566 salió de su capital hacia Belgrado, al frente de un descomunal ejército de casi 300.000 soldados. Falleció en septiembre y el gran visir, Sokollu Mehmet Bajá, mantuvo el secreto para dar tiempo al hijo de Solimán, Selím II, a que acudiera a Szigetvár y fuera proclamado ante las tropas. Además, el gran visir estaba casado con una hija de Selím. Según la costumbre osmanlí, al inicio de su reinado cada nuevo sultán debía construir una mezquita espléndida y pagarla con el botín de sus primeras campañas. ¿Cuál sería el objetivo de Selím, apodado por unos el Rubio y por otros el Borracho?, ¿los Balcanes?, ¿Sicilia, Ragusa, Cerdeña, Orán? ¡Así vivían los cristianos entre el Danubio y Andalucía!

En España, la Al-Ándalus de los Omeya se pretende presentar desde finales del siglo XX como un edén de tolerancia en contraste con los rudos cristianos del norte. De la misma manera, el Imperio otomano ha gozado desde el siglo XVI de cantores europeos que han alabado su capacidad integradora, su administración y su sistema de promoción de los mejores. Por ejemplo, los admiradores de los turcos afirman que la ciudad francesa de Tolón, cedida vacía por el rey Francisco a Barbarroja, fue absolutamente respetada en cumplimiento del pacto. No se entiende entonces por qué el monarca Valois concedió a los vecinos una exención de impuestos durante diez años[23].

Sin embargo, si todas las agresiones a poblaciones pacíficas ya descritas no fuesen hechos suficientes, bastaría con recordar dos leyes fundamentales otomanas de esa época para juzgar el régimen de los sultanes y explicar el horror de los cristianos y, también, de muchos musulmanes, a ser sometidos a su voluntad. Una es el *devshirme*, el «impuesto de la sangre», por el que los sultanes obligaban a las familias cristianas de los Balcanes a entregar un número de sus hijos para desarraigarlos, islamizarlos y convertirlos en funcionarios y soldados —jenízaros— adictos a sus personas, a la vez que disminuían el número de posibles rebeldes. Y la otra es la «ley del fratricidio», establecida por Mehmed II, el conquistador de Constantinopla, que legitimaba el asesinato de los parientes varones del heredero para evitar sublevaciones. Selím I exterminó a hermanos, hijos y sobrinos para despejar el acceso al poder de Solimán. Y Mehmed III, que accedió al trono en 1595, hizo matar a sus diecinueve hermanos y, además, a todas sus hermanas. Se dice que el mayor de ellos, encima talentoso, se encaró con el sultán y le suplicó: «Señor y hermano mío, ahora eres como un padre. No permitas que mis días acaben de esta manera en esta edad tan tierna». Mehmed se apenó ante semejante ruego, pero no perdonó al joven, que, a la manera tradicional de su casa, fue estrangulado con un cordón de seda. Ni Fernando VII, que conspiró contra su padre y traicionó a sus cómplices cuando fue descubierto, tomó las vidas de sus familiares.

---

23 GOODWIN, Jason: *Los señores del horizonte*, Alianza, Madrid, 2004, pp. 174-175.

Después de la entronización de Selím II, se produjeron varios acontecimientos que favorecían al sultán. En febrero de 1568, el emperador Maximiliano II, primo de Felipe II, firmó el tratado de Adrianópolis, en el que reconoció la soberanía otomana sobre Transilvania, Moldavia y Valaquia y se comprometió a pagar un tributo de 30.000 ducados anuales. En la Navidad de 1568 comenzó la rebelión de los moriscos en Granada, como reacción a las medidas de conversión y asimilación ordenadas por la Corona. La guerra, en la que Juan de Austria libró sus primeras armas, fue muy cruel y ocupó a fuerzas españolas hasta 1571. El sultán aprovechó el incendio en la casa de su mayor enemigo para azuzarlo con el envío de 4000 soldados turcos y berberiscos.

Y el 13 de septiembre de 1569, un incendio provocó la explosión del arsenal de Venecia. Aunque la catástrofe destruyó varios palacios e iglesias y parte de las murallas y mató a docenas de personas, solo dañó a cuatro galeras, cosa esta última que se ignoraba en Constantinopla. Pocos meses después, el sultán exigió a la república de Venecia la entrega de su colonia de Chipre. A la vez que se negaban al deseo de Selím y buscaban aliados para combatirle, los venecianos prepararon la defensa de la isla. En la primavera de 1570, una flota turca de 150 galeras y otras embarcaciones transportó a 150.000 soldados a la isla. Todo Chipre cayó en poder de los invasores en poco tiempo, debido al despliegue otomano y, también, a la escasa oposición de la población nativa cristiana ortodoxa, enemistada con los venecianos. La resistencia se concentró en la ciudad de Famagusta, que aguantó hasta agosto de 1571. La Liga

Santa entre España, Venecia, el Papado, Génova y la Orden Hospitalaria de San Juan se había formado en mayo.

Felipe II aprobó las treguas con el Turco.

La magnitud de la batalla de Lepanto y el asombro que causó en Europa se comprenden al leer las cifras de cada bando. Cuando zarpó de Mesina al mando de Juan de Austria, la flota de la Liga Santa llevaba 30.000 soldados. Los marineros y artilleros superaban los 12.000, repartidos unos 9000 en 208 galeras —alrededor de 45 por embarcación—, otros 1400 marineros y artilleros para las 76 fragatas y bergantines y algunos más para las 25 naves veleras y las seis galeazas venecianas. Los remeros, voluntarios o forzados, ascendían a 34.000. Y 250 religiosos, para confesar y animar a los combatientes. En total, unos 80.000 hombres. El almirante otomano Alí Bajá contaba con 216 galeras y 64 galeotas y fustas, superiores a las fragatas y bergantines. Los marineros, jenízaros, soldados, artilleros y chusma —casi toda formada por cristianos— superaban los 86.000 hombres. Más de 160.000 seres humanos se atacaron para matarse el 7 de octubre de 1571 en el golfo de Lepanto. En la batalla de Trafalgar, librada el 21 de octubre de 1805, los españoles, franceses y británicos fueron unos 47.000; y en la de Leyte, en 1944, con acorazados, portaaviones y submarinos, los participantes ascendieron a 152.000. Solo la batalla de Actium, que se desarrolló en las cercanías de Lepanto el año 31 antes de Cristo, reunió a más combatientes: casi 250.000. En el gran triunfo del emperador Carlos en Mühlberg (1547), un combate terrestre, los soldados de los dos bandos no alcanzaron los 60.000.

El desastre turco fue enorme. El sultán perdió casi 200 embarcaciones, de las que unas 60 galeras se hundieron y las demás pasaron a engrosar las armadas de las naciones cristianas: casi 120 galeras, 13 galeotas y otras naves menores. Los muertos rondaron los 30.000, los prisioneros hechos los 3500, y los galeotes cristianos liberados los 12.000; se calcula que otros 12.000 cristianos murieron en la batalla o asesinados por los musulmanes. Solo escapó uno de sus almirantes: Uluch Alí. En cambio la Liga Santa solo perdió poco más de una docena de galeras; y sufrió 8000 muertos, de los que 2000 estaban al servicio de España y más de 5000 al de Venecia; el resto servía al Papa, a Génova o a Malta[24].

---

24 RODRÍGUEZ GONZÁLEZ, Agustín: *Lepanto, la batalla que salvó a Europa*, Sekotia, Madrid, 2021, pp. 149-155, 181 y 216.

A las coaliciones las deshacen tanto las victorias como las derrotas. Después de Lepanto, los miembros de la Liga Santa se plantearon dónde atacar el verano siguiente. Y mientras los españoles proponían el norte de África, donde Felipe quería eliminar a los berberiscos, los venecianos deseaban recuperar sus territorios perdidos.

A la vez, los enemigos cristianos de la Monarquía Hispánica temían la potencia creciente de esta, sobre todo esa Francia envidiosa que abría sus puertos y sus arsenales al Gran Turco. Mientras se producía el sitio de Malta, el embajador de España en Francia, Francés de Álava, informó al Rey de que Carlos IX recibió a un embajador especial del sultán —quien había acreditado un representante permanente— y que creía que llevaba la petición de Solimán de que permitiese a su flota invernar en Marsella; también contó que un caballero apostó 2000 ducados por la victoria turca frente a los caballeros, entre los que había muchos franceses, el principal de ellos, el gran maestre, Jean Parisot de La Valette[25]. Pese a los recelos y al fallecimiento de Pío V en mayo de 1572, se desarrolló una campaña en verano. En agosto, cuando Juan de Austria permanecía en Mesina, unas 140 galeras de la Liga se encontraron cerca de la isla de Cerigo, al sur del Peloponeso, con otra escuadra turca formada por unas 200 naves, la mayoría de ellas construidas apresuradamente. El nuevo gran almirante, Uluch Alí, superviviente de Lepanto, sabía que una flota no consiste solo en barcos; sino en marineros y soldados adiestrados. Por ello, la superioridad otomana era solo aparente, y después de unos días de tanteos, Alí ordenó la retirada.

---

25 OCHOA BRUN, Miguel Ángel: *Historia de la diplomacia española*, t. VI, Ministerio de Asuntos Exteriores, Madrid, 2003, p. 312.

La corte de Abbás I, donde fue recibido el embajador español García de Silva y Figueroa.

Las dos flotas siguieron persiguiéndose en las semanas siguientes, y en octubre, en aguas de Modón, y entre las dos fuerzas, una galera española, *Loba*, obediente a don Álvaro de Bazán, y otra turca, se enzarzaron en un combate. Los españoles, a pesar de ser menos, derrotaron a los turcos: apresaron la nave y causaron 100 muertos al enemigo, entre ellos numerosos jenízaros, y solo tuvieron siete muertos y treinta heridos. En caso de enfrentamiento general, dedujo Uluch Alí, sufriría otra derrota.

Ese verano una de las amenazas que preocupaba al rey español se solucionó: en Francia estalló otra guerra de religión entre católicos y hugonotes. Sin embargo, en el invierno de 1573, cuando los aliados preparaban la campaña del verano siguiente, se supo en febrero que Venecia había firmado un tratado con Selím II. Los venecianos, con ese egoísmo que los hizo insufribles hasta para los demás italianos, habían incumplido las condiciones de la Liga de no acordar paces por separado con el Gran Turco. El tratado fue humillante para Venecia, pues mantenía Chipre y los prisioneros cristianos en poder del califa y obligaba a la república a pagarle a este una indemnización de 300.000 cequíes de oro. A cambio, los puertos del imperio otomano se abrían a las naves venecianas. Los oligarcas más perjudicados por la interrupción del comercio se habían impuesto en el Senado, aunque por un solo voto.

Felipe II conocía los tejemanejes venecianos a través de sus diplomáticos y espías. El Rey quedó libre para emplear la enorme fuerza naval reunida en beneficio de los intereses de España, que consistían en resguardar a sus súbditos de los ataques del sultán o de sus vasallos berberiscos. Álvaro de Bazán propuso destinar las 150 galeras españolas, más la infantería, y los barcos de los restantes aliados a erradicar el centro pirático de Argel; pero Juan de Austria prefirió atacar ese verano Túnez. La armada reconquistó la ciudad sin caídos y colocó en el trono a un monarca amigo de España, protegido con una guarnición. Al año siguiente, Uluch Alí atacó la ciudad; aunque derrotó a las tropas españolas e italianas, sufrió una cantidad enorme de bajas que se calculan en 50.000. El rey Felipe se oponía a esos reinos títeres y esas fortalezas con guarniciones españolas en el norte de África, porque eran un sumidero de dinero y hombres; sin embargo, había ocasiones en que sus generales ni a él le obedecían.

Constantinopla no podía seguir con semejantes victorias pírricas, sobre todo cuando los persas se levantaban en el este, por lo que el sultán Selim II y sobre todo su sucesor, Murad III, empezaron a firmar paces con los infieles, entre ellos la Monarquía Hispánica. Felipe II se sintió aliviado, pues sus finanzas estaban desbordadas —declararía una quiebra en 1576— y el escenario atlántico se volvía más importante que el Mediterráneo, debido a la sublevación flamenca. Los españoles, explica el historiador francés Fernand Braudel, «se disponen a hacer ni más ni menos que lo que han hecho los venecianos»[26], aunque con discreción, porque tenían una honra que cuidar.

Prueba de la debilidad de los turcos fueron los intentos de Murad de formar una alianza con la reina Isabel. El embajador Bernardino de Mendoza avisó a Madrid en 1579 de que había aparecido en Londres una embajada turca. Y los contactos aumentaron a partir del estallido de la guerra entre Inglaterra y España en 1585. El sultán halagó a la reina de las brumas, jefa de la Iglesia anglicana, explicándole que tanto el islam como el anglicanismo detestaban el culto a las imágenes y le compró estaño y plomo para fabricar cañones. Estos tratos demuestran dos cosas de sus firmantes. Los Tudor, como antes los Valois, prefirieron tomar como brújula de su política exterior el odio a los católicos y a España antes que la defensa de los cristianos y de Europa. Por tanto, los españoles jamás deberían aceptar ningún reproche o ninguna pretensión de superioridad de franceses ni de británicos. Por otro lado, nunca antes un sultán otomano se había rebajado a solicitar una alianza a un monarca cristiano; hasta entonces, la Sublime Puerta siempre había tratado a los infieles con la superioridad del vencedor. A Francisco I, en la tregua de 1545, Solimán le exigió el pago de un tributo[27]. Desde

---

26 BRAUDEL, Fernand: *El Mediterráneo y el mundo mediterráneo en la época de Felipe II*, tomo 2.º. FCE, México, 1987, p. 664.

27 En 1526, el vencido y prisionero Francisco solicitó a Solimán ayuda contra Carlos V. El sultán «no quiso pactar una alianza, que habría implicado igualdad moral; en cambio concedió su apoyo como un acto unilateral venido del cielo» (KISSINGER, Henry: *Orden mundial*, Debate, 2ª ed., Barcelona, 2016, p. 117). La carta del Gran Turco estaba redactaba de esta manera: «Yo,

Fernando I (r. 1558-1564) los enviados de los emperadores, cuya potencia militar no estaba a la altura de su título, debían comprar la paz con regalos; en una ocasión, Rodolfo II (r. 1576-1612) envió a un sultán 45.000 táleros y un sorprendente reloj. En cambio, Felipe II usaba su dinero para tratar de sobornar a sus enemigos. Al almirante Uluch Alí, hijo de un marinero calabrés que había sido capturado por unos piratas berberiscos en 1536, se le ofreció una renta de 10.000 ducados anuales, junto con un título nobiliario vinculado a Nápoles o España si cambiaba de bando[28].

LAS TREGUAS SECRETAS

En diciembre de 1574, falleció Selím II, el primer sultán osmanlí que lo hizo en su capital. Tenía cincuenta años de edad y al parecer la muerte se la causaron las heridas provocadas por una caída sobre el suelo de mármol del palacio de Topkapi. Su hijo y sucesor, Murad III (r. 1574-1595), se enfrentó a guerras desastrosas en los Balcanes y contra Persia. Por tanto, decidió hacer las paces con su principal enemigo.

En diciembre de 1577, llegó a Constantinopla un enviado de Felipe II, Giovanni Margliani, con órdenes de

---

que soy el sultán de los sultanes, el soberano de los soberanos, el dispensador de coronas a los monarcas sobre la faz de la tierra, la sombra del Dios en la Tierra, el sultán y señor soberano del Mar Mediterráneo y del mar Negro (…) A ti, que eres Francesco, rey de la provincia de Francia (…) Tu situación ha obtenido mi comprensión imperial en todos los detalles (…) Por lo demás, interroga a tu embajador e infórmate». Francisco aceptó todas estas humillaciones y las que siguieron.

28 OCHOA BRUN: *Op. cit.*, p. 323.

negociar una tregua secreta, para no dañar el prestigio del sostenedor de la Cristiandad. El primer paso fue ya una victoria de España. Los turcos, que solo concedían el rango de embajador al representante de Francia, querían una embajada formal y Madrid se negó. El sultán terminó aceptando como agente a Margliani, miembro de una de las familias principales del ducado de Milán. En servicio a Felipe II como militar, en 1574 había participado en la defensa de Túnez, donde perdió un ojo y fue capturado; permaneció dos años prisionero de los turcos hasta que un mercader ragusiano le liberó. Durante meses, se movió entre los complicados equilibrios del *diván* otomano, en el que era habitual que los castigos, incluida la ejecución y no de manera rápida, alcanzasen a los extranjeros, aunque fuesen representantes de monarcas. En una ocasión, delante de la residencia de un enviado austriaco, desfilaron seiscientos piqueros llevando en la punta de sus picas la cabeza de un cristiano. Después de meses de negociaciones y a pesar de los intentos de sabotaje del embajador francés, se firmó una tregua en febrero de 1578 entre el Rey Católico y el Príncipe de los Creyentes, lo que resultó providencial, pues en julio murió Sebastián I de Portugal en la batalla de Alcazarquivir (Marruecos), y empezó la crisis sucesoria que concluiría con la proclamación de Felipe II como monarca del otro reino ibérico en 1580.

La tregua protegía no solo a España, sino también al resto de la disuelta Liga Santa: la isla de Malta, la república de Génova, el Papado y a la traidora Venecia. Las circunstancias se aliaban con Madrid. En 1579, un fanático musulmán asesinó al gran visir Sokollu Mehmet Bajá, el verdadero dirigente del imperio otomano desde la muerte de Solimán. Comenzó la época del «sultanato de las mujeres», en que las esposas o las madres de los sultanes, se convirtieron en los personajes más poderosos de Constantinopla. Y proseguía la pugna con los rivales geográficos y religiosos del Irán safávida; en consecuencia, «los turcos, cada vez más enredados en la guerra de Persia, iban haciéndose más y más acomodaticios»[29]. Una regla casi inmutable de la historia militar es que ningún Estado, por poderoso que sea, se arriesga a librar guerras en dos frentes.

La galera capitana de la Orden de Malta regresa al puerto de La Valeta después de combatir a los turcos.

La Puerta aceptó renovar la tregua y durante 1580 prosiguieron las conversaciones, que se enconaron tanto que el embajador de Venecia comunicó que Marglini estaba en riesgo de ser empalado y, por si fuera poco, Uluch Alí le había amenazado con sacarle el otro ojo. Al final, las treguas se renovaron en 1581, 1584 y 1587.

29 BRAUDEL, F.: *Op. cit.*, p. 677.

Un alivio para las arcas de la corona, las atarazanas, las costas de sus provincias mediterráneas de España y de Italia y su marinería. El milanés informó en varias ocasiones de sus avances a Felipe II en persona. El Rey quedó tan satisfecho con los resultados que en 1578 le concedió una pensión de cuatrocientos escudos anuales y en 1583, después de la primera renovación de la tregua, la pensión subió a mil escudos y el dinero lo acompañó de los títulos de conde de Intelvi y conde de los Cuatro Valles. Uno de sus hijos también estuvo a las órdenes de Madrid en Levante.

La solidaridad de los Austrias españoles con sus parientes alemanes consistió en el envío de dinero con el que armar tropas. Cuando revivió la guerra entre Viena y Constantinopla en 1595, Madrid mandó 300.00 florines de plata de las Flotas de Indias de 1593.

Recurrimos a una cita de Braudel para que ningún exquisito frunza el ceño ante unas frases que, de lo contrario, le podrían parecer una exaltación del belicismo de los españoles:

> «Las hostilidades, cuando vuelven a producirse, ya no tendrán punto de comparación con las ingentes guerras del pasado. La tregua fue, no cabe duda, algo más que un hábil expediente de la política española».[30]

Y se trató de una política que se mantuvo después de la muerte del gran Felipe. Su hijo, Felipe III (r. 1598-1621) envió un embajador, García de Silva y Figueroa, al *sha* de Persia, Abbás I, que había recuperado Bagdad y Basora,

30 BRAUDEL, F.: *Op. cit.*, p. 688.

para ponerse de acuerdo en atacar simultáneamente a los otomanos. Aunque no fructificó, esa alianza da idea del descomunal escenario geopolítico que se abarcaba desde el Real Alcázar de Madrid.

El estado de paz entre las dos potencias se convirtió en permanente y solo lo perturbaron los berberiscos, sujetos de manera más nominal que real al sultán. Como subraya Braudel, «la paz en el Mediterráneo es, infaliblemente, el rebrotar de la piratería»[31]. También a ella le puso fin España en 1784 mediante un descomunal bombardeo de Argel, dirigido por Antonio Barceló, uno de los mayores marinos españoles de la historia. La aceptación por media Italia de la soberanía española encuentra una de sus razones, incomprensibles para los nacionalistas del XIX y los posmodernos del XXI, en que el Rey de España era la única defensa frente al islam.

EL MEDITERRÁNEO SE ECLIPSA

Para demostrar que Lepanto sí sirvió, hay que saber que los españoles y sus aliados, fuesen corsarios o marineros delegados por los virreyes de Sicilia o de Nápoles, singlaron durante todo el siglo XVII por las aguas de Levante, haciendo presas y hundiendo naves enemigas.

En sus correrías, el capitán Alonso de Contreras estuvo en aguas de Creta, Rodas, Salónica, Beirut y Tiro, antes de pasar al Caribe. El profesor Agustín Rodríguez recuerda un hecho histórico ocurrido casi un siglo y medio después de la batalla. Durante otra guerra entre Venecia y Turquía, la república

31 BRAUDEL, F.: *Op. cit.*, p. 343.

mercantil volvió a pedir ayuda al Papado y a España. Felipe V, que acababa de concluir la guerra de Sucesión, envió en 1716 a Corfú seis navíos de guerra mandados por Esteban Mary y cinco galeras mandadas por Baltasar de Guevara. En cuanto los otomanos, que reunían 33.000 hombres, descubrieron las velas españolas, levaron anclas y huyeron de manera tan apresurada que abandonaron tiendas, impedimenta y casi sesenta cañones[32].

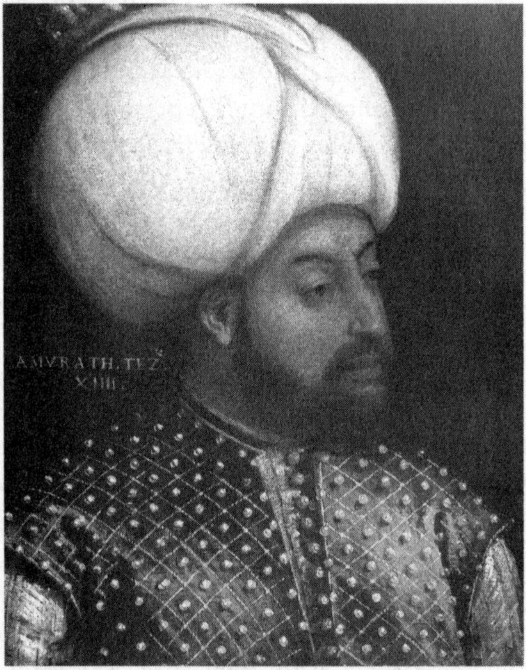

Murat III, el primer sultán en llegar a acuerdos con la Monarquía Católica.

32 RODRÍGUEZ, Agustín: *Op. cit.*, pp. 209-210.

Vista de Constantinopla a finales del siglo XVI.

Después de su derrota de 1571, los turcos dejaron de expandirse por el mar y un siglo más tarde concluyó su avance terrestre. En el verano de 1683, los otomanos trataron de triunfar en Viena, donde Solimán había sido vencido en 1529. Las naciones cristianas formaron otra Liga Santa, de la que, como ocurrió en el siglo XVI, se excluyó Francia, la tradicional aliada de los turcos y enemiga de los Habsburgo. A Luis XIV, uno de esos incendiarios que han asolado Europa que tanto abundan en la historia de Francia, se le insultó entonces llamándole «rey moro». En esta ocasión, España tampoco aportó tropas, sino dinero para pagar a los ejércitos cristianos. La derrota se considera la más desastrosa padecida por los otomanos desde la fundación de su imperio y tuvo enormes consecuencias. El sultán Mehmed IV castigó al gran visir que había dirigido la campaña, Kara Mustafá, con la ejecución a finales de ese año. Animados por su éxito, los austriacos y los polacos iniciaron una guerra contra la Sublime Puerta a la que se fueron incorporando en los años posteriores numerosos rebeldes cristianos, los rusos, la Monarquía Hispánica y hasta los venecianos. Entre 1683 y 1699, año en que se firmó la paz de Karlowitz, se sucedieron cuatro sultanes en el trono.

Es decir, gracias a Felipe II y Juan de Austria, los españoles y los italianos se libraron de la amenaza turca más de un siglo antes de que lo hicieran los austriacos, los húngaros o los checos. Así elogia Braudel las consecuencias de la victoria naval de Lepanto:

> «En el Mediterráneo, la batalla de Lepanto puso punto final a la guerra oficial. Desde ahora este tipo de guerra, la gran guerra, se traslada al norte y al oeste, a las costas atlánticas, y permanecerá durante siglos allí, que es el lugar que le corresponde, porque es allí donde late el corazón del mundo. Este cambio indica y subraya, mejor que cualquier otro argumento, el mutis del Mediterráneo del centro del escenario de la historia. Cuando, en 1618, los primeros disparos de la guerra de los Treinta Años vuelven a encender la guerra, *esta se combatirá muy lejos del Mediterráneo: el mar Interior ha dejado de ser el inquieto corazón del mundo*».[33]

Y ese juicio se mantuvo en las guerras de los siglos XIX y XX, donde el Mediterráneo fue un escenario menor, cuya importancia resulta nimia en comparación con las campañas y batallas libradas en las llanuras entre los ríos Sena y Volga. No hay más que situarse en el verano de 1943 y comparar los recursos empleados por Estados Unidos y el Imperio británico en Sicilia, con los volcados en la batalla de Kursk entre Alemania y la URSS. En resumen,

---

33 BRAUDEL, F.: *Op. cit.*, pp. 318-319.

los pueblos ribereños del Mediterráneo, sobre todo los europeos, siguen gozando de la paz o al menos de la tregua que se ganó en Lepanto.

5. EL TOISÓN DE ORO, LA INSIGNIA DE LA MONARQUÍA HISPÁNICA

El año de 1492 comenzó para los Reyes Católicos con la toma de Granada y el final de la Reconquista. Continuó con la expulsión de los judíos que se negaran a bautizarse y la expedición de un genovés llamado Cristóbal Colón en busca de una ruta que permitiera alcanzar China atravesando el Atlántico, de la que no se tendría noticias hasta 1493. El valenciano Rodrigo de Borja fue elegido papa con el nombre de Alejandro VI. El erudito Antonio de Nebrija publicó su Gramática, que unificaba la lengua castellana y fijaba sus reglas. La reina Isabel escogió como confesor al franciscano Francisco Jiménez de Cisneros por recomendación del cardenal Mendoza. Pero el año estuvo a punto de acabar en lágrimas debido al intento de asesinato que sufrió el rey Fernando en el Palacio Real de Barcelona el 7 de diciembre. Joan de Canyamars, un campesino perturbado de sesenta años de edad, se acercó al monarca y le golpeó por la espalda con una espada. Fernando salvó la vida gracias a que el gran collar que llevaba amortiguó el golpe[34]. Ese collar, con gruesos eslabones, era el atributo de los caballeros miembros de la Orden del Toisón de Oro.

---

34 Aunque se le condenó a morir descuartizado, la reina Isabel dispuso que se le diese antes «muerte dulce, a fin de que con el tormento no pusiese en peligro su alma», como cuenta Luis Suárez.

Capítulo de la Orden presidido por el duque Carlos el Temerario. El pueblo lo contempla admirado desde el exterior.

El padre de Fernando, Juan II, y otro rey de Aragón, Alfonso V, también pertenecieron a esta orden de caballería creada por el duque Felipe III de Borgoña. Unos pocos años más tarde, el yerno de Fernando, el duque Felipe IV de Habsburgo, casado con la infanta Juana, trajo el Toisón de Oro a su nuevo reino de Castilla, junto con la Cruz de Borgoña. Este pendón pasó a ser la enseña del reino, de la casa real, de los ejércitos y de la armada españoles durante los siglos siguientes, hasta su sustitución por la bandera rojigualda. La Ilustre Orden del Toisón de Oro, por fortuna, sigue formando parte de nuestra historia.

Todos los reyes de España desde el siglo XVI tienen retratos de galería y fotografías oficiales en que se exhiben con el Toisón de Oro, sea vistiendo el lujoso manto carmesí de miembro de la Orden, llevando el collar de eslabones de oro o mostrando un pequeño carnero de oro en el cuello o el pecho. No hay insignia más vinculada a la Monarquía Católica y al Imperio español.

Las reinas y las infantas españolas no podían ser incorporadas a la Orden al tratarse de una institución caballeresca. Para mostrar su pertenencia a la Casa de Austria se retrataban, en vez de con el carnero, con un pequeño dije en el que aparecía el rostro de su padre o marido, o mejor aún, con joyas deslumbrantes. La más famosa joya del tesoro de la Corona fue el Joyel Rico, formado por el diamante el Estanque y la perla Peregrina. El primero es un diamante de cien quilates, que adquirió Felipe II y luego dio engarzado a la princesa Isabel de Valois como regalo de boda, en 1564. Y la segunda es una gran perla en forma de lágrima, descubierta en la costa de Panamá y comprada más tarde por el mismo monarca, hacia 1580. Las dos joyas se presentaban juntas o separadas y en ocasiones hasta los reyes las usaban para representar su poder y riqueza.

Entre lo mucho que robaron los franceses en la guerra de la Independencia sobresale el saqueo del tesoro real por José Bonaparte. La Peregrina se la quedó el hermano de Napoleón y después de muchos cambios de manos la tuvo la actriz Elizabeth Taylor. Se subastó en 2011 y su nuevo dueño y paradero son desconocidos. El Estanque también ha desaparecido, quizás para siempre, retallado hasta convertirlo en irreconocible.

El destino del Joyel Rico resalta el prodigio histórico que es la supervivencia de la Orden del Toisón de Oro y de su tesoro.

EL CARNERO VIAJÓ DE BORGOÑA A ESPAÑA

En enero de 1430, el duque de Borgoña, Felipe III (r. 1419-1467), contrajo nuevo matrimonio, el tercero por su parte, con la infanta Isabel de Portugal. Y para celebrarlo anunció a la multitud reunida en la plaza mayor de Brujas, por medio de su rey de armas, la constitución de una orden de caballería llamada del Toisón de Oro. El papa Eugenio IV aprobó los estatutos en 1433, después de varios capítulos generales.

No era, ni mucho, la primera de las órdenes vinculadas a soberanos, más cortesanas y ceremoniosas que guerreras y ascéticas. Ya existían desde el siglo XIV la Orden de la Banda, cuyo gran maestre era el rey de Castilla, la Orden de la Jarretera que la corona inglesa copió de la anterior, la Orden del Lazo napolitana, la Orden de la Hebilla de Oro imperial, la Orden de la Espada del rey de Chipre, la Orden de la Anunciada saboyana, etcétera. Se trataba de una orden de «collar y fe», que exigía a los caballeros, junto con lealtad y obediencia al gran maestre de la misma, la protección de la fe católica. Y es que la caballería solo es posible en el catolicismo. La Orden del Cisne, creada por el príncipe elector de Brandemburgo en 1440 y abierta a hombres y mujeres, estaba dedicada a la devoción a la Virgen María; cuando esta dinastía se hizo luterana, la orden se extinguió. Así justificó el duque Felipe en sus estatutos la formación del Toisón de Oro.

> «Nos, para la mayor alabanza y gloria de Dios Omnipotente, creador y Redentor nuestro, en reverencia de la Santísima Virgen y honor del Bienaventurado y glorioso mártir San Andrés

> Apóstol, para exaltación de la Fe cristiana, defensa y resguardo de la Iglesia (...) hemos instituido cierta orden (...) la cual queremos sea nombrada del Toisón de Oro».

El príncipe escogió como símbolo el vellocino —la palabra francesa para vellón es *toison*— de la leyenda griega de Jasón y los argonautas, que le fascinaba, como demuestra una colección de tapices, heredados de su abuelo, el duque Felipe II. Jasón, Hércules y cincuenta aventureros viajaron en la nave *Argos* a Cólquida, en la costa oriental del mar Negro con la misión de apoderarse del vellocino de oro, la piel de un carnero alado. Etes, rey de Cólquida, protegió el vellocino colgándolo de un roble, en torno al cual rondaba el Dragón de Cólquida, una descomunal serpiente que nunca dormía.

En el primer capítulo general, celebrado en Lille en 1431, el canciller de la Orden, el obispo de Nevers, Jean Germains, trató de bautizar el Vellocino mediante la sustitución del pagano y mitológico Jasón por el judío bíblico Gedeón, que pidió a Dios que realizara un doble milagro con una piel de carnero antes de una batalla contra los madianitas. En otra interpretación simbólica, el Toisón representa a Jerusalén, ciudad santa situada en Oriente, como Cólquida, que el duque y sus caballeros se comprometían a recuperar para los cristianos.

La insignia es un collar, formado por veintiséis eslabones, decorados con el pedernal que el duque portaba en sus armas en alternancia con la B de Borgoña. Al principio, los caballeros estaban obligados a llevar siempre el pesado collar; una adición a las constituciones permitió sustituirlo por el símbolo de un carnero colgado del cuello con un cordón.

> «Nos les ordenamos y atribuimos un símbolo o insignia, que es un collar de oro, en el cual estén nuestras insignias esculpidas, hechas de tal arte, que los eslabones, trabados y encadenados unos con otros, representen los instrumentos de fuego, que los franceses llaman vulgarmente Fusilz, en los cuales estén unos pedernales echando fuego a manera de llamas. Y de la punta más baja estará pendiente la insignia del Toisón de Oro».

La orden se consagró a San Andrés, patrón de la casa ducal de Borgoña, cuya cruz, una equis con nudos en los dos troncos, aparecía en su escudo de armas. Su lema, «*Ante ferit quam flamma micet*» («Hiere antes de que la llama prenda») en alusión al pedernal, era el del duque fundador.

Aparte de los treinta y un caballeros, el duque instituyó cuatro oficiales de la Orden: el canciller, el tesorero, el *grefier* (secretario) y el rey de armas, encargados de custodiar el tesoro y el archivo. Los caballeros debían renunciar a las demás órdenes en las que militasen, con la excepción de que se tratase de soberanos. En el aspecto económico, se fijaban unos derechos de ingreso que debían abonar los caballeros nombrados, aunque estos no percibían ninguna renta de la Orden. Además, entre 1430 y 1433 se celebraron capítulos generales cada año y el duque llenó los treinta puestos de caballero. La intención de Felipe era forjar una alianza con los señores más poderosos de Borgoña contra unas ciudades celosas de su independencia y controladas por una burguesía enriquecida con el comercio y la elaboración de paños y tejidos de excelente calidad. En seguida ingresaron otros soberanos, como Alfonso V, rey de Aragón y de

Nápoles (1445), Juan II, rey de Aragón y de Navarra (1461) y Eduardo IV, rey de Inglaterra (1468).

El siguiente duque, Carlos I (r. 1467-1477), engrandeció el prestigio del Toisón al añadirle el ceremonial borgoñón, con espectaculares ceremonias, rituales, desfiles y banquetes[35], incluidos unos refulgentes mantos y capirotes rojos de terciopelo. Se quería impresionar al pueblo con el poder del soberano de la Orden y el de sus caballeros, y, también, encender en otros príncipes el deseo de recibir la invitación de unirse a ella.

Felipe IV de Borgoña presidió tres capítulos generales. En el último de ellos, el celebrado en 1505 en Midelburgo, capital de Zelanda, nombró caballeros a su hijo Carlos de Habsburgo, de cinco años de edad, al príncipe de Gales,

---

35 Olivier de la Marche, cronista y chambelán de los duques Felipe III y Carlos I, describió en su *Traité de la Manière de célébrer la noble fête de la Toison d'or*, dedicado a Felipe el Hermoso, el banquete de la primera jornada del Capítulo. Se celebraba en una sala grande de palacio. En un estrado elevado se disponía una gran mesa reservada para el soberano, que ocupaba el centro, y los caballeros. Todos se sentaban bajo doseles, de los cuales el que cubría al soberano era más rico y alto. Todos ellos vestían el hábito de terciopelo carmesí con cenefas doradas. Al lado izquierdo del duque se preparaba una mesa sin estrado más pequeña para los cuatro oficiales de la Orden: el canciller, el tesorero, el secretario y el rey de armas. Estos vestían hábitos carmesís, pero, para marcar su jerarquía menor, sin cenefas ni collares, a excepción del Toisón. Al lado derecho del duque de Borgoña se montaba otra mesa, reservada para los embajadores de otros príncipes. Las vajillas de oro y plata de la Orden se disponían en la mesa y en un aparador situado de manera que recibiese la luz y la reflejase hacia el duque y los caballeros. Las paredes de la gran sala se adornaban con tapices que contaban las historias de Jasón y Gedeón, patronos de la Orden, más las proezas de Alejandro Magno, de Hércules y de los héroes troyanos. Para cumplir con su función, el banquete se desarrollaba ante un público numeroso.

Enrique Tudor, futuro rey de Inglaterra y marido de su cuñada Catalina, y a su favorito castellano, Juan Manuel, señor de Belmonte. La reina Isabel I había muerto en noviembre de 1504. Castilla y las Indias le esperaban como un cofre sin fondo. Juana y Felipe llegaron a La Coruña en abril de 1506. El duque despidió a su suegro, Fernando el Católico, y quedó como señor de Castilla, junto con sus cortesanos flamencos y castellanos, hasta su repentina muerte, en septiembre de ese año. Mientras repartía mercedes y privilegios entre sus partidarios, Felipe seguía pendiente de los asuntos del Toisón de Oro, que ya era la más prestigiosa de las órdenes de la Cristiandad.

La muerte en septiembre del duque elevado a rey por vía matrimonial supuso la tranquilidad en Castilla. El rey Fernando regresó de Italia y, con la colaboración del cardenal Cisneros, recuperó la regencia en nombre de Juana. El niño Carlos seguía en Flandes; y su hermano Fernando, aún más joven, pues había nacido en Alcalá de Henares en 1503, acompañaba al abuelo en muchos de sus viajes. Don Fernando portaba el collar de oro que le había salvado la vida en Barcelona. El capítulo de 1473 había aprobado su ingreso en la Orden y el collar y las insignias se las había llevado al año siguiente Jean de Rubempré, chambelán del duque Carlos y también caballero.

Casi diez años más tarde, en enero de 1516, Fernando falleció. Al cardenal Cisneros le costó convencer a Carlos de que dejara la placentera Borgoña —amenazada por el rey francés— y fuese a la desconocida España, porque corría el riesgo de perder la corona. Carlos aceptó viajar en 1517, pero en 1516 presidió en la iglesia de Santa Gúdula de Bruselas otro capítulo del Toisón. Una de las decisiones aprobadas fue el aumento del número de caballeros de treinta y uno a cincuenta y uno, incluido el soberano. Entre los nuevos agraciados con el collar estaban su hermano, el infante Fernando, y Francisco I. El posterior enojo de Carlos V con el rey de Francia tenía razones más profundas que el reparto del Milanesado, la reclamación de Navarra o la disputa por la corona imperial. Carlos creía sinceramente en la Cristiandad y la unidad de los monarcas cristianos para combatir la herejía y el islam y para liberar Jerusalén. Que Francisco, caballero del Toisón de Oro, pactara con los turcos y conspirara con los herejes luteranos, a Carlos le parecía una traición injustificable a la fe y, también, a la hermandad que los estatutos de la Orden mandaban entre sus miembros, sobre todo si eran monarcas.

Carlos V y su hermano Fernando, ambos con el collar de la Orden. El del emperador es más lujoso porque corresponde al gran maestre.

Ya en España, Carlos visitó a su madre y su hermana Catalina en Tordesillas y luego se reunió con Fernando, al que le impuso el Toisón y le instruyó sobre sus obligaciones como caballero. Las Cortes de Valladolid de 1518 le pidieron al nuevo rey que se casara cuanto antes y que, hasta que tuviera un heredero, su hermano no saliera de Castilla. Sin embargo, Carlos no se fiaba ni de los castellanos ni de Fernando. Y cuando los tres hermanos se dirigían a Aragón para la jura en las cortes, Carlos aprovechó los acuerdos internos de la dinastía para enviar a Fernando antes de tiempo a Borgoña, con su tía Margarita. Se despidieron en Aranda de Duero. Por ello, Fernando estuvo ausente del capítulo general celebrado en la catedral de Santa Eulalia, de Barcelona, en marzo de 1519, el único realizado fuera del territorio fundacional de la Orden, aunque en la sillería del coro se pintó su escudo, así como el de Francisco I.

En el llamado *Códice de la Emperatriz*, un libro que recoge los estatutos de la Orden y las minutas de los capítulos generales, junto con casi doscientos escudos de los caballeros y los retratos de los soberanos, y que fue encargado al taller del artesano Simón Bening después del capítulo celebrado en Tournay (1531), al duque Felipe se le da el título de «Rey de Castilla» y a Carlos los de «Rey de las Españas, Archiduque de Austria y Duque de Borgoña». Los genealogistas del siglo XVI tenían más clara la existencia de España que muchos historiadores españoles del siglo XXI.

Así describe el historiador alemán Karl Brandi el probable ánimo del emperador Carlos en su entrada en Roma en 1536 entre aclamaciones por su victoria sobre los turcos en Túnez:

> «Ya había puesto el pie en cada uno de sus territorios, averiguado sus necesidades y cumplido con sus deberes. Había establecido contacto personal con cada uno de los estados de los que era soberano…

> Había convocado y estado presente en los Estados Generales de los Países Bajos; en las Cortes de Castilla y de Aragón; ante los electores y príncipes y estados del imperio alemán, tanto en las sesiones locales como en la Dieta General; y, por último, en los estados de Sicilia y Nápoles. Había incorporado a algunos de los principales hombres de estas tierras a la Orden del Toisón de Oro».

En la Jornada de Túnez, Carlos llevó sobre su armadura el Toisón —y también lo haría en la batalla de Mühlberg—. Fue el primer soberano de la Orden que cumplió con lo que se esperaba de esta: la defensa de la fe. Pero en el capítulo de Utrecht, celebrado en 1546, uno de los más reducidos por haber fallecido veintidós miembros, más alguna ausencia, los flamencos protestaron por el desprestigio de la Orden y pidieron que no ingresasen más caballeros «extranjeros». Como le había ocurrido a Carlos en Castilla veinticinco años antes, su proyecto de monarquía universal se topaba con incomprensiones y egoísmos.

En el capítulo celebrado en octubre de 1555 en Bruselas, el emperador concedió el collar a su nieto, llamado Carlos en su honor, y a Guillermo de Orange, luego rebelde a su señor natural. Fue el momento en que Carlos V anunció a los caballeros presentes su voluntad de abdicar de todas sus coronas y de ceder el rango de gran maestre de la Orden a su hijo. Por la tarde, ante una multitud convocada al palacio real, el emperador se quitó su collar y se lo puso a Felipe. La abdicación se produjo en enero de 1556. Es decir, el césar Carlos empezó a despojarse de sus facultades de monarca con la renuncia a su querida jefatura de la Orden del Toisón.

El emperador Francisco José I de Austria, con el Toisón colgado de su cuello y la cruz de la Orden Teresiana en el pecho.

Bajo la presidencia de Felipe, ya rey de España y de toda la constelación de estados heredados de su padre, salvo el Imperio y los territorios austriacos de los Habsburgo, se celebró en Gante en 1559 el último capítulo general. El monarca, que se sentía más español que borgoñón o germano, tuvo que escuchar la repetición de las quejas de los caballeros flamencos y las protestas de algunos desilusionados que se habían creído aspirantes al ingreso. Contribuyó a la sensación de distancia que Felipe no hablara ni francés ni flamenco. La asamblea aprobó la incorporación de siete aristócratas flamencos y dos italianos; uno de ellos, Marco Antonio Colonna, dirigiría las galeras pontificas en Lepanto. ¿Sería él uno de esos extranjeros que no sentían los ideales de la caballería?, ¿o lo sería Luis II de Hungría, caballero desde 1515, y muerto en combate contra los turcos?

En el verano de 1559, Felipe regresó a España después de cinco años de ausencia. Su hermana Juana, viuda del rey de Portugal, había ejercido la regencia. Había muerto su padre en Yuste. Y por último se habían descubierto brotes de protestantismo en Sevilla y Valladolid. Su presencia en los Países Bajos no era imprescindible, porque después de décadas de guerras con Francia, había firmado con Enrique II la Paz de Cateau-Cambrésis, que incluía la boda de Felipe con la princesa de Isabel de Valois.

Con Madrid como nueva capital del vasto Imperio y el monasterio de San Lorenzo de El Escorial y el sitio de Aranjuez como lugares favoritos, el único viaje internacional que haría Felipe II en el resto de su vida sería a Portugal en 1581 para ser proclamado rey. Rechazó un nuevo viaje a Flandes en los años 60, cuando se fraguaba la rebelión protestante, a pesar de las peticiones de su hermanastra Margarita de Parma, gobernadora desde 1558. El monarca decidió en 1567 sustituir a Margarita por su mejor general, Fernando Álvarez de Toledo, tercer duque de Alba, grande de España y caballero del Toisón desde el capítulo de Utrecht. Se trataba de un desaire a los flamencos, pues los compromisos adquiridos exigían que el gobierno lo desempeñase su señor natural o un miembro de su familia.

Entre las medidas de represión más desacertadas del nuevo gobernador estuvo la detención mediante engaños de los condes de Egmont y de Horn. Ambos también ostentaban el Toisón, y Alba y Egmont lo habían recibido en el mismo capítulo de manos del emperador. El resto de los miembros flamencos de la Insigne Orden protestaron por el trato dado a los dos aristócratas, quienes, por su parte, demandaron ser juzgados por el soberano y los hermanos de la Orden. Aun así, Egmont y Horn fueron condenados a muerte y decapitados en la plaza mayor de Bruselas en 1568. La ejecución, en vez de pacificar el país, lo encendió. Otras peticiones presentaron los caballeros a Alba, como la de ser eximidos de una contribución especial aprobada por los Estados Generales, equivalente al centésimo de todos los bienes muebles e inmuebles de todos los habitantes. Felipe respondió a su gobernador:

> «habéis hecho muy bien en la providencia de suspender el pago; y juzgando ser más que razonable el que sean exentos por las razones que representáis , principalmente por haber sido ellos los que en este tiempo han mantenido tan leal y noblemente el partido de Dios y el mío, como me lo representáis, os mando les hagáis mantener libres y exentos de la contribución del centésimo dinero».

La guerra en Flandes se prolongó ochenta años y en ella varios caballeros de la Orden rompieron su juramento de defender la religión católica y combatir la herejía. El más destacado, convertido en cabecilla, fue Guillermo de Orange, sobre cuyo hombro Carlos V se había apoyado durante la abdicación. Pero su primogénito, Felipe Guillermo, educado en España, era católico, y tan leal a la Corona española que en 1599 Felipe III le nombró caballero.

La separación entre el territorio natural de la Orden y su soberano supuso que los monarcas españoles acaparasen funciones que en los estatutos se reservaban a los capítulos generales. El papa Grégorio XIII concedió una bula en 1577 por la que autorizaba a Felipe II dar plazas de caballero sin convocar el capítulo. El permiso del Papado se repitió a partir de entonces varias veces. Los nombrados desde esa primera bula por Felipe II y sus sucesores fueron personalidades de la corte y de la milicia; miembros de las dos ramas de la dinastía; aristócratas italianos y alemanes; y hasta varios reyes y príncipes polacos. Los collares otorgados por los tres últimos reyes Austria superaron los trescientos. Dentro del Toisón, los españoles eran una minoría; en la centuria y media que se extiende entre Felipe II y Carlos II, no alcanzaron ni la tercera parte de los miembros. Como los tercios, la Orden era multinacional.

Semejante cuidado con el Toisón de Oro, sin duda se debía a que los monarcas lo consideraban vinculado a su familia y a su persona. En cambio, en su trato con las órdenes militares españolas, de las que también eran grandes maestres, no vacilaban en imponer su voluntad sin preocuparse de disgustar a los más puntillosos. Por ejemplo, Felipe IV indicó al consejo de la Orden de Santiago que concediese su hábito al pintor Diego Velázquez, para lo que obtuvo hasta una dispensa pontificia.

LA DIVISIÓN DE LA ORDEN EN DOS RAMAS

La evolución del Toisón de Oro consistió en perder su condición de orden borgoñona —el ducado había desaparecido como entidad independiente y sus habitantes se hallaban en guerra civil— para convertirse en una orden real española, de una manera similar en la que la rama germana de los Austrias acaparó la corona del Sacro Imperio, la elección de emperador dejó de ser disputada entre varios candidatos y no se realizaron más coronaciones por papas desde 1530.

Para algunos historiadores y juristas, el momento decisivo se produjo en el *Acta de Cesión* (1598), cuando

Felipe II entregó la soberanía de Flandes a su hija, la infanta Isabel Clara Eugenia, y su marido, el archiduque Alberto. Les permitió titularse duques de Borgoña, pero exceptuó de la cesión a la Orden del Toisón «de la cual retenemos y reservamos la facultad de poder disponer en tiempo futuro, como lo tuviésemos por más conveniente». En una consulta a la infanta, remitida en 1599, los caballeros flamencos reconocieron la «grande novedad» de que el rey de España, ya Felipe III, siguiera siendo jefe y soberano, y preguntaron por la situación de las fiestas, las ceremonias religiosas —la misa en el día de San Andrés— y, también, por el mantenimiento de sus privilegios y franquicias. En el caso de que se hubiera cedido la Antigua Orden al matrimonio, el jefe habría sido Alberto, condecorado con el collar en 1596, y cuyos padre y padrino también lo tenían[36].

Con la guerra de Sucesión, la Orden del Toisón de Oro se enfrentó a más calamidades que en el siglo XVI. En 1704, Felipe V expulsó de ella a treinta y seis caballeros por apoyar al archiduque. Tres años más tarde incorporó al primer inglés, James Fitz-James, duque de Berwick, un militar católico al servicio de Luis XIV, en premio a su victoria en la batalla de Almansa.

En mayo de 1706, cerca de Namur, donde en 1578 había muerto de tifus uno de los más ilustres portadores del Toisón, Juan de Austria, se libró la batalla de Ramillis, entre los franceses y los austriacos. Estos derrotaron a los primeros, lo que permitió a los austriacos ocupar Bruselas y apoderarse del archivo y el tesoro de la Orden. En la década

36 AZCÁRRAGA SERVET, Joaquín: «*Felipe II: el Toisón de Oro y los sucesos de Flandes*», revista *Cuadernos de Historia del Derecho*, n.º 6, Universidad Complutense de Madrid, 1999.

de los 90, debido a las guerras de la Francia revolucionaria, se trasladaron a Viena.

El archiduque Carlos invocó varios argumentos para reclamar la jefatura de la Orden. Primero, las renuncias de las infantas españolas Ana y María Teresa, casadas con Luis XIII y Luis XIV, a todos sus derechos vinculados a la Corona española, mientras que la abuela del archiduque, la Infanta María, esposa de Fernando III, no lo había hecho. Luego, que la soberanía de la Orden se transmitía por vía agnaticia; pero precisamente gracias a María de Borgoña el Toisón había llegado a los Habsburgo; y, de aceptarse este argumento, la jefatura recaería en su padre, el emperador Leopoldo. Por último, que la Orden estaba asociada al Ducado de Borgoña, que él había conquistado, cuando ya era obvio que no dependía de ningún territorio, sino que era personal[37].

El Tratado de Viena de abril de 1725, acordado por los embajadores de Felipe V y Carlos VI, cerró la enemistad entre los dos soberanos. Carlos reconocía a Felipe como rey de España y de las Indias y se comprometía a no disputarle la corona ni sus posesiones, mientras que el Borbón renunciaba a recuperar los antiguos territorios españoles de Italia y Flandes, ahora bajo soberanía de los Habsburgo de Austria. También se confería a cada monarca el uso de los títulos adquiridos durante la guerra, aunque correspondieran al otro. Por ello, Carlos VI siguió usando el Toisón y concediendo collares. Pero los emperadores siguientes mantuvieron la apropiación, a pesar de las protestas de Felipe V y Fernando VI.

---

37 CEBALLOS-ESCALERA Y GILA, Alfonso: *La insigne orden del Toisón de Oro: su historia y sus ceremonias*, Scriptorium, Valencia, 1998, pp. 80-81.

Con la nueva dinastía, los nombramientos de extranjeros cambiaron de dirección. En vez de viajar a Viena, lo hicieron a París. Así entraron en la Orden Luis XV y Luis XVI —como duque de Berry—, y otros «príncipes de la sangre» franceses, que reinaron en el siglo XIX como Luis XVIII y Carlos X.

En este siglo, se añadió otro incumplimiento de los estatutos originales. Los papas dictaron breves que otorgaban al rey borbónico la facultad de dar el Vellocino a varones que ya eran miembros de otras órdenes, sin tener que renunciar a estas. Un caso singular fue el del marqués de la Mina, Jaime de Guzmán-Dávalos y Spínola, al que Felipe V quiso recompensar con el Toisón por su negociación como embajador del matrimonio entre el infante Felipe y la princesa Luisa Isabel en la corte de París. El rey pidió un breve a Clemente XII para poder dárselo, pues el marqués tenía ya el hábito de la Orden de Montesa y era comendador en la de Calatrava; Luis XV también le nombró caballero de la Orden del Espíritu Santo.

En la lista de los numerosísimos y escandalosos títulos que dio Carlos IV a Manuel Godoy desde 1788 no faltó el Toisón. El rey le nombró caballero en 1792, después de haberle concedido antes, entre otros, el grado de teniente general del Ejército, la Gran Cruz de la Orden de Carlos III y los nombramientos de miembro de la Orden de Santiago, con encomienda, y gentilhombre de cámara de su majestad.

En el siglo XIX, la degradación de las élites españolas alcanzó también al Toisón. Cuando la España borbónica y la Francia revolucionaria eran aliadas, Carlos IV concedió en 1805 sendos collares a Napoleón Bonaparte, ya autoproclamado emperador, a sus hermanos José y Luis, y al mariscal Joaquín Murat. Tres años más tarde, Napoleón despojaría de la corona a Carlos y a su hijo Fernando VII e impondría a José como rey. Y otro de los caballeros, Murat, ametrallaría a los españoles que se levantaron contra los Bonaparte.

Durante la guerra de la Independencia, la Junta Central Suprema concedió un collar al duque de Wellington, jefe de los ejércitos aliados en la Península Ibérica. Fernando VII convalidó el nombramiento, aunque consultó al papa Pío VII sobre la licitud de incorporar a un cristiano anglicano a una orden católica y mariana. En un acto que supuso reconocer que el Toisón de Oro ya no era una orden de caballería católica, sino una merced real, el papa autorizó el nombramiento. Los siguientes beneficiaros, nombrados por Fernando VII, fueron el zar de Rusia Alejandro I (ortodoxo), el rey de Prusia Federico Guillermo III (luterano), el rey de Suecia Carlos XIII (luterano), el príncipe regente británico Jorge de Hannover (anglicano). Antes de acabar ese siglo, en la Orden ingresaron el sultán de Turquía y el emperador de Japón. También se dieron collares a políticos masones, que niegan la doctrina de la Iglesia, como Baldomero Espartero, Salustiano Olózaga y Práxedes Mateo Sagasta.

NOMBRAMIENTOS HECHOS POR LOS BORBONES[38]			
MONARCA	COLLARES	MONARCA	COLLARES
Felipe V	103	Fernando VII	82
Luis I	2	Isabel II	81
Fernando VI	26	Alfonso XII	47
Carlos III	54	Alfonso XIII	102
Carlos IV	53	Juan Carlos I	24

La primera mujer que perteneció a la Orden fue Isabel II; pero lo hizo como soberana en su condición de reina de España. Se incumplieron así los estatutos y el precedente del siglo XV, por el que la jefatura de la Orden había pasado del duque Carlos I a su yerno, Maximiliano de Habsburgo, en vez de a su hija, María. Los primeros ingresos de mujeres como miembros tardaron un siglo y medio más. Se trató de las reinas Beatriz de los Países Bajos, Margarita de Dinamarca e Isabel del Reino Unido, nombradas por Juan Carlos I entre 1985 y 1988.

En el reinado de Isabel II se estableció el régimen liberal, una de cuyas características consiste en la separación entre la Corona, la Nación y el Estado. El real decreto de 26 de julio de 1847, que reguló las órdenes civiles españolas, convirtió al Toisón en una institución mixta: la situó como la primera orden civil del Estado, pero la mantuvo como privativa de la Corona, a la que correspondían las concesiones.

Igualmente a partir del siglo XIX, las dos ramas de la Orden limaron sus diferencias. El emperador austriaco Francisco José (r. 1848-1916) y los reyes Alfonso XII y Alfonso XIII se reunieron en varias ocasiones y los tres llevaban las veneras del Toisón. En las cortes de Viena y Madrid se aceptó a los caballeros nombrados por el otro soberano. Después de la Primera Guerra Mundial, el rey Alberto de los belgas exigió a la república de Austria la entrega del archivo y el tesoro de la Orden como parte de las indemnizaciones debidas a su país arrasado; entonces, el exemperador Carlos I pidió a Alfonso XIII, prestigiado por su ayuda a los prisioneros de guerra y sus familias, que lo reclamase para él. En los años 50, el Gobierno austriaco reconoció la personalidad jurídica de la Orden.

El emperador Mximiliano, con su hijo Felipe y su nieto Carlos. Los tres portan el collar del Toisón.

Escogemos varias anécdotas. La última vez que un monarca español pronunció en Palacio las palabras «Caballeros del Toisón, sentaos y cubríos» fue el 1 de abril de 1931 por boca de Alfonso XIII. Uno de los nuevos caballeros, el almirante Juan Bautista Aznar, presidente del Gobierno por designación real, contribuyó a hundir la monarquía por haber organizado las elecciones municipales, celebradas unos días después, y haber declarado a los periodistas que España era ya republicana mientras entraba en Palacio para reunirse con el rey: «¿Qué más crisis desean ustedes que la de un país que se acuesta monárquico y se despierta republicano?». El Vellocino no aporta inteligencia.

Afirma el cronista fray Prudencio de Sandoval que el conde de Benavente, Alonso de Pimentel, rehusó el ofrecimiento del emperador Carlos V de incorporarle a la Orden. La respuesta fue que un castellano como él no necesitaba recompensas extranjeras. Otra explicación atribuye semejante descortesía a la obligación de los miembros de renunciar a otras órdenes que tuvieran, a la vez que no acarreaba ninguna ventaja económica. Y el conde, como caballero de la Orden de Santiago, disfrutaba entonces de la encomienda de Castroterafe. Para no pocos, el dinero está por encima de cualquier honor.

Uno de los Toisones más fugaces fue el concedido por Fernando VII en 1829 a Pedro Gómez Labrador, marqués de Labrador, el inepto embajador español en el Congreso de Viena, pero lealísimo al monarca. Al unirse al infante Carlos María Isidro, la regente María Cristina de Borbón se lo retiró, junto con todos sus títulos, honores y tratamientos, en mayo de 1834.

Al general Francisco Franco se le ofrecieron dos collares, ambos por hijos de Alfonso XIII, los infantes Juan y Jaime. El primero se lo propuso Juan en 1961 con motivo del vigésimo quinto aniversario del nombramiento de Franco como jefe del Estado español, y el segundo cuando el matrimonio entre su nieta Carmen Martínez-Bordiú y Alfonso de Borbón-Dampierre, hijo de Jaime. Los dos infantes pretendían engañar a Franco, pues si los aceptaba les reconocía tácitamente como jefes de la casa de Borbón. En su respuesta a Juan de Borbón y Battenberg, Franco le escribió con ironía «creo debierais pedir información histórica sobre la materia».

Cuando fallecía un monarca español, se exponía su cuerpo ataviado con el collar correspondiente a su condición de soberano de la Orden. Los caballeros tenían la obligación de retirárselo antes de trasladar los restos al pudridero de El Escorial. La costumbre se mantuvo con Fernando VII y Alfonso XII, los últimos reyes de España fallecidos en España.

A pesar de la obligación de los herederos de devolver el collar del caballero muerto, varios lo han incumplido, incluso alguna familia real europea. La casa imperial de Japón ha perdido dos collares.

Fundación de la Orden del Toisón, cuadro de Albercht de Vriendt, en el Ayuntamiento de Brujas.

El renombre del Toisón de Oro seduce hasta a republicanos y ateos. Nueve presidentes de la república más laica y, a la vez más chauvinista de Europa, la francesa, lo han aceptado y ansiado. El primero fue Luis Napoleón Bonaparte, en 1850, y el último ha sido Nicolás Sarkozy, en 2011. Si se aplicasen con rigor los estatutos de la Orden, después de que los tribunales dictaran dos condenas por corrupción contra Sarkozy, el soberano de la Orden le podría retirar el título y conminarle a la devolución del collar. Incluso un presidente, tal vez el más pretencioso de la V República, Valéry Giscard d'Estaing, hizo saber, con motivo de una visita oficial a España en 1978, en el habitual intercambio de condecoraciones, que le gustaría ser nombrado caballero de la Insigne Orden. El Gobierno español de entonces, disgustado por la indiferencia del francés contra el terrorismo etarra y su boicoteo a las negociaciones para la adhesión a las Comunidades Económicas Europeas, se lo negó con el argumento de que no era una orden estatal, sino concedida por voluntad el rey[38]. Podemos pensar que la Legión de Honor no colma la sed de honores de los jefes de Estado franceses, aunque la fundara Napoleón en 1804.

Y no debería sorprender este menosprecio a la orden francesa si sabemos que Napoleón, usurpador de coronas y de reinos, también quiso tener su propio toisón. Después de colocar a su hermano José en Madrid y de entrar victorioso en Viena tras la batalla de Wagram (1809), se propuso unificar las dos ramas de la Orden y ponerlas bajo su mando. Así, mientras negociaba el Tratado de Schönbrunn con el emperador de Austria Francisco I, se anexionaba territorios y planeaba nuevas campañas contra Inglaterra, encontró tiempo para fundar la Orden de los Tres Toisones, de la que él sería gran maestre, mediante un decreto firmado en agosto de 1809. El lema elaborado fue «*Proefulget ardua virtus*» («La dura virtud brilla»). Los miembros superarían la cifra de 1500, divididos en las categorías de grandes caballeros, comendadores y caballeros, y encima se les asignarían rentas provenientes de la explotación de unas

38 CALVO SOTELO, Leopoldo: *Memoria viva de la transición*, Plaza y Janés, Barcelona, 1990, p. 153.

minas en los Estados Pontificios, absorbidos meses antes por el Imperio francés. Ante las protestas de Francisco I y de los condecorados con la Legión de Honor, más las complicaciones políticas y militares, Napoleón decidió anularla en 1813.

EL SECRETO DEL VELLOCINO

¿Cómo ha podido sobrevivir el Toisón de Oro cerca de seiscientos años? La principal razón es la limitación del número de sus miembros. Los caballeros residentes en los Países Bajos escribieron un memorial a Felipe IV en el que le pedían:

> «Lo primero, que se digne de mantener la Orden en su antiguo número, como precisa circunstancia para la conservación de su lustre y dignidad. Lo segundo, que V. M. se sirva de no admitir fácilmente en la Orden sino a aquellos sujetos, que por la eminente calidad de sus casas no se pueda ofrecer la menor nota, como lo han observado rigurosamente los predecesores de V. M., que han empleado en tan importante asunto el mayor cuidado, como objeto de su reputación».

Cincuenta collares era el máximo que se comprometió a conceder Carlos V, mientras que Napoleón, jefe de los mayores ejércitos jamás reunidos hasta entonces en Europa, repartía las insignias por capazos. Según los estatutos reformados en 1962 por el general De Gaulle como presidente de Francia, la Legión de Honor tiene el siguiente número máximo de miembros por sus cinco categorías: 75 grandes cruces, 250 grandes oficiales, 1250 comendadores, 10.000 oficiales y 113.425 caballeros o damas. Por lo menos, ninguno de los grados está lleno. En comparación, los reyes de la casa de Borbón han concedido menos de seiscientos nombramientos de la Insigne Orden en tres siglos. Lo que pocos tienen, muchos admiran.

Las mujeres, que no podían ingresar en la Orden, muestran con otra simbología su pertenencia a la Casa de Austria. La infanta Isabel Clara Eugenia sostiene un medallón con el retrato de su padre

El elogio a la exclusividad como sinónimo de excelencia lo escribió el ministro de Estado Joaquín Francisco Pacheco en el real decreto de 1847. Según él, la Orden del Toisón de Oro

> «es un ejemplo de cómo se conservan en la estimación las condecoraciones que no se prodigan, de cómo es indispensable limitar por el número hasta lo que parece que no puede sujetarse a su regla, el mérito en sus grados eminentes. Si el Toisón hubiera podido darse con libertad, el Toisón sería ahora lo mismo que cualquiera otra gran cruz, y se pediría por docenas de memoriales como se piden estas».

Y en alabanza tanto de la reina como del ministro hay que decir que este no recibió el collar[39].

La restauración de la monarquía en 1975 y la entrada en vigor de la Constitución de 1978 han implicado la recuperación de su carácter de orden mixta, así como su «adaptación» a un tiempo en los que los reyes quieren pasar por muebles lujosos, que adornan pero no se mueven:

---

39 Entre los pocos que han rehusado un collar se encuentra otro político del Partido Moderado, Juan Bravo Murillo. Isabel II quiso concedérselo en 1851, cuando era presidente del Consejo de Ministros, con motivo del nacimiento de la infanta Isabel. Bravo Murillo, ejemplo de modestia y honradez durante toda su vida, se trasladó a Palacio para persuadir a la reina de que no se publicara el decreto ya redactado. En cambio, el general José Sanjurjo no se quedó satisfecho con la concesión del marquesado del Rif en 1926 por Alfonso XIII y esperaba también el Toisón (cfr. FRANCO SALGADO-ARAUJO, Francisco: *Mis conversaciones privadas con Franco*, Planeta, Barcelona, 1976, p. 498). Esto fue otro de los motivos de resentimiento del general contra el rey, que explotó tras las elecciones locales de abril de 1931.

los nombramientos se efectúan mediante real-decreto refrendado por quien sea presidente del Gobierno[40]; a la concesión real le precede el requisito de «oído el Consejo de Ministros»; se borró del protocolo del Estado el puesto de relevancia que tenían los caballeros, por delante de los ministros; y se suprimió el juramento tradicional. Otro peligro no menor para la Orden es su consunción por falta de uso. Desde su proclamación en 2014, Felipe VI ha concedido las insignias a una sola persona, su primogénita, la princesa Leonor.

Como ocurre con tantos otros personajes, acontecimientos y objetos de nuestra historia, los españoles ignoramos los tesoros que tenemos y somos incapaces de colocarlos delante del mundo o delante de nosotros mismos siquiera para recobrar nuestro orgullo.

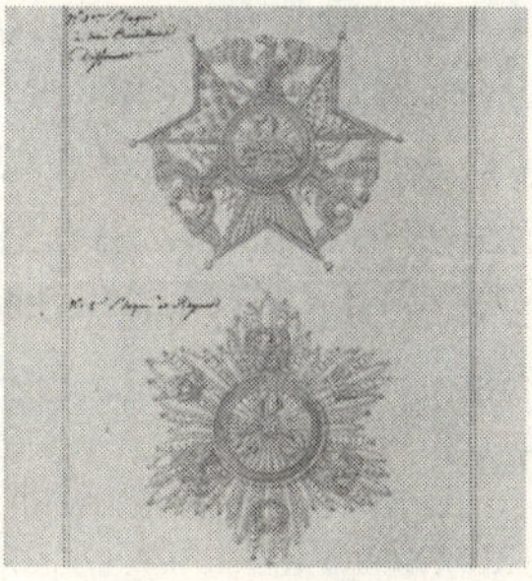

Boceto de la Orden de los Tres Toisones.

40 Una vez restaurada la monarquía, solo dos collares no se publicaron en el *BOE* ni tuvieron refrendo ministerial, que fueron los concedidos por Juan Carlos I en mayo de 1977 al político de origen falangista Torcuato Fernández-Miranda y en junio siguiente al marqués de Mondéjar, Nicolás Cotoner. Como el rey disponía de los amplios poderes que le concedían la Ley para la Reforma Política y el resto de las Leyes Fundamentales, los nombramientos se hicieron mediante orden comunicada.

6. LA CABEZA DE UN PIRATA INGLÉS EN EL EQUIPAJE DE UN EMBAJADOR

Hubo una época en que un rey de Inglaterra quería hacer la paz con el rey de España. Hubo una época en que un embajador español llevaba en los bolsillos de su casaca a ministros ingleses. Hubo una época en que un pirata inglés era decapitado en Londres para agradar al Real Alcázar. Hubo una época en que el *Spanish Party* controlaba la política británica. Hubo una época en que el príncipe de Gales se presentó en Madrid para pedir la mano de una infanta española. Hubo una época en que un embajador francés se ponía verde de envidia ante el humor y la elegancia de un embajador español. Hubo una época en que el sol que brillaba en Londres lo traía el oro de España y la música que sonaba la pagaba la plata de las Indias.

Y esa época la hizo posible Diego Sarmiento de Acuña, conde de Gondomar.

LA «PAX HISPANICA»

Entre 1585 y 1604 se libró una guerra entre el Imperio español, en la cumbre de su expansión después de que el rey Felipe II fuera proclamado también soberano de Portugal y de sus posesiones en América, África y Asia, y el pequeño reino de Inglaterra, que compartía la isla de Gran Bretaña con Escocia, y cuya única colonia era Irlanda. El conflicto empezó con dos operaciones navales espectaculares.

Jacobo I, primer Estuardo en reinar en Inglaterra.

La formación de la Gran y Felicísima Armada en 1588, bajo el mando primero de Álvaro de Bazán y, a su muerte a comienzos de ese año, del duque de Medina-Sidonia, para embarcar los tercios de Alejandro Farnesio y trasladarlos a la isla, culminó en una derrota naval, sin que los españoles pisasen tierra, salvo aquellos que naufragaron en las costas irlandesas en el viaje de vuelta y sobrevivieron. En la primavera del año siguiente, la corona inglesa, con la ayuda de los rebeldes flamencos, lanzó la expedición llamada «Contraarmada», dirigida por Francis Drake y John Norris, con varios objetivos: destruir los restos de la Armada refugiados en Santander; atacar Lisboa para provocar una rebelión contra el monarca español; y apoderarse de las Azores para disponer de una base desde la que amenazar las Flotas de Indias. Ninguno de ellos se cumplió.

En vez de atacar Santander, Drake se dirigió primero a La Coruña, en mayo, y a Lisboa, en junio. En ambas ciudades, sus tropas sufrieron derrotas estrepitosas. En la gallega una mujer, María Pita, se convirtió en el símbolo de la resistencia. Perseguido por los hispano-lusos, perdió más hombres y barcos en las Azores y, en la ruta de regreso, en Vigo y en el Cantábrico. Entre las batallas y las enfermedades, las bajas humanas superaron los cuatro quintos de los embarcados —cerca de 22.000 de los más de 27.000 embarcados—, mientras que la pérdida de barcos osciló en torno a la mitad de los dos centenares que zarparon de Plymouth. En conclusión, muy superiores a las españolas el año anterior, que fueron unos 11.000 hombres en la expedición, más 2000 muertos por la peste en Lisboa —entre ellos, el primer jefe de la Gran Armada, don Álvaro de Bazán—, y una treintena de naves[41]. Semejante derrota destaca en la

41 GORROCHATEGUI, Luis: *Contra Armada. La mayor victoria de España sobre Inglaterra*, Crítica, Barcelona, 2020, pp. 269-271 y 332. Según los cálculos del autor, los muertos en la guerra entre 1588 y 1589 fueron «no mucho menos de 45.000», de los que dos tercios correspondieron a ingleses y uno a españoles. Sin

historia por su magnitud y, también, por su ocultamiento por parte del Estado y de la Universidad británicos, que ha durado siglos.

Los años siguientes fueron una sucesión de golpes y contragolpes entre ambas potencias. Derrota de la expedición de Drake y Hawkins al Caribe, donde murieron ambos (1595-1596); conquista de Calais por los tercios de Flandes (1596); toma de Cádiz por los ingleses (1596); desembarcos españoles en Cornualles (1595) y Kinsale (1601); derrota inglesa en las Azores (1597); despliegues de tropas en Francia… Londres ayudaba a los rebeldes neerlandeses, a los hugonotes y a los reyes franceses contra España, y Madrid enviaba dinero y tropas a los irlandeses católicos. Los ingleses y sus aliados neerlandeses fueron incapaces de capturar ni siquiera una de las Flotas de Indias[42]. El mecanismo de los convoyes entre las Indias y España diseñado por uno de los más grandes marinos españoles de la historia, Pedro Menéndez de Avilés (1519-1574), rechazaba una y otra vez los ataques de los corsarios. Y la reina inglesa necesitaba de los botines para mantener su armada y aumentar su fortuna personal. En noviembre de 1596, Felipe II declaró la tercera bancarrota de su reinado; por su parte, la hacienda inglesa estaba exhausta.

---

embargo, los soldados y marineros españoles caídos eran de más experiencia y calidad que los ingleses.

42 La primera Flota de Indias que perdió España por un ataque enemigo fue en 1628. La capturó el almirante neerlandés Piet Hein, en el puerto de Matanzas, en Cuba, quien apenas disfrutó de su triunfo, pues murió al año siguiente en un combate en el Canal de La Mancha contra corsarios del Imperio español. Le destrozó una bala de cañón. Al almirante español, Juan de Benavides Bazán, se le condenó a muerte y, a pesar de ser miembro de la Orden de Santiago y de la familia Bazán, se cumplió la sentencia en 1634.

Felipe II murió en septiembre de 1598 en El Escorial y cinco años más tarde lo hizo Isabel I. Al español le sucedió su hijo, el príncipe Felipe; y a la inglesa estéril que nunca se casó, Jacobo VI, rey de Escocia e hijo de la reina María Estuardo, a la que ella había hecho decapitar. Miembro de los Estuardo, una dinastía diezmada por las conspiraciones y los asesinatos, y establecido en una capital lejana de su reino y hostil —en su primer año de reinado se enfrentó a dos conspiraciones—, Jacobo justificó su decisión con la ingeniosidad de que él, como rey de Escocia estaba en paz con España y, por tanto, como rey de Inglaterra, no podía estar en guerra.

Felipe III había cedido el gobierno del imperio a su valido, el duque de Lerma —cuya firma valía tanto como la del monarca—, y ambos querían concluir las onerosas guerras del reinado anterior para sanear las finanzas, dar descanso al pueblo y reorganizar el gobierno de la monarquía. El propio Felipe II inició esa política de pacificación. En la primera semana de mayo de 1598, cuando su fallecimiento era inminente, cedió los Países Bajos a la infanta Isabel Clara Eugenia y a su marido, el archiduque Alberto, y firmó con Enrique IV de Francia la Paz de Vervins. Pero la situación de Inglaterra, lejos de ser la potencia naval y el pueblo unido en torno a una reina amada que presentan sus historiadores, novelistas y cineastas, tampoco era buena. Por eso, casi veinte años después de comenzada la guerra, el agotamiento condujo a un acuerdo.

Las negociaciones comenzaron en mayo de 1604 en el palacio Somerset, en Londres, entre dos delegaciones, formadas por seis representantes cada una. En la española, presidida por el condestable de Castilla, había tres enviados por don Felipe y otros tres por doña Isabel Clara Eugenia.

El Tratado de Londres se concluyó en agosto de 1604, a menos de año y medio de la proclamación de Jacobo, y fue muy favorable a España.

La Monarquía Católica renunciaba a derrocar a los reyes ingleses, a restablecer el catolicismo en el país y a intervenir en Irlanda, aunque siguió financiando la formación de clero irlandés en seminarios sitos en sus estados y acogiendo a exiliados. La corte inglesa retiraba todo apoyo militar y económico a los rebeldes flamencos. Los barcos españoles podían navegar libremente por el canal de la Mancha, lo que abría esa ruta marítima entre la Península y Flandes. Los buques de ambos reinos, tanto de guerra como mercantes, podían refugiarse en los puertos europeos de la otra potencia para repararse y avituallarse; y las flotas compuestas por menos de ocho velas podían atracar en ellos sin tener que pedir permiso. De esta manera, el territorio británico se convertía en una base naval para España frente a los neerlandeses, tanto más importante cuando en la Paz de Vervins España había devuelto Calais a Francia. La situación se retrotraía así a antes de la guerra, con la ventaja de que los flamencos, recién derrotados en el sitio de Ostende, al perder el respaldo inglés, iniciaron también unos contactos que conducirían a la Tregua de Doce Años (1609-1621). Estos tres tratados, Vervins, Londres y la Tregua, abrieron en Europa la «*Pax Hispanica*»[43].

---

43 La época de paz se limitó a Europa. Fuera de este continente, sobre todo en el Caribe y el Índico aumentaron los ataques piráticos a las posesiones españolas y portuguesas. Numerosos marinos desmovilizados ingleses y holandeses se pasaron a la piratería berberisca. Así lo explica el profesor John Elliot, creador del concepto. «Pero la *Pax Hispanica* nunca se extendió al mundo de ultramar. Los holandeses habían aprovechado los años de paz desde 1609 para consolidar y ampliar sus conquistas en Extremo

Felipe III ratificó la paz en 1605 en Valladolid, adonde se había trasladado la corte cuatro años antes. La llegada de la delegación inglesa, integrada por varios centenares de personas y presidida por el almirante Charles Howard, conde de Nottingham, coincidió con el nacimiento el 8 de abril del príncipe de Asturias. Los dos acontecimientos se celebraron con unos tres meses de festejos.

Por el contrario, los ingleses, sobre todo la clase comerciante y quienes se lucraban con el corso, que eran armadores y aristócratas, consideraron el tratado humillante. Algunos diputados de la Cámara de los Comunes criticaron a su rey. Sin embargo, muchos otros se frotaron las manos al pensar en las monedas españolas que iban a caer en sus bolsas. En los meses que los negociadores españoles estuvieron en Londres, habían derrochado de un modo nunca visto.

EL *SPANISH PARTY* EN LA CORTE INGLESA

El último embajador de Felipe II, Bernardino de Mendoza, había abandonado Inglaterra en enero de 1584. Felipe III envió como su representante a Pedro de Zúñiga y de la Cueva, caballero de la Orden de Santiago y cuyo padre había desempeñado la embajada en Francia entre 1572 y

---

Oriente a costa del imperio portugués. A medida que proseguían las depredaciones de los holandeses, un ministro tras otro se acercaba a la opinión expresada en 1616 por don Fernando de Carrillo, presidente del Consejo de Hacienda, de que "ha sido peor que si la guerra hubiera continuado"» (cfr. ELLIOT, John: *Imperial Spain. 1469-1716*, Mentor, Nueva York, 1963, p. 317).

1576. Uno de sus encargos fue el de revivir la amplia red de espías y confidentes que España había tenido en Inglaterra.

¿Y cuál era el arma que empleaban los embajadores españoles y sus colaboradores para disponer de agentes abundantes? El soborno, tan viejo como la humanidad[44]. La misma a la que recurrieron con abundancia los británicos cuando les llegó a ellos el turno de gobernar un imperio. Pero en el Siglo de Oro los españoles se toparon con unas oligarquías inglesas especialmente corruptibles y desleales a su religión, a su país y a sus reyes. Así se deduce de la cita del embajador veneciano Marco Antonio Cornaro:

> «El oro obra milagros en todas partes; pero en ninguna mayores que en Inglaterra. A los españoles los ponen por las nubes».

El «primer informador» en calidad de Mendoza en la corte inglesa fue James Croft, que en los años 50 del siglo XVI había organizado una sublevación en Gales contra el matrimonio de la reina María I con Felipe de España. Luego fue relegado por Isabel, aunque mantuvo su puesto en el Consejo Privado de la monarca. Pasaba información a Mendoza. En su puesto defendió que se devolvieran a España las presas hechas por Drake en su viaje alrededor del mundo (1577-1580) y se convirtió en portavoz de los comerciantes que reclamaban el fin de la piratería. Llegó a

---

44 El rey persa Artajerjes II consiguió que el espartano Agiselao II tuviera que retirarse cuando estaba a punto de derrotarle en Asia mediante sobornos a Atenas y Tebas para que estas polis atacasen Esparta. Los gobernantes atenienses recibieron diez mil monedas de oro grabadas con un arquero persa. Al embarcar con su ejército para regresar a su patria, Agiselao se lamentó así: «Diez mil arqueros me hacen retroceder».

aconsejar a Mendoza que la mejor manera de hacer entrar en razón a Isabel era el desembarco de 2000 soldados en Irlanda. En julio de 1581, Felipe II le envió a Mendoza un crédito de 2000 coronas para recompensar al inglés por sus servicios. El diplomático castellano, un auténtico zorro, entregó la cantidad en dos pagos, para azuzar a Croft[45].

Cuando el contraespionaje isabelino cercó a Croft y este dejó de transmitir noticias, el embajador recurrió a su «segundo confidente», lord Henry Howard, hermano de Thomas, duque de Norfolk, ejecutado en 1572 por su implicación en la conspiración de Rodolfi. El aristócrata puso al servicio de la Monarquía Hispánica sus contactos en el norte de Inglaterra y sus amistades entre las damas de la reina. Mendoza le dio 1000 coronas dos veces y le prometió una pensión anual por la misma cantidad[46].

Una vez expulsado de Londres y nombrado embajador en París, Mendoza captó a otra fuente inglesa. Nada menos que el embajador de Isabel I ante Enrique III, Edward Stafford. Informó sobre las defensa de Inglaterra, mientras en sus mensajes a Londres quitaba importancia a los preparativos españoles de la Gran Armada. Se le abonaron 5200 escudos[47].

Zúñiga y de la Cueva viajó a Inglaterra con grandes esperanzas. En el recién iniciado reinado de Jacobo, el espía Howard fue incorporado al Consejo Privado del monarca Estuardo y participó en la redacción del Tratado de Londres. Felipe III le premió con esa pensión de un millar de libras prometidas.

---

45 CARNICER, Carlos y MARCOS, Javier: *Espías de Felipe II: los servicios secretos del Imperio español*, La Esfera de los Libros, 2005, Madrid, pp. 322-324.

46 CARNICER, Carlos y MARCOS, Javier: *Ibidem*.

47 CARNICER, Carlos y MARCOS, Javier: *Op. cit.*, 325-327.

Diego Sarmiento de Acuña, I conde de Gondomar
y el mejor embajador español en Londres.

Pero el atentado frustrado contra el rey y las dos cámaras del Parlamento, descubierto en noviembre de 1605, dificultó su misión. La «conspiración de la pólvora» predispuso a la mayoría de los ingleses contra sus compatriotas católicos. Se trataba de una conjura de varios católicos, en la que uno de los más destacados era Guy Fawkes, que había luchado como soldado en los tercios de Flandes, y se culpaba a los jesuitas, orden fundada por españoles. La represión contra los «papistas» se endureció. Además, el cierre de los virreinatos americanos al comercio británico mantuvo activos la piratería y el contrabando. La tensión aumentó cuando la Compañía Virginia, reconocida por el rey en 1606, estableció una colonia en la costa de Norteamérica, Jamestown, de lo que Zúñiga informó a Madrid en 1608.

El siguiente embajador, Alonso Velasco de Salinas, recurrió al «*Spanish Party*» para echar mano a una copia del mapa inglés de la costa de Virginia, que remitió a España[48]. Cuando en 1613 llegó su sustituto, Diego Sarmiento de Acuña, Velasco le recibió con algo de alegría, porque portaba 8000 ducados para pagar los salarios atrasados y las deudas, pero le dijo que su misión sería corta, «porque las cosas están en estado que es imposible que pasen seis meses sin romperse la guerra con España».

LOS DOS DIEGOS

Sarmiento de Acuña (1567-1626), señor de Gondomar, aristócrata gallego y miembro de la Orden de Calatrava, casó en 1588 con Constanza, una mujer de su linaje que le dio ocho hijos y sería una ayudante indispensable en sus embajadas. En 1590 recibió el hábito de Calatrava y la encomienda de Almagro. En 1594 tuvo su primer contacto con la piratería inglesa cuando el Rey Prudente le encargó defender las costas del sur de Galicia. En 1597, con el nombramiento de corregidor de Toro, donde su padre había fundado el mayorazgo de la familia y muerto, regresó a Castilla. En 1602, el duque de Lerma le nombró corregidor de Valladolid y cumplió con el acondicionamiento de la ciudad para la recepción de la corte. Sin embargo, el valido

48 Está depositado en el Archivo de Simancas.

no le apreciaba. Sus peticiones de nuevos cargos, como el corregimiento de Madrid cuando esta recuperó la capitalidad, fueron rechazadas. Estaba sonando su nombre como corregidor adjunto de Sevilla cuando Lerma le propuso la peliaguda embajada en Londres, quizá para sacarlo de España, sutileza que empleaba con personajes de mayor alcurnia y poder.

El principio de su misión fue espectacular. Zarpó de Bayona, junto con su esposa y varios empleados de la embajada, en julio de 1613. Al entrar su buque y su escolta en el puerto de Portsmouth, ya en agosto, se negó a arriar las banderas ante la nave capitana de Inglaterra. Una costumbre que habían respetado en el mismo puerto Felipe de España, rey de Nápoles, cuando llegó en 1553 para casarse con la reina María, y también el rey de Dinamarca. En una carta a Jacobo I, que se encontraba cazando por la región, relató el incidente y le pidió que, o bien ordenaba al jefe del puerto que se le diese paso franco, o bien le daba licencia para volverse a España con sus cruces de Borgoña al viento. Al rey le gustaron la osadía del embajador y su estilo literario, por lo que le eximió de mostrar respeto a su soberanía. Fue la primera de una larga serie de concesiones y favores que el Estuardo le haría[49].

En la ceremonia de la presentación de las cartas credenciales, cuando Jacobo se fijó que estas estaban emitidas con la fecha de un año atrás, «rió muy recio y mucho». El gallego, ya imbuido de su carácter de diplomático, respondió que él «sería más espacioso en el estar que había sido en el venir».

---

49 Sobre la llegada de Gondomar a Inglaterra, cfr. OCHOA BRUN, Miguel Ángel: *Historia de la diplomacia española*, t. VII, Ministerio de Asuntos Exteriores, 2006, Madrid, pp. 86-87.

El señor de Gondomar tomó posesión de la embajada y se planteó cómo desarrollar su misión. No le gustaba el método de sobornar a los principales del reino y creía que era mejor para la causa de España seducir al soberano, porque

> «era dar de comer a ajenos perros, y parecíale que el dinero que en ellos se malgastaba, y del que no andaba muy sobrado el Erario, hubiera tenido mejor empleo en armar galeones, "porque el mundo está reducido hoy a que el señor de la mar lo sea de la tierra". (...) Pero Lerma, que tenía gran fe en la eficacia de las dádivas para quebrantar las más firmes voluntades, a juzgar por su propia flaqueza, contestó a Sarmiento que era necesario que tuviera siempre gente a sueldo en los Consejos del Rey cerca del cual estaba acreditado. Siguió, pues, el Embajador distribuyendo sus favores, con más largueza que confianza, entre los venales cortesanos; pero todos sus esfuerzos se encaminaron desde un principio a ganarse la voluntad de Jacobo, porque si lograba señorearla, sólo sería menester sobornar al favorito, en el caso de que éste fuese tan codicioso y corruptible como era Buckingham».[50]

Y Jacobo se prendó del español como poco después, durante una cacería en el verano de 1614, quedó cautivado por el apuesto George Villiers. Se hablaban en latín, y, en sus conversaciones sobre teología o política, Gondomar

---

50 RAMÍREZ DE VILLA-URRUTIA, Wenceslao: «*La embajada del Conde de Gondomar a Inglaterra en 1613*», Real Academia de la Historia, Madrid, 1913, pp. 20-21.

cometía faltas de dicción para inducir al rey, con satisfacción pedantesca, a corregirle. El francés Enrique IV había definido al Estuardo como «el imbécil más sabio de la Cristiandad». Se llamaban «los dos Jacques» y en algunas ocasiones pasearon abrazados por pasillos y jardines. Su Majestad le concedió permiso para que le hablara «de Jacques a Jacques». Ante semejante intimidad, el embajador francés, Desmaretz, llamaba al rey «Don Jacques», en castellano. Otros apodos que recibió esta curiosa pareja fueron «el Salomón escocés» y «el Maquiavelo español». Tal amistad y el oro español repartido fueron las armas con las que Gondomar deshizo las conjuras de Desmaretz y los agentes neerlandeses. Y donde no alcanzaba o entraba él, lo hacía el embajador de los archiduques Alberto e Isabel Clara Eugenia, Ferdinand de Boischot[51].

¿Por qué motivos Jacobo Estuardo se encariñó con el gallego? El primero fue el trato. El señor de Gondomar renunció a los modales altaneros de otros diplomáticos españoles. Por ejemplo, el marqués de Villafranca del Bierzo, Pedro de Toledo Osorio, nombrado por Felipe III en 1608 embajador extraordinario en París para solicitar el apoyo de Enrique IV a las tratativas de paz hispano-holandesas, escandalizó con sus puyas a la corte francesa. A la reina María de Médicis, sobrina suya, le espetó: «Señora, los reyes no tienen parientes». Y después de recorrer el palacio de Fontainebleau, expresó su opinión sobre la capilla, menos lujosa que las estancias reales y públicas, con este comentario: «El que está peor alojado en esta casa es Dios».

El monarca escocés era un hombre culto. Promovió una traducción de la Biblia al inglés moderno que lleva

51 Casado con una vasca, Ana María de Zamudio, Felipe III le premió más tarde con el hábito de Santiago.

su nombre[52] y fue autor de dos libros, *The True Law of Free Monarchies* y *Basilikon Doron*, en los que exponía su doctrina sobre el derecho divino de los reyes, y, también, de un folleto contra el consumo de tabaco. Gondomar, bibliófilo apasionado, formó a lo largo de su vida una biblioteca de más de 7000 libros en nueve idiomas[53].

Y por último, Jacobo, al que le negaban el derecho a reinar muchos de sus súbditos —los presbiterianos escoceses, los puritanos ingleses y los católicos de sus tres reinos—, rodeado, como todos los poderosos, de una camarilla de aduladores y pedigüeños, encontró en Diego Sarmiento un hombre entretenido y divertido, que además le reconocía como soberano y que, al no tener arraigo en su país, no conspiraba contra él.

A medida que don Diego ganaba éxitos en la protección a los católicos ingleses[54] y la devolución de barcos españoles y portugueses capturados, los protestantes le dedicaban panfletos más y más calumniosos. Tales eran las esperanzas de Jacobo y Felipe, así como de sus validos, Buckingham y Lerma, en una paz permanente entre los dos países que en 1614 comenzaron las negociaciones para un enlace real. Se había hablado de ello en 1604, pero ahora las personas ya tenían nombres. Eran la infanta María de Austria —nacida

52 La primera traducción de la Biblia a la lengua inglesa se editó en Reims en 1582. La realizaron católicos ingleses exiliados que trabajaban y estudiaban en el Colegio Inglés de Douai, en Flandes, una institución apoyada por la Monarquía Hispánica.

53 Su archivo contiene, además, 18.000 cartas.

54 Entre estos católicos se encontraba una española tenaz, la extremeña Luis de Carvajal, que se estableció en Londres en 1605 para ayudar a sus hermanos en la fe a sobrellevar las persecuciones y martirios. Murió en 1614 en casa de los Acuña. Narro su vida en el capítulo «Las mujeres del Imperio» de mi *Eso no estaba en mi libro de historia del Imperio español*.

en 1604— y el príncipe Carlos —nacido en 1600—. Este asunto duraría años y causaría infinidad de disgustos.

En medio de sus deberes, don Diego no solo siguió aumentando su correspondencia, sino que encontró tiempo para replicar al volumen *Monarquía Lusitania*, escrito por el portugués fray Bernardo de Brito, donde se menoscababa a Galicia. En una carta enviada en enero de 1614 al secretario de Estado Andrés de Prada, pidió que se retirase de la circulación el libro, a pesar de que estaba dedicado a Felipe II, y defendió su patria chica con estas palabras:

> «nunca se pudo encontrar gallego traidor o desleal con Dios o su señor, ni se ha visto gallego hereje, ni judaizante, ni matador alevoso, ni pueblo rebelado, pues, ¿de qué nación se puede decir esto en el mundo?».[55]

En 1617, Jacobo I indultó a Walter Raleigh, uno de los cortesanos más destacados del reinado de Isabel, encerrado en la Torre de Londres desde 1603 por haber participado en una conspiración contra él. Se dice que Raleigh y sus amigos compraron el perdón por medio de un soborno a Villiers. Para recuperar su fortuna y el favor real, Raleigh preparó una expedición a los territorios del Orinoco y la Guayana, bajo soberanía española, que ya había depredado en 1595. Ofrecía a la Corona un quinto de los beneficios de una mina de oro que aseguraba haber descubierto entonces. Los caballeros pensionados informaron del

55 BARTOLOMÉ BENITO: Fernando: *Don Diego Sarmiento de Acuña, Conde de Gondomar: el Maquiavelo español*, Ediciones Trea, Gijón, 2005, p. 176.

proyecto a Gondomar, quien protestó al rey por la violación del Tratado de Londres. El embajador habló «de Jacques a Jacques» en varias ocasiones con excelentes resultados. Jacobo llegó a mostrarle el mapa que le había dado Raleigh y se comprometió a extraditarle a España si pirateaba[56].

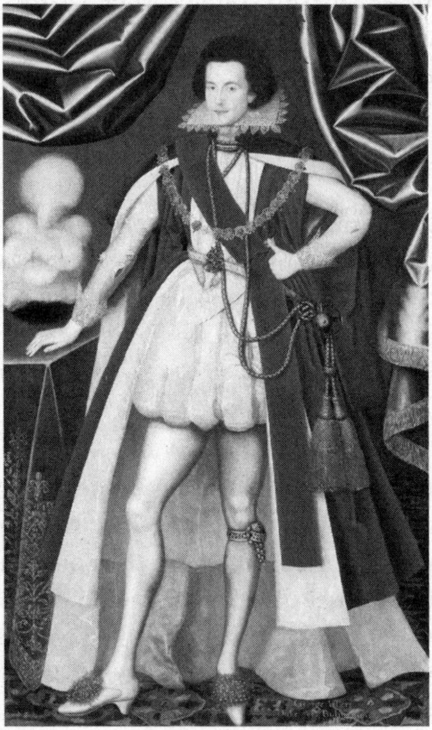

El joven George Villiers vestido como miembro de la Orden de la Jarretera.

56 Para este episodio, cfr. BARTOLOMÉ BENITO: Fernando: *Op. cit.*, pp. 97-100. Alonso de Contreras narró en sus memorias que en la isla de los Pinos combatió y venció a uno de los barcos de «*Guatarral*».

Como era de esperar, los ingleses no perdieron ocasión de robar y matar, primero en las Canarias y luego en Santo Tomé de Guayana —hoy Ciudad Bolívar—, donde fue asesinado el gobernador. En mayo de 1618, con las pruebas que le remitió Madrid, Gondomar se presentó en el palacio real, pidió audiencia inmediata, al rey le dijo solo una palabra, «¡Piratas!», y se retiró. Al día siguiente, pidió a Jacobo que honrara su promesa y mandara a Raleigh a España. Puesto que el pirata era muy popular, Gondomar recomendó al duque de Lerma que, para añadir fuerza a la reclamación, se embargasen los bienes de los mercaderes ingleses en varios puertos de la Península, Canarias, Madeira y Azores.

A Jacobo le molestó que Raleigh hubiera puesto en peligro la relación entre él y Felipe III, los «*Reges pacifici*», por lo que desempolvó la acusación de traición contra el pirata. Raleigh fue arrestado en Plymouth, devuelto a la Torre, juzgado y condenado a muerte. Pero Gondomar no quiso abandonar Inglaterra sin haber asegurado la ejecución, por lo que intervino ante el Consejo Privado y se encaró con los consejeros favorables al pirata, como el arzobispo de Canterbury, uno de los próceres del partido protestante. El «Maquiavelo español» consiguió que el Consejo confirmase la sentencia y aconsejó a Felipe III que no solicitase la extradición para no convertir la justicia en humillación.

Don Diego —cuyo señorío Felipe III elevó al rango de condado el año anterior— y doña Constanza salieron de Londres camino de Dover el 16 de julio de 1618. Entonces la corte inglesa tenía por costumbre dar como regalo de despedida a los embajadores católicos un puñado de los sacerdotes que tuvieran encarcelados, como si se tratase de animales exóticos. Jacobo entregó a su amigo español cuantos había presos, más de un centenar, y también los excelentes cañones de bronce capturados en la toma de Cádiz, que Gondomar dejó en Flandes. En octubre, Raleigh fue decapitado en Whitehall.

Felipe III, el otro rey pacífico, junto a Jacobo.

Comprenderemos la proeza que supuso esta ejecución con el fracaso sesenta años antes de otro gran embajador español, Francés de Álava, en pedir castigos para los piratas franceses. En 1569, Álava pudo probar los asesinatos de uno de los más conocidos, Sadoval, y Carlos IX le aseguró que lo mandaría ahorcar, pero el secretario real, amigo del pirata, hizo desaparecer el proceso. En enero de 1571, el rey Valois sentó a Sadoval a su mesa y se divirtió con el relato de sus crímenes[57].

UNA VISITA INESPERADA

A la corta «*Pax Hispanica*» le sucedió la larga Guerra de los Treinta Años. Los protestantes en el Sacro Imperio adoptaron por jefe al conde del Palatinado, Federico V de Wittelsbach-Simmern, que también era uno de los príncipes electores. Los aristócratas bohemios protestantes en 1618 defenestraron a tres cargos imperiales en el castillo de Praga; en 1619 depusieron como su rey al emperador Fernando II de Habsburgo y le ofrecieron la corona a Federico. Al año siguiente, los Habsburgo de Madrid y Viena, respaldados por los príncipes de la Liga Católica, lanzaron dos campañas militares fulgurantes. En el este, el ejército imperial derrotó a los protestantes en la batalla de la Montaña Blanca, librada en noviembre, y entró en Praga. Y en el oeste tropas españolas y alemanas ocuparon el Palatinado; la parte más occidental de este estado se incorporó al Camino Español, la vía entre el Milanesado y Flandes, y el resto lo entregó el emperador a Maximiliano

---

57 VÁZQUEZ DE PRADA, Valentín: *Felipe II y Francia (1559-1598). Religión y razón de Estado*, Eunsa, Barañáin, 2004, p. 196. Felipe II conocía la connivencia de los Valois con los piratas y sin duda ello influyó en su desprecio a los reyes franceses, a los que debía de considerar unos pusilánimes y mentirosos.

de Baviera, junto con el título de elector. Federico V huyó a La Haya junto con su esposa. Esta era desde 1613 Isabel Estuardo, hija de Jacobo. El rey de Inglaterra exigía a la corte española la restitución del Palatinado a su yerno y su hija. Nuevo motivo de fricción. Y el conde-duque de Olivares recurrió a Gondomar, que había perdido a su primogénito[58] y al que se le regateó el abono de sus gastos.

Antes de que comenzasen las campañas citadas, el 15 de marzo de 1620 Gondomar desembarcó en el puerto de Dover. El rey lo alojó en el palacio del obispo de Ely, en Hatton Gardens. Los protestantes se indignaron cuando se supo que por primera vez en más de sesenta años se oficiaba la misa católica en la capilla de un obispo anglicano; y, cuando llegó la noticia de la victoria del emperador en Praga, la ira se desbordó. El diplomático recibió entonces numerosos anónimos en que se le amenazaba de muerte y su carroza fue apedreada, por lo que Jacobo envió una guardia a su amigo gallego. La batalla de la Montaña Blanca resolvió el engorro de Gondomar:

> «La completa derrota que sufrió en Praga la hueste del Palatino acabó para siempre con sus ensueños de grandeza (...) tan mañosamente expuso lo ocurrido en Bohemia, que hubo el Rey de darse por satisfecho».[59]

---

58 Lope, el primogénito de Diego y Constanza, murió en 1618, mientras sus padres regresaban a España. El nieto, Diego, nacido en 1611, fue el II conde de Gondomar. En 1614 había fallecido otro hijo, Alonso.

59 RAMÍREZ DE VILLA-URRUTIA, Wenceslao: *Op. cit.*, p. 48.

Quizás influyesen en la actitud del monarca Estuardo sus planes de obtener, a cambio, un buen acuerdo matrimonial para su hijo varón, el único soltero. Pero el asunto del Palatinado envenenó las relaciones entre Madrid y Londres en los años siguientes. Aunque Jacobo aceptara la desgracia de su yerno, la opinión pública convirtió a este en una reclamación permanente, y en el Parlamento hasta los diputados más moderados se pasaron al partido de la guerra. Gondomar le describió así a la gobernadora de los Países Bajos uno de los debates más ariscados:

> «que el Parlamento estaba dispuesto a declarar la guerra a España, que además instaba al rey a casar a su hijo con una esposa protestante, mientras le negaba los subsidios y además había algún miembro que pedía un conflicto a escala global, más allá del Palatinado, que arda Europa».[60]

La reacción de Jacobo fue reprocharle al Parlamento que se excedía en sus competencias y disolverlo; también sustituyó a los miembros protestantes de su Consejo Privado por otros católicos o critpocatólicos. Cuando Gondomar regresó a España en 1622, con 30.000 ducados en deudas y pensiones comprometidas a los espías, aunque con la paz salvada, los protestantes difundieron el rumor de que había hechizado al rey. Empezaba a sonar el clamor del motín.

Al poco de encontrarse don Diego en Madrid, toda la corte quedó pasmada con la aparición en la capital el 17 de marzo de 1623 del príncipe de Gales, acompañado del

---

60 BARTOLOMÉ BENITO: Fernando: *Op. cit.*, p.

lord gran almirante y marqués de Buckingham. Ambos habían viajado en secreto bajo los nombres de John y Tom Smith con la intención de forzar el matrimonio con la infanta María. Y se dijo que en la sorpresa había tenido parte Gondomar[61]. Parecía que se asentaba la alianza entre las dos coronas, para pavor de Luis XIII, del cardenal Richelieu y de los flamencos. Sin embargo, el viaje acabó en fatalidad. El príncipe y el cortesano vinieron a España como admiradores y partidarios del hermanamiento entre las dos coronas y se marcharon rebosantes de tal aborrecimiento contra los españoles que, una vez en Londres, suplicaron a Jacobo que fuese a la guerra.

En semejante cambio influyeron no solo la ofensa y el ridículo, sino el carácter de Carlos Estuardo y George Villiers. Las cartas del príncipe y del favorito a su padre y protector muestran el temperamento infantiloide de los dos adultos. Carlos, que tenía veintidós años, y Villiers, que ya entraba en la treintena, las comenzaban con la expresión «*Dear Dad and Gosisp*» y se despedían con la de «*Your baby and your dog*»[62].

Las negociaciones entre ambas cortes y el Papado se prolongaron durante seis meses y, a pesar de la implicación de Gondomar y del embajador inglés, el conde de Bristol, en favor del matrimonio, fracasaron. Un casamiento mixto entre príncipes de distintas religiones era algo inédito[63] en

---

61 El historiador Fernando Benito, el último estudioso de nuestro diplomático, está convencido de que Gondomar intervino en convencer al príncipe del viaje y en su preparación.

62 «Querido Papá y Compadre» y «Tu nene y tu perro». Cfr. MAUROIS, André: *Historia de Inglaterra*, Plaza y Janés, Barcelona, 1961, p. 901. El rey Jacobo describió así su relación con Villiers al Consejo Privado, en 1617: «Cristo tuvo a Juan, y yo tengo a Jorge».

63 Incluso en el siglo XX, los matrimonios dinásticos implicaban la

la época de las guerras de religión. María de Austria había dicho que estaba dispuesta a ingresar en un convento antes que casarse con un hereje, por principesco, apuesto y rico que fuera. Eran tiempos en que se valoraba más la salvación del alma que la posición social.

Olivares reconocía el beneficio para España de la alianza con Inglaterra, pero estaba convencido —y con razón— de que Jacobo I no podría acatar las promesas de derogar las leyes contra sus súbditos católicos, porque se lo impediría el Parlamento, que estaba controlado por los protestantes. Así lo dijo en una sesión del Consejo de Estado: «Los casamientos lícitos son medio para amistades entre príncipes, pero (...) habiendo otros intereses, por sí solos no bastan»[64]. Los buenos augurios con que comenzaron los dos enlaces dinásticos entre las coronas española e inglesa en el siglo XVI, el de la infanta Catalina con Enrique VIII y el de Felipe II con María I, fueron espejismos.

Las capitulaciones matrimoniales se proclamaron en Madrid y Londres, pero las dos partes sabían que no se iban a cumplir. La confianza era tan escasa que la corte española añadió la condición de que la infanta María solo iría a Gran Bretaña un año después de que se hubieran derogado las leyes anticatólicas. En septiembre, el príncipe y el cortesano se despidieron de Felipe IV en El Escorial, edificio que les dejó asombrados, y marcharon a Santander. De vuelta a Inglaterra, Carlos se detuvo en Francia y allí acordó su

---

conversión del cónyuge a la religión del monarca o del heredero de la corona. Por ejemplo, la princesa Sofía de Grecia se hizo católica al casar con el infante Juan Carlos de Borbón en 1962. Y la cuarta esposa del rey Hussein de Jordania, Lisa Halaby, se incorporó al islam en 1978.

64 ELLIOT, John: *El conde-duque de Olivares. El político en una época de decadencia*, 4.ª ed., Crítica, Barcelona, 1990, p. 219.

matrimonio con la princesa Enriqueta María de Borbón. La corte francesa, rebosante de alegría por la captación de este nuevo aliado contra la casa de Austria, impuso menos requisitos que la española[65]. Y en Inglaterra, el pueblo festejó la ruptura del compromiso con España. La guerra tronaba en el horizonte.

El tercer y último período de Gondomar como embajador fue el más triste, por su edad, sus enfermedades, la ruina de su patrimonio y el fracaso de sus propuestas políticas. Don Diego era miembro del Consejo de Estado, el principal de la monarquía, y del de Hacienda, y en esas tribunas ofrecía los frutos de sus viajes por Europa. En una carta fechada en 1619, aconsejó a Felipe III:

> «el guerrear hoy de los hombres no se reduce a la fuerza natural, como los toros, ni aun a batallas, sino a disminuir o aumentar amigos y comercios, y en esto es en lo que los buenos gobernadores deben poner su atención y su industria».[66]

En sus intervenciones, decía que los pueblos de la Monarquía Católica no podían soportar más guerras ni más impuestos. «Se va todo a fondo» le escribió a Olivares.

---

65 El sectarismo protestante impidió que Enriqueta María fuese coronada junto con su marido. La reina provocó el odio de sus súbditos más fanáticos cuando renunció varias veces a abjurar de su fe, construyó una capilla católica en su residencia y apoyó a los ingleses católicos. Que fuera antiespañola no atenuó las quejas. Después de decapitar a su marido, los republicanos la enviaron a Francia. Regresó a Inglaterra una vez producida la restauración de su hijo, Carlos II. Casó a su hija menor con el duque de Orleans, hermano de Luis XIV, con lo que reforzó la alianza franco-inglesa.

66 ELLIOT, John: *Op. cit.*, p. 98.

En consecuencia, abogaba por una política exterior que tuviese como norte la paz, aunque la reputación —obsesión de la camarilla gobernante— menguara. El valido le replicó que ese pesimismo era común a los viejos y los descontentos desde que el mundo era mundo, a pesar del cual luego las naciones florecían. Olivares miraba el futuro con la confianza de quien estaba «asido al remo» del poder, rebosaba entusiasmo y tenía veinte años menos[67].

María de Austria, la infanta por cuyo amor el príncipe Carlos vino a España.

67 ELLIOT, John: *Op. cit.*, pp. 229-230.

A finales de 1624, Felipe IV, por indicación de Olivares, nombró a Gondomar embajador extraordinario para París y Londres, con la doble misión de presentar las felicitaciones del «Rey Planeta» por el enlace entre las casas de Borbón y Estuardo y calmar a los ingleses. Su amigo Jacobo I murió en marzo de 1625 sin haber declarado la guerra, pero Carlos I lo hizo inmediatamente, animado por Buckingham, ya elevado a duque. Gondomar quedó en Bruselas, donde se agravaron sus males. Allí se enteró del desastre inglés ante Cádiz en noviembre. Por fin, Olivares le dio licencia para regresar a España, en el verano de 1626. Rindió el alma en Casalarreina, como huésped del condestable de Castilla.

La guerra fue una catástrofe para Inglaterra y los Estuardo. Concluyó por el Tratado de Madrid de 1630, que recuperaba el *status quo* anterior a la ruptura. El enfrentamiento del desprestigiado y afrentoso Carlos con el Parlamento provocó una sublevación que derivó en una guerra civil entre 1642 y 1649, al final de la cual se proclamó la república. Los vencedores, dirigidos por Oliver Cromwell, condenaron a muerte al rey y le ejecutaron. En España, Felipe IV había destituido a Olivares en 1643, después de una calamitosa serie de derrotas y sublevaciones —Portugal y Cataluña en 1640, Nápoles y Sicilia en 1647—, y le sustituyó con su sobrino Luis de Haro. Madrid trató de congraciarse con la *Commonwealth* británica, pese a la disparidad de los regímenes políticos y las creencias religiosas.

La nueva política exterior de la Monarquía Católica tenía que aceptar que la era del predominio había pasado y que el Imperio español, incluso con la ayuda de la rama germana, no podía ya dominar Europa ni el Atlántico. Se abría la era del realismo y de las alianzas con los antes enemigos contra la Francia agresiva de Luis XIV. Esta había sido la propuesta de don Diego Sarmiento de Acuña.

PALACIOS CONSTRUIDOS SOBRE SOBORNOS

Tantas de las cosas que los españoles de hoy admiran de los británicos, como el poderío de su armada y la eficacia de sus servicios de información, las hubo antes en España. El uso de la «caballería de San Jorge», o sea de los cañonazos de oro, ha sido otra copia por los ingleses de los tiempos en que los sobornos españoles caían sobre sus próceres con tal impudicia que eran inocultables. Con estas palabras lo resumió el marqués de Villaurrutia:

> «Así como dos siglos más tarde nació la leyenda del oro inglés, al que todos se vendían, era en aquella dichosa edad el oro español el que corría por el mundo, suponiéndose que buena parte de los tesoros que venían de América se distribuía con pródiga mano por nuestros diplomáticos en las Cortes de Europa. En la de Inglaterra no fue esto mera leyenda, sino un hecho acreditado en fehacientes documentos. Con oro español se amasaron, según voz pública, los cimientos de muchos palacios, y así se dijo especialmente del de Audley End, edificado por la Condesa de Suffolk, esposa del Lord Tesorero y amiga del Secretario de Estado que negoció las paces con España, Robert Cecil, primer Conde de Salisbury, a quien Antonio Pérez llamaba Roberto el Diablo».[68]

68 RAMÍREZ DE VILLA-URRUTIA, Wenceslao: *Op. cit.*, p. 18.

El oro volvió a España en el siglo XIX, en ocasiones envuelto en mandiles masónicos, para comprar ministros, editores de periódico, escritores, diputados, o profesores que alabaran las virtudes del libre comercio y desacreditaran el proteccionismo; también para pagar conspiraciones, como el motín de los sargentos de La Granja. Y en el XX, se gastó en seguir subsidiando a conjurados —como los minúsculos círculos juanistas en los años 40— que causasen inestabilidad y en propaganda aliadófila contra Alemania en las dos guerras mundiales.

Walter Raleigh, el pirata ejecutado por presión del conde Gondomar.

Como España prosigue su declive en el siglo XXI, ahora la potencia extranjera que compra políticos, empresarios y creadores de opinión es Marruecos. Rabat se ha permitido espiar los teléfonos del presidente del Gobierno español y de algunos de sus ministros, sin que ese acto de enemistad haya tenido consecuencias. En este crepúsculo, España marcha con las demás naciones de la Europa Occidental hacia su irrelevancia histórica y económica, aunque con un paso más acelerado. Se ha descubierto que en el Parlamento Europeo funcionaban redes de corrupción montadas por Marruecos y Catar, en las que chapoteaban sobre todo socialistas. ¿Qué cantidades de dinero no estarán derramando Estados Unidos, China y Rusia sobre los políticos europeos? Porque la única manera de entender determinadas medidas objetivamente lesivas para los pueblos europeos —como la excusa de la descarbonización para desmantelar el sector agrícola y ganadero y cerrar en España y Alemania las centrales nucleares, cuya producción eléctrica se pretende sustituir por aerogeneradores y placas solares— y totalmente irracionales solo se explican con dinero pagado por quienes vayan a ser los beneficiarios.

Los españoles hemos pasado de tener un partido español en Londres a que un partido marroquí en nuestra patria nos fije la política exterior, económica y hasta inmigratoria.

7. REYES TAMBIÉN EN LAS SOMBRAS

¿Qué hacían los reyes españoles en asuntos de espionaje? ¿Negar toda implicación?, ¿dejárselos al Consejo de Estado, a sus secretarios y a sus «espías mayores»?, ¿considerar esta actividad indigna de sus ojos, sus manos y sus oídos? Todo lo contrario, ellos se sentían soberanos también de espías y participaban de este juego. No solo daban órdenes y consejos a sus ministros, sino que llegaban a cifrar personalmente sus mensajes más confidenciales. Porque el espionaje era necesario para el «buen éxito de los negocios».

La Monarquía Católica estaba presente fuera de España mediante los virreyes de Nápoles, Sicilia y Cerdeña; los gobernadores de los Países Bajos y del Milanesado; la amplia red de embajadas permanentes en Roma, Viena o Praga, Venecia, Génova, Saboya, Lisboa —a partir de 1580, el embajador en Portugal fue sustituido por un virrey—, Londres y París. Por entonces, Isabel de Inglaterra solo tenía un embajador permanente, que estaba en París[69]. Con todos ellos, Madrid mantenía una frecuente correspondencia que trataba de superar no solo los obstáculos de las distancias y los elementos, sino, también, los puestos por los hombres.

---

69 Al comienzo del reinado de Isabel, estuvo la ruptura de relaciones diplomáticas con el Papado, hecha en febrero de 1559; el embajador que lo comunicó al papa Paulo IV fue Edward Carne, nombrado por María I y su marido, Felipe I. El galés Carne fue uno de los primeros exiliados de Inglaterra por motivos religiosos, ya que se quedó a vivir en Roma, donde está enterrado.

Ambrosio Spínola recibió una cifra particular cuando la Corona le destinó a Flandes.

CORREOS ASESINADOS

Cuando en 1564 corrió la «falsa nueva» en la corte de que Felipe II había sido asesinado de un arcabuzazo, el rey, que se encontraba en Monzón asistiendo a la reunión de las Cortes de Aragón, Valencia y Cataluña, se apresuró en desmentirla mediante cartas a sus representantes. Para que se recibiesen de manera fehaciente los desmentidos, en algunos casos envío mensajeros por tierra y mar. Así se lo explicó a uno de sus embajadores:

«Todavía porque aquella carta va por Francia a la ventura con un correo particular he querido avisaros con este que va por mar de la falsedad desta nueva y de cómo gracias a Nuestro Señor, yo quedo muy bueno y atendido a dar fin a estas cortes, las quales pienso que se acabaran en este mes, y podré quedar desembaraçado para lo que más conviniere del servicio de Nuestro Señor y bien público y particular de mis reynos».[70]

El monarca sabía que este tipo de bulos debían ser erradicados cuanto antes para evitar nuevos rumores y quién sabe si hasta rebeliones. Las pesquisas que ordenó para encontrar a los autores, fuesen españoles o extranjeros, fracasaron y se desconoce, por tanto, quiénes lo inventaron.

En el Siglo de Oro no se habían desarrollado los conceptos jurídicos de la inviolabilidad de los embajadores y de su valija y de la extraterritorialidad de las embajadas. Los embajadores se encargaban de la «diplomacia oficial» —mensajes de felicitación, pactos matrimoniales, acuerdos comerciales, propuestas de alianzas militares, etc.— y de la «diplomacia secreta», es decir, de descubrir los planes, las debilidades y las fortalezas del país que los acogía, de estar al tanto de las conspiraciones contra los gobernantes y hasta de desbaratar bandas criminales como las dedicadas a la falsificación de moneda. Sus residencias podían ser saqueadas por el populacho, como le ocurrió a Pedro Ronquillo durante la revolución inglesa de 1688, o allana-

70 VÉLEZ, Iván: «Felipe II y las falsas nuevas», 18 de abril de 2018. Artículo publicado en su blog https://www.elasterisco.es/felipe-ii/ Consultado el 8 de enero de 2024.

das por las tropas de los gobiernos anfitriones, que es lo que pasó cuando los ingleses detuvieron en la casa del embajador español al comerciante y espía Pedro de Zubiaur por sospechas de haber instigado el asesinato de Guillermo de Orange.

Y los embajadores podían sufrir atentados. A pesar del aprecio que le tenía la reina Isabel l, el embajador español, Diego Guzmán de Silva, fue agredido en la calle en 1568. Un grupo de monárquicos ingleses exiliados asesinó a un diplomático de la *Commonwealth* británica en La Haya en 1649 y otro al mismísimo embajador en el centro de Madrid en 1650[71]. Incluso en un ambiente tan elegante, las riñas podían estallar como en una taberna. En Londres en 1661, los séquitos de los embajadores español y francés se enzarzaron en una pelea a espadazos y palos por la precedencia de sus amos en una procesión oficial.

La familia Tassis organizó el servicio postal en el Imperio. Al patriarca, Felipe de Tassis, se lo encargó Maximiliano para Borgoña en 1490; después, Felipe I, rey de Castilla, le nombró Correo Mayor para España, Francia,

71 En mayo de 1650, a los dos días de haber llegado a Madrid y sin haberse acreditado aún ante el Rey Planeta como embajador, Anthony Ascham fue asesinado por cinco ingleses, junto con su intérprete, John Baptista de Ripa, un fraile franciscano apóstata. El crimen se cometió cerca de lo que hoy es el Oratorio de Caballero de Gracia. Ascham había intervenido en la acusación contra Carlos I que concluyó en la decapitación del Estuardo. Aunque los asesinos se acogieron a sagrado, los alguaciles les detuvieron, hecho que causó una queja eclesiástica. La justicia española ejecutó al principal de la cuadrilla y el gobierno republicano quedó satisfecho. Ni Madrid ni Londres querían entonces una ruptura diplomática.

Flandes y Alemania; y Carlos I le confirmó en el cargo, que luego pasó a sus herederos[72].

El oficio de correo real era molesto, cansado y, sobre todo, arriesgado. Un mensaje de Madrid a París tardaba entre diez y quince días; a Viena, unos veinte; a Roma, entre veinticuatro y veintiséis; y a Flandes, un plazo indeterminado debido a las guerras. Aparte de la duración del viaje, el señor al que servían los correos les convertía en presas atractivas para delincuentes y sicarios. Un correo expreso de París a Irún podía cobrar cien escudos, precio justificado por los peligros. Los protestantes de La Rochelle mataron a un correo y le quemaron el corazón con pólvora.

Para asegurar los envíos, se recurría a doblarlos —por tierra y mar o por dos rutas—, a cambiar las personas de los mensajeros o a mandar a estos disfrazados en expediciones de comerciantes o peregrinos. A esta última argucia recurrieron también algunas personalidades. Para incorporarse cuanto antes a su cargo de gobernador de los Países Bajos, Juan de Austria atravesó la insegura Francia disfrazado como el criado morisco de Octavio Gonzaga, en vez de ir en barco. La mujer que le educó, Magdalena de Ulloa, fue quien le tiñó el pelo y la barba rubios de negro. La apuesta le salió bien y tardó unos quince días en cubrir el viaje entre Madrid, Irún, París y Luxemburgo, territorio leal a la Corona[73].

---

72 El correo entre América y España se lo concedió el rey Fernando II a Lorenzo Galíndez de Carvajal en 1514, que recibió el empleo de Correo Mayor de Indias. Su viuda, Beatriz Dávila y Fontiveros, pleiteó para mantener el oficio y los tribunales le dieron la razón. La familia Carvajal mantuvo el monopolio hasta 1768.

73 Juan de Austria viajó por Francia en secreto y regresó a España de la misma manera. Murió de tifus en Namur en 1578. Después de un enterramiento temporal en la catedral de esa ciudad, en marzo

Aun después de la boda de Felipe II con la princesa Isabel (1559), el gobierno francés seguía deteniendo, registrando y hasta matando a los correos españoles. El embajador Francés de Álava y Beamonte se quejó de ello varias veces a la regente, Catalina de Médici, y al condestable Anne de Montmorency, sin resultados. En una ocasión, la corte francesa añadió el insulto. En 1568, un correo para Álava fue asesinado en el camino de Poitiers, el más peligroso, pero el postillón salvó la valija —una caja con los sellos del rey de España—, que tuvo que dar a los hombres de la corona. Álava la reclamó varias veces; y cuando se le quiso entregar, la rechazó al comprobar que los sellos de las cartas y los paquetes estaban rotos, aunque la regente le aseguró que ella no los había tocado. Don Felipe alabó los arrestos de su embajador y presentó una protesta[74].

Ante la dejadez de la corona francesa al consentir los ataques piráticos al comercio español desde los puertos atlánticos —el principal de ellos, La Rochelle—, el refugio concedido a las flotas otomanas en los mediterráneos y la tolerancia con los hugonotes en cuanto a la difusión de su propaganda en los dominios españoles, el embajador filipino había montado una red de espionaje para vigilar

---

de 1579 el cuerpo se exhumó, se partió en tres pedazos, que se guardaron en bolsas de cuero dentro de un baúl. El embajador español pidió a Enrique III que permitiese a un grupo de soldados cruzar Francia; el baúl los acompañó como si fuera parte del equipaje, aunque en realidad le daban escolta. Embarcaron en Nantes con destino a Santander. El cuerpo se recompuso en la abadía de Párraces, en el pueblo segoviano del Bercial, que había sido adscrita unos años antes al monasterio de El Escorial, a sesenta kilómetros. Una vez hecho, el cadáver se trasladó con un numeroso cortejo a su tumba en el Panteón de Infantes.

74 VÁZQUEZ DE PRADA, Valentín: *Felipe II y Francia (1559-1598). Religión y razón de Estado*, Eunsa, Barañáin, 2004, pp. 33-34.

los movimientos de todos esos enemigos de la monarquía. Si París se apoderaba de los despachos, podría descubrir a los agentes y, también, leer esta opinión de Álava sobre la reina Catalina u otras similares:

> «Es la más sospechosa criatura que Dios crió; por maravilla cumple cosa que promete; no sabe guardar secreto ninguno; es temerosísima y amiga de que le hablen muy blandamente en las cosas que quiere tragar (...); si le hablan alto y apretado, vésele que ni tiene acero ni fondo; (…) es amiga de holgar en festines y fiestas y no recibe enojo».

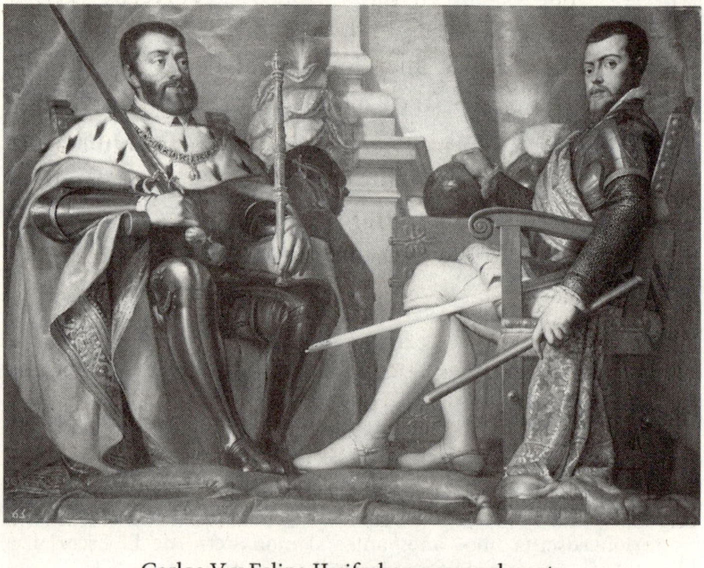

Carlos V y Felipe II cifraban personalmente sus documentos más importantes.

Un embajador de Felipe IV, el extremeño Juan Antonio de Vera, afirmó más tarde en su famoso tratado *El Embajador* que el secreto es para el gobernante «el fundamento del edificio, el timón de la nave, el freno del caballo». Y por ello, a fin de mantener la reserva de sus comunicaciones aunque se las arrebatasen, la Monarquía Hispánica recurrió a la cifra de los documentos.

EL VALOR DE LA MEJOR CIFRA

Al ser los fundadores de las embajadas permanentes a finales del siglo XV, los Reyes Católicos «empleaban abundantemente la cifra»[75]. Y precisamente la cifra española más antigua conservada es la que usaron en su correspondencia con el doctor Gonzalo Rodríguez de Puebla, su embajador ante Enrique VII de Inglaterra entre 1487 y 1509. El código consistía en una especie de diccionario de unas 2400 palabras, cada una de las cuales se representaba por numerales romanos. El número IIUCCCXXXI significa «Humilde siervo de Vuestras Altezas que sus reales pies e manos beso. Doctor Puebla»; el DCCCLXXII representa a «el Rey y la Reina de España»; y el DCCCLXXXIX a «la Reina de Inglaterra».

El rey Fernando le escribió a su hija menor, la infanta Catalina: «El secreto y la cautela son necesarios en las grandes empresas». En consecuencia, su segundo marido, el ya rey Enrique VIII, debía «en adelante solamente escribir en sus cartas sobre cosas que los franceses pudieran leer sin

75 SUÁREZ FERNÁNDEZ, Luis: *Los Reyes Católicos*, Ariel, Madrid, 2005, p. 780.

que ello suponga peligro». El resto de las comunicaciones debía escribirlas con la clave que tenía ella o el embajador hasta que llegase el nuevo representante[76].

El profesor Gustave Bergenroth, que trabajó en el Archivo de Simancas entre los años 1860 y 1869, presumió de haber dado con la contracifra de cuatro alfabetos basados en números romanos y en palabras que representaban nombres y lugares. «Dam» significaba guerra, «feb» Inglaterra y «fib» ingleses[77]. Entre estos alfabetos, había una cifra usada por Gonzalo Fernández de Córdoba en sus comunicaciones desde Italia con los Reyes Católicos[78]. La ciencia de la criptografía aún no había alcanzado la complejidad que tendría muy pronto; estaba tan en mantillas como las representaciones diplomáticas y por eso un historiador pudo llegar fácilmente al contenido de esos documentos.

Para mediados del siglo XVI, todos los estados europeos disponían de criptoanalistas, encargados de cifrar los mensajes de sus señores y descifrar los ajenos. Se pagaban cantidades descomunales por claves supuestamente impenetrables y también por contratar a los más renombrados expertos; en algunos casos, incluso se intentaba liquidarles.

Una de las primeras decisiones de Felipe II como soberano fue la de cambiar la cifra general que usaba su padre para comunicarse con sus ministros cuando él estaba fuera de España. En una carta del 24 de mayo de 1556, explicó a su tío Fernando I que era imprescindible

---

76 PARKER, Geoffrey: *Carlos V. Una nueva vida del emperador*, Planeta, Barcelona, 2019, p. 725.

77 CARTWRIGHT, W. C.: *Gustave Bergenroth. A memorial sketch*, Edmonston and Douglas, Edimburgo, 1870, pp. 79-80.

78 Así lo cuenta Arturo Quirantes en su *blog*, consultado el 9 de enero de 2024. https://elprofedefisica.naukas.com/2018/02/02/el-cni-y-el-no-tan-secreto-codigo-del-gran-capitan/

«no sólo por ser antigua y por haber muerto muchos y otros mudado de destino de los que estaban en el secreto, sino por estar también harto divulgada y no convenir por esta razón al buen éxito de los negocios».[79]

Antes de concluir el año, Felipe dispuso de su primera cifra general, datada el 8 de noviembre de 1556 en Gante.

Las cifras se basaban en la sustitución de las palabras por letras, números, dibujos, términos astrológicos, signos nulos y hasta notas musicales, y lo podían ser en una unidad o en un grupo, para aumentar la dificultad. El remitente y el destinatario disponían de la tabla cifradora o nomenclátor que tenía las equivalencias. Si el documento caía en poder de enemigos, entraba en juego el perlustrador, que trataba de encontrar la contracifra.

Escribir en clave se hizo muy popular. El cardenal Espinosa asignó a los personajes e instituciones de la corte nombres de ciudades en su correspondencia; así, «Toledo» se refería al Consejo de Italia, «Segovia» a Ruy Gómez de Silva y «Ciudad Rodrigo» a Milán. En algunos momentos en que se sintió vigilada, Santa Teresa de Jesús recurrió a escribir palabras con el significado opuesto a la idea que quería transmitir para ocultar su pensamiento.

Este juego podía volverse peligroso, ya que el uso de cifra fuera del Real Alcázar estaba perseguido. Se trataba de uno los instrumentos del Poder que este quería conservar bajo su control. Cuando en 1619 se procesó a Rodrigo Calderón, principal hechura del duque de Lerma, una de las acusaciones fue la de

---

79 OCHOA BRUN, Miguel Ángel: *Historia de la diplomacia española*, t. VI, Ministerio de Asuntos Exteriores, Madrid, 2003, p. 378.

> «que estando prohibido por leyes destos reynos el escribirse ni corresponderse persona alguna con cifras, números ni otros modos esquisitos y estrahordinarios, el dicho marqués para encubrir y ocultar los tratos y correspondencias en negocios y pretensiones que por su medio trataban y él tratava y tenía con diversas personas en diferentes y graves materias tenía asentado con ellos el corresponderse por vías de las dichas cifras».

Las cifras de la Monarquía Hispánica se dividían en dos grandes grupos. La general, que se reservaba para las comunicaciones entre el rey y sus ministros en el exterior. Se solía sustituir cuando estallaban guerras o en vísperas de campañas militares y entonces Madrid insistía en que el receptor diese acuse de recibo. Y también había cifras particulares, que el monarca y sus secretarios más cercanos daban a esos mismos cargos o a otro tipo de personas. De esta manera justificaba Felipe II a su embajador en Venecia el envío de una cifra particular en junio de 1581:

> «Algunas veces ofrécense negocios tan graves e importantes y de tanto secreto que no será bueno escribirlos en cifra general, se os envía para este caso una particular en la cual no podéis escribir a los demás ministros, sino a mí solamente».[80]

Cuando Felipe III destinó a Ambrosio Spínola, marqués de los Balbases, a Flandes como maestre de campo y superin-

80 CARNICER, Carlos y MARCOS, Javier: *Espías de Felipe II: los servicios secretos del Imperio español*, La Esfera de los Libros, 2005, Madrid, p. 240.

tendente de la hacienda del ejército, le dio la cifra general y una particular. Y el rey lo hizo no solo para mantener el secreto de los planes militares, sino, además, porque el genovés era su peón contra su hermana Isabel Clara Eugenia y su cuñado, el archiduque Alberto, soberanos de los Países Bajos. Este recibió una carta del marqués de la que no tenía la contracifra y la remitió a Madrid. Spínola gozaba de tanta autonomía que montó su propio sistema de correo, aprovechando su experiencia como banquero. Y, por último, empleó su cifra como medio de desinformación al encriptar noticias falsas y, en consecuencia, hacerlas pasar por importantes[81].

Otros medios para mantener el secreto en las comunicaciones, aplicados desde hace milenios, eran la escritura minúscula, las tintas invisibles, la escritura sobre el cuerpo, las palomas mensajeras o la ingesta por el espía del papel guardado en un recipiente. Los éforos espartanos empleaban con reyes y generales en campaña las escítalas, unas varas en torno a las cuales se enrollaba en espiral una tira de cuero o papiro sobre la que estaba escrito un mensaje que el destinatario solo podía leer cuando lo enrollaba en otra escítala de idénticas dimensiones. Bernardino de Mendoza, que antes que embajador fue militar, explicó en su tratado *Teoría y práctica de la guerra* su experiencia en Flandes. A quienes entraban o salían de ciudades sitiadas, se les quitaba la camisa para comprobar si llevaban sobre la piel un mensaje y a veces se les lavaba la espalda para tratar de descubrir un escrito con tinta invisible o, al menos, borrarlo.

---

81 RETORTILLO ATIENZA, Asunción: «*Ambrosio de Spínola: entre la cifra privada y el espionaje durante el reinado de Felipe III*», *Studia histórica. Historia Moderna*, vol. 41, n.º 2, 2019, Ediciones Universidad de Salamanca, pp. 238-244.

Toda precaución era poca, sobre todo porque los mismos palacios reales rebosaban de personas que podían estar a sueldo de embajadores o agentes y la discreción era tan difícil de asegurar como hoy, cuando algunos servicios de información están recuperando las máquinas de escribir y los contactos personales en vez de los medios digitales. Cuando Mendoza le aseguró a Felipe II que solo estaban al tanto de la «Conspiración de Babington» seis personas, el monarca se limitó a anotar «si lo saben seis gentilhombres, más lo saben».

En París, convertido en aposento de espías y agentes de toda Europa, abundó el robo de cifras. El desastre le ocurrió en 1564 a Francés de Álava cuando se encontraba con la corte en Lyon. Felipe II le exigió que se enterase de cómo había ocurrido. La reina Catalina le aseguró que ella no había tenido responsabilidad alguna y no mentía, porque quien organizó el robo fue Montmercy, que quería copiar la cifra. El ladrón, un criado francés, fue detenido y condenado a galeras, castigo que le pareció leve al monarca español. Al año siguiente, otro criado le robó la clave al embajador inglés. Álava proponía «cada día mudar cifra». Y en 1571, con menos discreción, un escribiente español llamado Pedro Baracaldo, mujeriego y borracho —obviamente sobornado—, huyó con la cifra general[82]. Con semejantes antecedentes, cuando llegó a París, Mendoza usaba varias claves[83].

En julio de 1777, mientras Francia y España se preparaban para la guerra contra Gran Bretaña, el conde de Aranda, embajador de Carlos III en París, envió al conde de Floridablanca dos cartas escritas en inglés que le había entregado un ministro francés, sin comentarlas ni acompa-

82 VÁZQUEZ DE PRADA, Valentín: *Op. cit.*, pp. 34-35.
83 OCHOA BRUN, Miguel Ángel: *Op. cit.*, p. 379.

ñarlas de comentarios, porque desconocía la lengua inglesa y, aunque habría podido hacerlas traducir fácilmente, «no sabría responder del secreto de tales traductores»[84].

Clemente VIII trató de liberar el papado de la influencia española.

Por eso no sorprende que don Carlos y don Felipe, a la vez que procuraban tener las mejores cifras, ellos mismos encriptasen los mensajes que consideraban de máxima

84 CHÁVEZ, Thomas E.: *La diplomacia de la independencia: documentos de Benjamín Franklin en España*, Biblioteca Benjamín Franklin, Universidad de Alcalá de Henares, Alcalá, 2019, p. 156.

importancia, sin que intervinieran siquiera sus burócratas de mayor confianza, como Francisco de los Cobos y Juan de Idiáquez. Así le tranquilizaba a Carlos V a su hermano Fernando: «Yo mismo he decodificado lo que me escribisteis en vuestra carta del 9 de mayo»[85].

Los criptoanalistas más duchos del siglo XVI solían ser italianos, en concreto genoveses y venecianos. Los papas disponían de un nutrido gabinete de cifra. En esta aristocracia del ingenio gozó de gran fama el hugonote francés Françoise Viète (1540-1603), un experto matemático. Enrique IV acudió a él para que descifrase varios mensajes cruzados entre los españoles de los que se habían apoderado sus hombres. El código español de entonces se basaba en un alfabeto convencional compuesto de los números 1 a 99, asignado cada uno a una sílaba, y luego de una cuarentena de signos que representaban una letra o hasta una palabra. La herramienta para revelar los textos escritos con este código consistía en cálculos estadísticos de repeticiones de palabras, sílabas o letras. Viète también descifró una carta enviada por Felipe II al general Alejandro de Farnesio en la que exponía la trama de España y sus aliados para derrocar a Enrique y que el Borbón difundió para desalentar a la oposición católica[86]. Se cuenta que la debilidad de Viète era la indiscreción, impropia en alguien dedicado al sigilo. Por ejemplo, presumió delante del embajador veneciano de haber decodificado la cifra de la República, lo que invalidó su trabajo[87].

85 PARKER, Geoffrey: *Op. cit.*, p. 725.

86 CASTAÑO IGLESIAS, Francisco: «*La cifra general de Felipe II y Françoise Viète*», *Boletín de la Titulación de Matemáticas de la UAL*, Universidad de Almería, Almería, Vol. 9, n.º 1, 2015, pp. 10-11.

87 CARNICER, Carlos y MARCOS, Javier: *Op. cit.*, pp. 232-233.

Entre el personal de máxima confianza en las secretarías de Estado, las embajadas y los Consejos de Estado y Guerra destacaban los «secretarios de lengua», que eran los traductores, y los «secretarios de cifra».

En el Quinientos español, el más sobresaliente de este personal especializado fue Luis Sánchez del Valle (*c.* 1540-1603), que también trabajó como funcionario de Hacienda. Sirvió como perlustrador en Italia, Flandes y España a gobernantes como Farnesio, la infanta Catalina Micaela, Idiáquez y el duque de Lerma. Por proezas como descifrar en 1585 unas cartas entre Isabel I y los rebeldes de las provincias de Zelanda y Holanda en las que estos daban permiso a los buques ingleses para atracar en varios puertos a cambio de apoyo militar y financiero, dijo que la reina Tudor había puesto precio a su cabeza. Sobre su mesa de Madrid tuvo cartas de monarcas como Enrique III y Enrique IV, y de traidores como Antonio Pérez y Antonio de Crato[88].

Al conde de Gondomar, uno de sus agentes en el gobierno inglés, el conde de Bristol, le advirtió de que la clave española «era muy fácil de descifrar, por lo que insistía, en sus despachos, en la necesidad de cambiarla muy a menudo, así como también los nombres de los pensionados»[89]. A estos menesteres tenían que dedicarse los diplomáticos antes de la irrupción de la tecnología mecánica, con sus técnicos específicos.

El mundo de las cifras nació y creció en los siglos XVI y XVII y comenzó a decaer en el XVIII. En este duelo de

---

88 CARNICER, Carlos y MARCOS, Javier: *Op. cit.*, pp. 243-246.

89 RAMÍREZ DE VILLA-URRUTIA, Wenceslao: «*La embajada del Conde de Gondomar a Inglaterra en 1613*», Real Academia de la Historia, Madrid, 1913, p. 19.

ingenios, los cifradores, por cansancio, vagancia o apresuramiento, caían en la rutina y repetían palabras y signos, con lo que facilitaban la tarea a sus pares enemigos. Sin embargo, algunas de las claves elaboradas eran tan complejas que se han tardado siglos en hallar su contracifra[90], prueba de la inteligencia de sus creadores.

MAGNICIDIOS POR ORDEN SUPREMA

Una de las lecciones que he sacado del estudio de la historia es que el Poder mata. Incluso en las democracias, los gobernantes no vacilan en acudir al magnicidio y la subversión. Basta leer las transcripciones de las cintas grabadas de la Casa Blanca y de los documentos desclasificados para enterarse de planes para asesinatos o golpes de Estado. En las pesadillas totalitarias comunistas soviética y china o la nacionalsocialista alemana, el recurso a la violencia contra el disidente ha sido habitual. En el siglo XX, muchos gobiernos montaron grupos terroristas o ampararon a los ya existentes para usarlos contra gobiernos extranjeros. Una diferencia es que en los siglos oscuros, hubo poderosos que ordenaron los asesinatos de forma abierta, mientras que hoy siempre lo hacen de forma escondida. En el invierno de 1170, el rey inglés Enrique II incitó a sus cortesanos a liquidar al obispo Thomas Becket con estas palabras que

90 Una carta que envió Carlos V a principios de 1547 a su embajador ante Francisco I, Jean de Saint-Mauris, que se conserva en la Biblioteca Stanilas, de Nancy, solo pudo descifrarse en 2022. El monarca le encargaba al diplomático que investigase el rumor de que el rey francés instigaba un atentado contra él por parte del *condottiero* italiano Pierre Strozzi.

han pervivido y le han condenado: «¿Ninguno de estos perezosos insignificantes a quienes mantengo me librará de este sacerdote turbulento?».

Por supuesto, las monarquías autoritarias también suprimían a quienes consideraban sus enemigos, y para ello contaban con sicarios.

En las guerras civiles que dividieron Francia en la segunda mitad del siglo XVI se produjeron numerosos asesinatos y conspiraciones entre católicos y protestantes, algunos animados por las cortes vecinas y hasta por los reyes. Enrique III disponía de una guardia personal, los *Quarante-Cinq*, formada por hidalgos sin propiedades. También le servían de asesinos, y por orden suya un grupo de estos mató a los hermanos Guisa (1588). Al año siguiente, el monarca, murió apuñalado por un fraile dominico.

El *spymaster* de Isabel I, Francis Walsingham, montó una falsa conspiración, para acusar de traición a María Estuardo, reina de los escoceses y católica, prisionera desde 1568. María replicó que ella no podía ser traidora a Isabel porque no era súbdita suya, sino una igual. A pesar de su argumento, fue decapitada por la razón de Estado de su prima (1587). El emperador Fernando II de Habsburgo participó de tal manera en la degollina del general Albrecht von Wallenstein y varios de sus oficiales (1634) que otorgó inmunidad a los ejecutores mediante un decreto en que los equiparaba a verdugos oficiales y les concedió bienes pertenecientes a sus víctimas. En las aparentemente tolerantes Provincias Unidas, Johan de Witt, gobernante de la de Holanda, y su hermano Cornelio fueron asesinados y destripados a manos de una turba alentada por partidarios de Guillermo III de Orange (1672). Este no solo ascendió al cargo de *estatuder* una vez removido el obstáculo de Witt, sino luego a rey de Inglaterra.

Un inglés trató de asesinar a Juan de Austria, gobernador de los Países Bajos, en 1578. Fue capturado justo a tiempo y ejecutado, pero no se trataba de un «lobo solitario» movido por el odio a un paladín católico. Se llamaba Egremont Radcliffe y era hermano bastardo del conde de Sussex, personaje importante en la corte de Isabel I. Estaba encarcelado por haber participado en el Levantamiento del Norte, una rebelión contra la reina protestante, pero fue liberado con la misión de matar al caudillo español. Bernardino de Mendoza, que había montado una magnífica red de espionaje en Inglaterra, avisó a Flandes y hasta pudo enviar un retrato de Radcliffe.

El rey Felipe II sufrió siete intentos de magnicidio en España y Portugal. El primero, por parte de dos flamencos en 1567; el segundo, por un veneciano en 1568; al año siguiente, un tercero alentado por William Cecil, secretario de Estado de Isabel I; en 1571 los conjurados fueron tres franceses; en 1581 se produjo el quinto complot en Lisboa, donde acababa de ser proclamado rey de Portugal; otro francés lo intentó en 1583; y una portuguesa en junio de 1586[91]. Pero el monarca consintió que su secretario de Estado Antonio Pérez organizase el asesinato del secretario de Juan de Austria, Juan de Escobedo (1578). Más tarde, Pérez huyó de España para escapar del castigo a sus delitos y se convirtió en uno de los creadores de la «Leyenda Negra».

En 1580, años después de que la rebelión protestante en los Países Bajos degenerara en guerra abierta, don Felipe ofreció 25.000 escudos y el ennoblecimiento a quien liquidase a Guillermo de Orange, cabecilla de los sublevados. Baltasar Gerard, súbdito de la Monarquía Hispánica

91 CARNICER, Carlos y MARCOS, Javier: *Op. cit.*, p. 359.

por ser natural del Franco Condado, le mató en Delft en julio de 1584 de dos disparos de pistola. No pudo recibir la recompensa, porque se le capturó y ejecutó después de atormentarle. El soberano cumplió su palabra y dio a la familia de Gerard tierras y títulos. Cabe pensar en el pánico que embargaría a los mayores enemigos del rey español al darse cuenta de que los verdugos de este podían alcanzarles hasta en los pasillos de sus fortalezas.

Entre los ríos de papeles que leyó Felipe II se encuentra un informe de su embajador en Praga, entonces residencia del emperador Rodolfo II, en el que le describe el plan de un antiguo rector de la cartuja de Pavía para secuestrar a Isabel I, regicida, perseguidora de católicos y protectora de piratas, mediante lo que hoy llamamos «audaz golpe de comando». El cartujo, después de haber sido expulsado de su orden acusado de herejía, vagó por Alemania e Inglaterra y aquí se fijó en que la reina solía pasar los meses marzo en un castillo desprotegido en la costa cercana a Londres. El italiano proponía enviar una embarcación con soldados mandada por un holandés amigo suyo para apoderarse de Isabel y trasladarla a Flandes[92]. Concluía haciendo protestas de lealtad católica y pidiendo dinero y permiso para entrar en España.

Pero Felipe, que había vivido en Inglaterra entre los meses de julio de 1554 y de 1557, recordaba ese edificio y anotó que «no es castillo, sino casa». Añadió que la propuesta le parecía un engaño. Quizás la intención del

92 Un plan similar se describe en la novela de Jack Higgins *Ha llegado el águila*, editada en 1975, y la película posterior. Durante la Segunda Guerra Mundial, el Abwehr alemán organiza el secuestro de Winston Churchill mientras pasa unos días de descanso en un pueblo de la costa inglesa.

antiguo cartujo solo fuera introducirse en la Península para luego informar a sus verdaderos amos[93].

El archiduque Alberto fue apartado de la gestión de los Países Bajos por Felipe III y el duque de Lerma.

En septiembre de 1641 se descubrió una conspiración contra Felipe IV del duque de Medina-Sidonia, cuya hermana, Luisa de Guzmán, era la esposa de Juan de Braganza, que el año anterior se había proclamado rey de

93 CARNICER, Carlos y MARCOS, Javier: *Op. cit.*, pp. 81-82.

Portugal. La corte envió a Luis de Haro, sobrino del conde-duque de Olivares, a Sanlúcar de Barrameda para instarle a que acudiese al Real Alcázar a dar explicaciones. Si el duque se negaba, Haro tenía orden de matarle con un veneno que había elaborado el embajador de Florencia.

Además de conjuras externas, los gobernantes también tenían que protegerse de sus súbditos descontentos. Así murieron Jacobo Estuardo, regente de Escocia, el primer asesinado con un arma de fuego (1570); Enrique IV, apuñalado en su carroza en París (1610); y George Villiers, duque de Buckingham, también apuñalado, pero en un lugar menos respetable, pues fue en una taberna de Londres (1628).

Otra conducta frecuente en esa época previa a la formación de las naciones modernas era el cambio de lealtades. El portugués Fernando de Magallanes se puso al servicio de Carlos I de España. El príncipe Eugenio de Saboya marchó ofendido de la corte de Luis XIV y se ofreció a su enemigo, Leopoldo I de Habsburgo, con el que alcanzó el mando de sus ejércitos y entró en la historia como uno de los mejores generales europeos. Carlos III de Borbón, condestable de Francia, abandonó a Francisco I por el ya emperador Carlos V. Y Luis de Borbón, apodado el «Gran Condé», general de Luis XIV, estuvo unos años al servicio de Felipe IV hasta que recibió el perdón de su soberano. Esa mentalidad la resumió Jacobo Francisco Fitz-James Stuart, duque de Berwick y de Liria, con la siguiente frase: «Soy francés de nacimiento e inglés de sangre, pero sirvo al Rey, mi amo, y no conozco otro interés que el suyo», y ese amo era Felipe V de España.

Estas dos conductas, el vuelco de la obediencia y el asesinato por razón de Estado, se unen en Antonio Rincón, cuya muerte aportó la excusa para iniciar una guerra.

Poco sabemos de este castellano, ni su fecha ni su lugar exactos de nacimiento. Aparece en la historia apoyando al bando de los comuneros en Medina del Campo[94] y después en Francia. Se trató, por tanto, de uno de los rebeldes huidos para escapar las represalias. En la corte de París deslumbró con tanta intensidad que el rey Francisco contó con él para establecer la alianza con el sultán contra Carlos. Francisco Javier de Jasso y Azpilicueta (1506-1552) descendía de una familia vinculada al bando de los agramonteses en las guerras que dividieron Navarra. La victoria de los beamonteses, ayudados por tropas vascas y castellanas, supuso la incorporación de Navarra al reino de Castilla. La resistencia de los Jasso les acarreó la demolición parcial de su castillo de Javier como castigo del cardenal Cisneros. Pero el joven Francisco Javier olvidó sus agravios familiares, ingresó en la Compañía de Jesús, fundada por el vasco Ignacio de Loyola, que había combatido en Pamplona contra los agramonteses y sus aliados, y se convirtió en misionero. Dos vidas, dos elecciones.

Francisco envió varias veces a Rincón a convencer a Solimán para pactar alianzas contra el enemigo común. En la primera, celebrada en Belgrado en 1532, Rincón le pidió al sultán que trasladase a Italia sus ejércitos que estaban

---

94 SOLA CASTAÑO, Emilio: «*El traidor Rincón, de los comuneros de Medina del Campo, y el Griti con los forajidos napolitanos*». http://www.archivodelafrontera.com/wp-content/uploads/2011/07/A-MED07-turcotraidor.pdf

devastando Hungría mientras marchaban hacia Viena. También negoció con el pirata Barbarroja. Los diplomáticos de Carlos en la corte francesa le descubrieron y el emperador aprobó su liquidación. Tres sicarios imperiales trataron de matarle en Venecia ese mismo año, pero fracasaron.

Con motivo de la guerra turco-veneciana, en la que la república italiana contaba con la ayuda de España, Rincón volvió a reunirse con Solimán (1538) e influyó en que se hiciera la paz, que trajo como consecuencia, aparte de ganancias territoriales para Turquía, la separación de Venecia de la coalición carolina.

En 1540, Rincón, al que Francisco había dado los títulos de chambelán y embajador en Levante, gozó del favor de que el sultán le concediese una audiencia de varias horas de duración y le entregase las condiciones para establecer un acuerdo entre los dos monarcas. El diplomático regresó a Francia a través de Venecia y Suiza, sin pisar el Milanesado, controlado por España

A mediados de 1541, Carlos acudió a Ratisbona para participar en una Dieta con príncipes y teólogos luteranos, con la doble intención de zanjar las disputas religiosas y obtener fondos para reclutar un ejército contra Solimán, que volvía a avanzar sobre Hungría. Y después de derrotar al sultán o al menos hacerle retroceder, Carlos planeaba una expedición contra Argel. Pero un acontecimiento derribó los planes del jefe de la casa de Habsburgo y no se trató ni de una batalla ni de una disputa teológica, sino de un asunto de policía.

Gonzalo Fernández de Córdoba fue uno de los primeros españoles en usar cifras en sus comunicaciones con los reyes.

Francisco volvió a enviar a Constantinopla a Rincón, en compañía de Césare Fregoso. Este genovés estuvo al servicio de la República de Venecia hasta que en 1536 se pasó al rey de Francia y ahora regresaba a la Serenísima como embajador de Francisco. El gobernador francés del Piamonte, Guillaume du Bellay, aconsejó a Rincón que rodeara el Milanesado por el norte, porque le habían llegado rumores de que el gobernador imperial del ducado de Milán, Alfonso de Dávalos, marqués del Vasto, quería apresarle. El español y el genovés prosiguieron con su viaje original, que consistía en descender por el río Po, aunque dividieron su séquito para tratar de engañar al marqués del Vasto. El 2 de julio de 1541 los dos agentes subieron a una barcaza cerca de Turín y desaparecieron. Sus cuerpos, desvalijados de los documentos que portaban, se encontraron unos días después en Pavía; para mayor humillación, el lugar donde Francisco I fue hecho prisionero en 1525.

Aunque Carlos V había ordenado a Vasto el 23 de junio que no tocase a Rincón, el aristócrata italiano le desobedeció. Se atribuye la ejecución al calatravo Pedro de Ibarra. La crisis provocada por el doble homicidio tal vez podría haberse atenuado si Carlos hubiera castigado al marqués del Vasto, pero le mantuvo en su puesto y por eso muchos no creían que él no hubiese aprobado la acción[95].

El rey francés escribió al papa Paulo III y a Enrique VIII para denunciar el asesinato de sus embajadores y arremeter contra Carlos. También lo adujo cuando se dirigió, en enero de 1543, a la Dieta de Núremberg para explicar por qué no se incorporaba a la alianza contra el imperio otomano.

En octubre de 1541, Carlos V encabezó el ataque a Argel, que fue un desastre en el que murieron al menos 8000 soldados y se hundieron alrededor de 150 naves. La debilidad del enemigo común reactivó la alianza entre Francisco y Solimán. Entre las razones que Francisco citó en su declaración de guerra, de julio de 1542, se encontraba el secuestro y asesinato de sus diplomáticos Rincón y Fragoso: «una ofensa tan grande, tan detestable y tan extraña a los que llevan el título y la calidad de príncipe que de ningún modo puede ser perdonada, sufrida o soportada». Entonces, un atentado contra un embajador se consideraba un atentado contra la persona de su monarca. Hasta Solimán invocó la indignidad cometida por el Habsburgo. En ese conflicto,

---

95 FERNÁNDEZ ÁLVAREZ, Manuel: *Carlos V. El césar y el hombre*, Espasa Calpe, 18.ª ed., Madrid, pp. 633-634. Y PARKER, Geoffrey: *Op. cit.*, Planeta, Barcelona, 2019, pp. 351-357.

Francisco cedió a los turcos el puerto de Tolón; y después de varias derrotas, el emperador tuvo que aceptar una paz con Francia. El antiguo comunero se vengó desde la tumba del monarca que le derrotó[96]. El honor de Carlos de Austria quedó manchado y, encima, perdió la guerra.

Por algún tipo de escrúpulo sorprendente, a los seres humanos les repugna más el hecho de que un rey o un presidente hagan matar a un enemigo de su reino o su nación que el de desencadenar una guerra por motivos como el prestigio, la ambición o el libre comercio.

ORO PARA HACER BAILAR A LOS CARDENALES

Sobre el uso del soborno, los Austrias tampoco tuvieron reparos de mojigatos. Carlos I obtuvo la corona imperial porque abrió más la bolsa que Francisco I, aunque eso le

96 Este tipo de asesinatos políticos suelen volverse contra sus ordenantes, sobre todo si son extranjeros. El presidente de Vietnam del Sur, Ngo Dinh Diem, fue asesinado, junto con su hermano, el 2 de noviembre de 1963. El Gobierno de Washington estaba al tanto del golpe de Estado, y quizás lo alentó. Tres semanas después, el presidente de Estados Unidos también fue asesinado. Vietnam del Sur se precipitó en una vorágine de cuartelazos y además empezó una mayor implicación de EE. UU. La guerra concluyó con la retirada de EE. UU. en 1973 y la caída de Saigón en 1974. Causó la desmoralización social en Norteamérica y el hundimiento del prestigio del país en el mundo. En diciembre de 1978, el Gobierno de la URSS envió unos comandos al palacio presidencial de Kabul para asesinar al presidente de Afganistán, Hafizullah Amín, que había derrocado y matado a su predecesor. Aunque Amín era comunista, parecía a punto de cambiar de bando para asegurar su régimen. Simultáneamente al magnicidio, el Ejército soviético invadió el país. En esa guerra, que superó el millón de muertos, la URSS declaró no menos de 15.000 caídos.

supusiese endeudarse con la familia Fugger. Felipe II enviaba oro a Bernardino de Mendoza, su embajador, primero en Londres y luego en París, para corromper a los cortesanos y conseguir información sobre las flotas inglesa y francesa. En vísperas de que zarpase la Gran Armada contra Inglaterra, se remitió a Mendoza un crédito de 8000 ducados. En el reinado siguiente, el duque de Lerma hacía distribuir los sobornos entre los cortesanos ingleses con una generosidad que escandalizaba a los diplomáticos que los repartían, tal como vimos en el capítulo anterior. El gran almirante Nottingham llegó a cobrar mil libras en un solo pago.

La Monarquía Católica no vacilaba en emplear el mismo arte en Roma para seducir a los cardenales y los laicos sobresalientes, y hasta movía influencias en los cónclaves para que de ellos saliera un pontífice adicto o, al menos, no hostil.

La opinión de la corte de Madrid sobre los miembros de la curia no era ciertamente positiva. Se consideraba a los cardenales romanos —descendientes de venerables familias como Farnesio, Médici, Borghese y Pamphili— «poco útiles, demasiado presuntuosos para poder servirse de ellos». A los embajadores se les marcaba «una regla de oro: mantener a cada Cardenal en la esperanza de que un día advendría al Pontificado, y ello con el apoyo del Rey de España»[97].

Dado que los cardenales eran creaciones del Papa, el poder supremo en Roma residía en este. Y el trato con el pontífice, a la vez jefe de la Iglesia y monarca, se rodeaba de miramientos y estrategias:

97 OCHOA BRUN, Miguel Ángel: *Op. cit.*, p. 378.

> «Era imprescindible no olvidar que al Papa había que tratarlo con el mayor respeto, pero sin poner en peligro la dignidad del rey de España, teniendo bien presente un hecho fundamental: el Papa necesitaba más del Rey que éste del Papa. Nunca debía darse la impresión de desear mucho los favores, porque entonces el Papa los vendía caros; y en los frecuentes pleitos de jurisdicción, los tribunales pontificios fallaban siempre parcialmente a favor del Papa. En los tratos con el Pontífice, el Embajador debía mostrarse enérgico, nunca tímido ni flojo. No debía tener excesiva fe en el valor de las negociaciones».[98]

Y la experiencia confirmaba la última frase. Los intereses del Papado y de la Monarquía Católica no siempre coincidían.

El cardenal Giulio Médici contó en el cónclave de 1523 con la ayuda del embajador Luis Fernández de Córdoba, duque de Sessa por su matrimonio con Elvira, la hija del Gran Capitán. Pero en cuanto fue coronado como Clemente VII, se enfrentó al emperador Carlos y se alió con Francia y Venecia contra él.

Aunque Pío IV (r. 1559-1565) había calificado a Felipe II de «firmamento de la Religión», en 1564 concedió la preferencia en su corte al embajador francés por delante del español para dar una pizca de prestigio a Catalina de Médici. Otro papa, Gregorio XIII (r. 1572-1585), por presión de Felipe II, negó la dispensa de sus votos al cardenal Enrique de Avis, efímero rey de Portugal, para casarse y tratar de concebir un heredero. Sixto V (r. 1585-1590) excomulgó a Enrique de Borbón, rey de Navarra, pero cuando este se planteó volver al catolicismo

---

98 OCHOA BRUN, Miguel Ángel: *Op. cit.*, p. 160.

para acceder al trono de Francia lo aprobó, aunque el príncipe era un ejemplo de «relapso con reiteración» por sus continuos cambios de religión; su conversión a la fe en la que se le bautizó fue el séptimo. Clemente VIII (r.1592-1605), cuya política internacional pretendía reducir el poder español en Italia, reconoció en 1595 a Enrique como soberano después de su abjuración pública, a pesar de que meses antes había declarado la guerra a don Felipe. Los papas querían evitar que a la «hija primogénita de la Iglesia» la gobernara un hereje, y desbarataron la aspiración del rey español de obtener la corona para su hija Isabel Clara Eugenia. En el amanecer de la decadencia de la Monarquía Hispánica, Urbano VIII (r.1623-1644) se decantó por Luis XIII contra los Habsburgo. De este papa, escribió Diego Saavedra Fajardo que «ama a los franceses y aborrece a los españoles, pero ni a los unos ni a los otros quisiera en Italia». Obligado a compadrear por la ausencia de un sentimiento nacional italiano, Urbano se apoyaba en París contra Madrid y Viena. Para compensar a Felipe IV, no reconoció la secesión de Portugal.

Felipe II y Enrique de Guzmán y Ribera, conde de Olivares, embajador en Roma entre 1582 y 1591, usaban de las recompensas de honor y de dinero con la finalidad de avivar «el celo del "escuadrón hispánico"»[99]. Cuando inició su servicio, el rey le adjuntó 40.000 escudos «para gastos primeros». Como los embajadores debían de recurrir a su propio patrimonio para financiar la embajada, acabado su período, los reyes les nombraban virreyes de Sicilia, Nápoles o Aragón para que lo recompusieran. Olivares marchó a Sicilia con el cargo de virrey, 20.000 ducados y una encomienda concedidos por su señor.

---

99 ABELLA Y RAMALLO, Carlos: *Confesiones del Palacio de España en Roma*, Ciudadela, 2012, Madrid, p. 71.

La reina Catalina de Médici, ladrona de la correspondencia de Felipe II con su embajador.

Después del cónclave de 1592 en el que salió elegido Clemente VIII, un grupo de teólogos redactó un dictamen según el cual Felipe II había incurrido en pecados graves «al apoyar, excluir o remunerar a algunos cardenales» a través de sus embajadores. En vez de pedir perdón, España presumió. El embajador replicó con otro escrito en el que sostenía que los príncipes católicos tenían el derecho de procurar la elección de un papa que beneficiase a la Iglesia y a sus pueblos, y, en consecuencia, podían usar «medios dignos» para promover o aislar unas candidaturas en los cónclaves, siempre —eso sí— que quedase incólume la libertad de voto de los cardenales.

Semejante respuesta a los teólogos del papa fue una aplicación del consejo que dio el rey Fernando a su virrey en Nápoles sobre cómo comportarse cuando en Roma se quejasen por decisiones españolas: «ellos al Papa y vos a la capa». Los Reyes Católicos establecieron la primera embajada permanente en Roma y terminaron sabiendo de qué paño estaban hechos los romanos.

Debido a los inmensos dominios de la Monarquía Hispánica, en Roma la población bajo soberanía española era incontable. Por cargos y empleos había cardenales, prelados, representantes de órdenes religiosas, diplomáticos, militares, aventureros, estudiantes, artistas, peregrinos… Por origen: españoles, portugueses, napolitanos, sicilianos, milaneses, flamencos, sardos... Además, la representación diplomática no se limitaba al embajador real. En las primeras décadas del siglo XVII, por Roma pululaban agentes y espías enviados por los virreyes de Nápoles y Sicilia, el gobernador de Milán, la gobernadora de los Países Bajos; una delegación portuguesa, supeditada a la embajada, en representación de las colonias lusas de Ultramar —Brasil, Goa, Guinea—. El embajador tenía que vigilar a los cardenales y a los diplomáticos de las demás potencias, y además a esta otra pléyade, amén de mendigos, pedigüeños, sacacuartos y desencantados. Y, encima, tratar con el cardenal protector asignado a España... y a Portugal —entre 1580 y 1640—. A la vista de esta multitud de personas y jurisdicciones, el diplomático y pensador Saavedra Fajardo, que sirvió en Roma, propuso que todos los reinos de la corona tuvieran una única representación en Roma.

Torturas y ejecuciones en Londres de los implicados en la Conspiración de la Pólvora.

La práctica española de la corte pontificia se compendia en una carta de mayo de 1609 remitida por Felipe III a Francisco de Castro, conde de Lemos y sobrino del duque de Lerma, que se conserva en el archivo de la embajada. A la hora de repartir dinero para aumentar el número de cardenales favorables a España, el soberano, apodado «El Pío», pero no «El Lelo», le advirtió:

> «En esa corte como en todas, puede mucho el interés y así es menester gobernarse en ella como el buen cazador, mostrándole al gavilán la carne y dándole poca y poco a poco, porque si se le da mucha, luego pide más y se olvida de la recibida y así si es poco a poco, vive con esperanzas y acude a lo que desea».

Junto con el aceite para engrasar la maquinaria de las lealtades, los monarcas enviaban consejos para administrarlo, por si el embajador padecía un exceso de remilgos al tratar con los príncipes de la Iglesia. No todos los diplomáticos tenían los arrestos de García Laso de la Vega, padre del poeta, que debió leer a Alejandro VI una carta de los reyes Isabel y Fernando en que le reprochaban sus escándalos morales, aguantar la bronca del papa y resistirse a que este mismo le arrebatase los papeles.

8. LA SANGRE AZUL ENVENENADA DE CARLOS II

Con la extinción de los Austrias españoles suele ocurrir lo mismo que con la caída del reino visigodo en el siglo VIII: el episodio final de la época sirve a los historiadores posteriores para interpretar todo el tiempo anterior al acontecimiento y casi elimina la búsqueda de otras causas y explicaciones, como la potencia de los musulmanes que, antes de llegar a España, había derrotado a los imperios romano oriental y persa. ¿Por qué se derrumbó el reino de Toledo en una batalla? Porque los godos ya estaban condenados a la desaparición antes incluso de asentarse en España. Como los definió Ortega y Gasset, eran «los visigodos germanos alcoholizados de romanismo, un pueblo decadente que venía dando tumbos por el espacio y por el tiempo cuando llega a España, último rincón de Europa, donde encuentra algún reposo»[100]. ¿Y por qué los godos eran un pueblo decadente? Porque su reino desapareció en una batalla. Un ejemplo de razonamiento circular que se aplica a los Habsburgo españoles. ¿Por qué los Austrias eran una dinastía consumida y condenada por sus vicios? Porque produjo a Carlos II, un engendro feo y estéril. ¿Por qué Carlos II era feo y estéril? Porque pertenecía a una dinastía envenenada por la soberbia y la endogamia. En palabras de un historiador del siglo XIX, Eduardo

100 ORTEGA Y GASSET, José: *España invertebrada*, Revista de Occidente, 11.ª ed., Madrid, 1959, p. 132.

Orodea e Ibarra, «Carlos II fue el resumen de la flaqueza de una dinastía degenerada, fue el Augústulo de la Casa de Austria».

Carlos II, a caballo y con armadura.

Este rey es uno de los protagonistas de la «Leyenda Negra». Con la enumeración de sus defectos y deformidades, fueran reales, exagerados o inventados, se trata de deslucir el Siglo de Oro con la sombra ominosa de jorobados y subnormales. Se pretende que la desgracia de esos reyes de cristal y paños negros manche también a los conquistadores, los artistas, los pensadores, los científicos, los misioneros y los navegantes que durante casi dos siglos dominaron al mundo y aún nos siguen pasmando cuando leemos sus hazañas.

OTRAS DINASTÍAS QUE TAMBIÉN DESAPARECIERON

La primera premisa de este capítulo de la «Leyenda Negra» ya es falsa, pues presenta como inusual un acontecimiento que ha sido frecuente en la historia, como es la extinción de las dinastías reales.

Antes que los Austrias, desaparecieron los Avis portugueses. De los trece hijos que tuvo Manuel I (r. 1495-1521) con tres princesas, dos de ellas hijas de los Reyes Católicos, solo tres superaron los cincuenta y un años que él vivió. Su sucesor, Juan III, casado con la hermana menor de Carlos V, tuvo cinco hijos varones, todos los cuales le premurieron; solo en la primera mitad de 1537 bajaron al sepulcro dos infantes, uno ya nombrado heredero. El rey Sebastián I, hijo póstumo del príncipe Juan Manuel, marido de Juana, hija de Carlos V, cayó en la batalla de Alcazarquivir, en 1578. Con veinticuatro años de edad no se había casado por voluntad propia; rechazó la petición de las Cortes de su reino y todos los compromisos que se le ofrecieron. Su tío y sucesor, el cardenal Enrique, falleció a los sesenta y ocho años, también sin descendencia, dados su estado religioso y, sobre todo, su edad. Ese destino también lo padecieron los Valois franceses cuando ninguno de los tres hijos varones de Enrique II y Catalina de Médicis que fueron reyes entre 1559 y 1589, Francisco II, Carlos X y Enrique III, fue capaz de tener descendencia legítima. Y por último los Tudor ingleses, al morir Isabel I en 1603.

La dinastía bereber háfsida, que gobernó Túnez desde principios del siglo XIII y fue aliada de la Monarquía Hispánica en el siglo XVI, desapareció cuando su último soberano, Muhammad IV, cayó derrotado y capturado en 1574 por los otomanos, junto con cientos de soldados españoles. Se le llevó a Constantinopla y allí se le mantuvo encarcelado hasta su muerte veinte años después.

María II Estuardo, que derrocó a su padre Jacobo II, y reinó en Inglaterra, Irlanda y Escocia entre 1689 y 1694, no tuvo hijos. Sus tres embarazos concluyeron en abortos o mortinatos. Su hermana, Ana Estuardo, primera reina de la Gran Bretaña entre 1702 y 1714, casada con un príncipe danés, tuvo diecisiete embarazos; de ellos solo se llevaron a término cinco; y únicamente un varón, llamado Guillermo, sobrevivió a la infancia, aunque murió a los once años. El hermanastro varón contra el que las dos se habían rebelado, el príncipe Jacobo Francisco Eduardo Estuardo (1688-1766), tuvo dos hijos, Carlos Eduardo y Enrique. El primero, llamado por los jacobitas «el Joven Pretendiente» y Bonnie Prince Charlie, no tuvo hijos con su esposa, una princesa alemana, y murió en 1788. Y el segundo fue cardenal de la Iglesia. Al fallecer en 1807, con ochenta y dos años sin descendencia, la dinastía Estuardo finalizó.

El rey sueco Carlos XIII (r. 1809-1818) perdió a su hijo legítimo al año de nacer y después al príncipe danés que adoptó en 1810 como sucesor, quizás porque se le envenenó. Ante la falta de un heredero, la aristocracia y el parlamento suecos nombraron príncipe con derecho a la sucesión al mariscal francés Jean-Baptiste Jules Bernadotte.

La casa de Holstein-Gottorp desapareció en 1818 y le sucedió la casa de Bernadotte, tal vez el secuaz de Napoleón más afortunado.

Cuando la esperanza de vida en España y otras naciones ha superado los ochenta años y muchas enfermedades se detectan por el análisis de una gota de sangre, impresiona que hasta principios del siglo XX las muertes de niños y de madres en los partos fueran frecuentes. Igualmente, cuando Europa rechaza voluntariamente la fecundidad muchos se asombran del empeño de las casas reales y los pueblos en asegurar la sucesión de la corona mediante hijos, sobre todo varones. Pero los niños o bien no nacían o si lo hacían expiraban en la infancia, y en muchos de estos dramas familiares y públicos no se halla en la cuna o el lecho el pecado original de la endogamia como una bruja que entierra niños en ataúdes blancos.

El varón que anhelaba el rey inglés Enrique VIII y por cuya causa se separó de la Iglesia católica y creó su propia congregación para permitirle el divorcio, Eduardo VI, murió a los quince años de edad; probablemente de tuberculosis. En cambio, las dos hijas a las que despreció, María, engendrada por la reina Catalina de Aragón, e Isabel, descendiente de Ana Bolena, heredaron la corona y vivieron muchos más años que su hermano, aunque ninguna tuvo descendencia.

De los seis hijos del matrimonio entre Luis XIV y su prima, la infanta española María Teresa de Austria, solo uno alcanzó la edad adulta. La princesa María Teresa murió en 1672 a los cinco años y a causa de la tuberculosis. El primogénito, Luis, que sobrevivió a su madre, no se convirtió en rey de Francia, porque falleció de viruela en 1711 a los cuarenta y nueve años de edad. La misma epidemia de viruela que estaba asolando Europa segó en 1712 la vida del hijo mayor del delfín, otro Luis, duque de Borgoña, con treinta años. La corona francesa recayó entonces en el tercer hijo varón del delfín, Luis XV. El fecundo Luis XIV tuvo veinte hijos: seis que engendró con su esposa española y a los que enterró a todos, junto con la madre; y otros catorce con sus cuatro amantes. De los veinte, solo le sobrevivieron cinco. Como contraste, Luis XIV vivió casi ochenta y siete años (1638-1715) y registró el reinado más largo de la historia, superior a los setenta y cinco años. Hombres con vidas largas no siempre tienen hijos que disfrutan del mismo destino.

Fueron más abundantes los casos en que, ante la imposibilidad de una sucesión patrilineal, se llamaba al trono a una línea colateral. El monarca Guillermo IV (r. 1830-1837), de la casa de Hannover, instaurada en Gran Bretaña después de la extinción de los Estuardo anglicanos, tuvo cinco hijos con su esposa alemana, Adelaida de Sajonia-Meiningen. Los niños o nacieron muertos o vivieron solo unas horas. Al carecer de descendencia legítima —con la actriz Dorotea Bland concibió diez hijos—, a Guillermo le sucedió su sobrina Victoria I. Esta, con su primo hermano Alberto de Sajonia-Coburgo-Gotha, engendró nueve hijos, de los cuales el primero en morir lo hizo cumplidos los treinta años de edad. La medicina, la higiene y las costumbres empezaban a cambiar y a salvar vidas de madres y de bebés.

El último soberano español que casó cuatro veces fue Fernando VII (1784-1833) y tuvo peor suerte que Felipe II con su descendencia. Su primera esposa fue su prima María Antonia de Nápoles, de la casa Borbón-Dos Sicilias, que murió a los veintiún años. A la segunda, su sobrina Isabel María Francisca de Braganza y Borbón, la mató una cesárea, también con veintiún años. Tuvo una hija de un embarazo anterior, pero vivió solo unos meses.

Eugenia, emperatriz de los franceses, y su hijo Eugenio Luis-Napoleón, pintados por Franz Xaver Winterhalter.

Este rey solo engendró, y después de numerosos intentos, con su última esposa, María Cristina de las Dos Sicilias, hija de su hermana menor, María Isabel de Borbón. Se trató de dos niñas, que vivieron varias décadas y fueron fecundas, a pesar de su endogamia mostrada en sus apellidos: Isabel de Borbón y Borbón, reina de España, y María Luisa Fernanda de Borbón y Borbón. La reina María Cristina, viuda a los veintisiete años, contrajo matrimonio secreto con un guardia real, Fernando Muñoz, con quien concibió ocho hijos. Quizás la consanguinidad con Fernando VII o algún defecto en el organismo de este impidieron que el matrimonio real aumentara su descendencia. En el caso de no haber tenido hijos, la corona de España habría pasado a un hermano suyo, el infante Carlos María Isidro, quien luego, en 1833, la reclamó al no aceptar su preterición por una mujer.

La fugaz dinastía Bonaparte se agotó por falta de descendencia en el siglo XIX. En 1832 murió de tuberculosis Napoleón II, con veintiún años. El hijo de Napoleón III y Eugenia de Montijo, el príncipe Napoleón Eugenio Luis, cayó en la guerra contra los zulúes en 1879. También desaparecieron por el mismo motivo la rama liberal de los Braganza portugueses y la rama carlista de los Borbones españoles.

En países donde el monarca tenía un harén, como Turquía, China, Marruecos o Perú, la cuestión sucesoria podía acarrear rebeliones y guerras, tanto civiles como internacionales, debido a la existencia de varios hijos con derecho. La dinastía osmanlí trató de evitar la inestabilidad en las sucesiones mediante la «ley del fratricidio», ya comentada en otro capítulo, y, cuando esta tradición se postergó, mediante el encierro de los hijos varones del sultán en la llamada «Jaula Dorada» en el palacio Topkapi de Constantinopla. Casi desaparecieron las matanzas y rebeliones, pero, a cambio, los sultanes, habiendo vivido durante décadas aislados y bajo la amenaza constante del asesinato, eran cada vez más incapaces y padecían enfermedades mentales. Este régimen se prolongó incluso en el último sultán, Mehmed VI (r. 1918-1922), que vivió encerrado hasta los cincuenta y seis años, cuando se le sacó para ser coronado, ya que el príncipe heredero, su sobrino Yusuf Izzetin, se había suicidado dos años antes.

Como resumen, la desaparición de la casa de Austria española no ha sido un fenómeno excepcional en la historia.

¿FRUTO PODRIDO DE UN INCESTO?

Entonces, ¿por qué Carlos II carga con el estigma de haber sido un fracaso como rey y un despojo como hombre? Un elemento en apariencia banal es que se trata del Austria español más representado en cuadros, grabados y esculturas; y en todos ellos muestra no solo la nariz y mandíbula características de su familia, en él exageradas, sino también una larga cabellera rubia y una moda —pelucas, lazos, puntillas, zapatos con tacón y hebillas— que hoy parecen ridículas. Por los testimonios de la mayoría de los embajadores en la corte sabemos que tuvo un desarrollo lento y escuálido. Las descripciones de uno de ellos, el marqués de Villars, que sirvió como embajador de Luis XIV entre 1678 y 1682, junto con las cartas del español duque de Montalto, han dibujado en la memoria colectiva una figura deforme y grotesca de Carlos. Sin embargo, este no era un inválido.

Una vez superada la adolescencia, Carlos se dedicó a prácticas propias de los reyes y que demandaban cierta fortaleza, como la caza, que le encantaba, sobre todo la caza de lobos. Su salud empeoró en el verano de 1696, cuando él y parte de la corte contrajeron en un viaje en Aranjuez tercianas palúdicas por las aguas estancadas del Tajo. Aunque desde entonces padeció paludismo crónico, con anemia y convulsiones, el resto de su vida, esta se alargó cuatro años más.

> «Siempre hemos oído hablar de su debilidad permanente, como si se tratara de un frágil cabo de vela que en cualquier momento pudiera apagarse. Ya hemos visto que no era así según los testigos de los años ochenta, pero los de los noventa tampoco insisten demasiado en ello. Por otra parte, en una época en la que la medicina tenía tan escasas capacidades, un ser tan débil hubiera tenido pocas posibilidades de sobrevivir, aunque perteneciera a la familia real. ¡Acaso no habían muerto antes que él otros hermanos suyos, algunos de ellos, como el príncipe Baltasar Carlos, considerados bastantes más fuertes. Los casi cuarenta años que alcanzó a vivir no eran tan pocos entonces. Es cierto que, tratándose de un rey, contaba con todo tipo de cuidados y prevenciones, pero aun así hay algo que parece no cuadrar. En los años noventa, incluso, no es infrecuente leer noticias sobre las enfermedades de la reina, una alemana robusta que vivió 77 años, mientras que su marido parecía estar perfectamente sano. ¿No se habrá exagerado la mala salud del rey? (…) Las morbosas descripciones que circularon a raíz de su embalsamamiento sobre la anormalidad de los órganos del rey son difícilmente conciliables con los casi cuarenta años que vivió».[101]

101 RIBOT, Luis: «El rey ante el espejo. Historia y memoria de Carlos

Jean-Baptiste Bernadotte, mariscal de Francia y rey de Suecia

Su reinado, transcurrido entre 1665 y 1700, coincidió con el apogeo de Luis XIV, cuñado suyo y pariente lejano. Carlos II tuvo que reconocer la independencia de Portugal y sufrió varias derrotas ante los ejércitos y la armada franceses; al igual que su abuelo Felipe III, no dedicaba muchas horas al trabajo de despacho; se sometía a la influencia de consejeros como su madre, sus mujeres y el cardenal Portocarrero. Pero nombró ministros que aplicaron una reforma financiera que permitió por primera vez desde casi dos siglos una bajada de impuestos en Castilla; apoyó la formación de una alianza contra el expansionismo francés[102] con potencias antes enemigas, como Inglaterra

II», en *Carlos II. El rey y su entorno cortesano*, Centro de Estudios Europa Hispánica, Madrid, 2009, p. 33 y 34.

102 El monarca francés militarizó su país hasta el extremo de que en 1696, con un ejército real formado por 395.000 soldados, los militares eran más abundantes que los clérigos y cerca de la

y las Provincias Unidas; apaciguó sus reinos, con lo que evitó rebeliones como las vividas en el reinado de su padre; impulsó la reconstrucción del monasterio de El Escorial, semidestruido por un incendio en 1671; prescindió de validos; reconstruyó el ejército; y se empeñó en mantener la unidad de los estados de su monarquía al comprender que no tendría herederos. Cuando gobernó solo, disfrutó de una gran popularidad, debida a la supresión de los favoritos y a su devoción religiosa, expresada en episodios como la cesión de su carroza a sacerdotes que llevaban el viático y la petición a la Santa Sede de que proclamase la Inmaculada Concepción de María como dogma.

En una época más pacífica, con menos guerras en las fronteras, y un poder real indiscutido por la alta aristocracia, quizás su reinado no sería juzgado de manera tan negativa como se ha hecho hasta hace poco. La incertidumbre de su sucesión y el pesimismo de muchos de sus súbditos ante el ocaso del sol español, que se expresaba en ensayos y correspondencia, contaminan toda su persona, tanto pública como privada.

La mala fama que tiene este rey no se debe solamente a su fealdad ni a su indolencia, sino también a motivos ideológicos. «El deterioro de la imagen de Carlos II —paralelo en cierto modo a la visión negativa de su dinastía— se inicia con los ilustrados para culminar con la historiografía liberal de la primera mitad del siglo XIX, que le vinculaba

---

cuarta parte de los varones adultos estaba alistado. La Corona española nunca alcanzó esta cifra. Para mantener semejante tropa y equiparla, aparte de la armada, amplió su poder para recaudar impuestos sobre la Iglesia, los Parlamentos, la nobleza, los municipios y los comerciantes. Cfr. PARKER Geoffrey: *La revolución militar. Innovación militar y apogeo de Occidente 1500-1800*, Alianza, Madrid, 2002, p. 76.

íntimamente con la decadencia de España»[103]. Los ataques al desdichado monarca pretendían en unos casos legitimar a la dinastía borbónica y en otros señalar un culpable estrafalario del declive español.

REY	REINA	PARENTESCO
Felipe I (1478-1506)	Juana I de Castilla y Aragón	Primos terceros
Carlos I (1500-1558)	Isabel de Portugal	Primos hermanos
Felipe II (1527-1598)	María Manuela de Portugal	Primos hermanos dobles
	María I de Inglaterra	Los padres de Felipe y María eran primos hermanos
	Isabel de Valois	Parentesco remoto
	Ana de Austria	Tío y sobrina
Felipe III (1578-1621)	Margarita de Austria	Las madres de Felipe y Margarita eran primas hermanas
Felipe IV (1605-1665)	Isabel de Borbón	Primos terceros
	Mariana de Austria	Tío y sobrina
Carlos II (1661-1700)	María Luisa de Orleans	Primos segundos
	Mariana de Neoburgo	Las madres de Carlos y Mariana eran primas segundas

Fuente: *El hechizo genético de los Austrias*, de G. Álvarez y F. C. Ceballos

103 RIBOT, Luis: *Op. cit.*, p. 40.

Carlos II era el último vástago español de «ese conjunto de estrechos vínculos familiares que unía a los descendientes de Carlos V con los de su hermano Fernando I»[104]. El emperador Maximiliano II (r. 1564-1576), hijo de Fernando de Austria, era primo de Felipe II y, por sus matrimonios respectivos, también cuñado y suegro. Felipe II dejó escrito que, de morir sin herederos varones, le sucediera uno de sus sobrinos austriacos; y sus dos hijos supervivientes, Felipe III y la infanta Isabel Clara Eugenia, casaron con primos de la rama germánica. La siguiente tabla muestra la endogamia practicada por la rama española de la casa de Habsburgo.

Los seis reyes de la dinastía de los Austrias españoles, desde Felipe I hasta Carlos II, contrajeron once matrimonios, siete de los cuales se pueden definir como «consanguíneos de acuerdo con el criterio actual de la genética humana que establece que una unión consanguínea es aquella que se produce entre individuos con un grado de parentesco de primos segundos o superior». El coeficiente de consanguinidad de un individuo se basa en el concepto genético de identidad por ascendencia que expresa el grado de consanguinidad como la probabilidad de que el individuo reciba en un gen dado dos copias idénticas, es decir con la misma secuencia de nucleótidos, procedentes ambas de un antepasado común a los dos progenitores del individuo. El coeficiente de consanguinidad de los hijos de uniones incestuosas entre padre e hija, madre e hijo o entre hermanos carnales expresado como probabilidad es 0,25 respecto a 1. A partir del análisis de consanguinidad de 3000 miembros de los Habsburgo repartidos en dieciséis

104 PARKER, Geoffrey: *Felipe II*, Alianza Editorial, Madrid, 1984, p. 89.

generaciones sucesivas a lo largo de quinientos años hecho por los profesores Álvarez y Ceballos, del departamento de Genética de la Facultad de Biología de la Universidad de Santiago de Compostela, se concluyó que Carlos II tuvo el coeficiente de consanguinidad más alto de su dinastía, un 25,4 %, superior al hijo de un incesto[105].

REY	GRADO DE CONSANGUIDAD
FELIPE I	2,5 %
CARLOS I	3,7 %
FELIPE II	12,3 %
FELIPE III	21,8 %
FELIPE IV	11,5 %
CARLOS II	25,4 %

Fuente: *El hechizo genético de los Austrias*, de G. Álvarez y F. C. Ceballos.

Y esa consanguinidad pudo determinar la fragilidad de los organismos de varios de los hijos de estos monarcas y sus muertes prematuras, aunque estas, como veremos, no se producían solo en la Casa de Austria.

Casado dos veces, «se sentía atraído por los estímulos femeninos, pero sin capacidad de acción. Era, pues, impotente, pero no inapetente»[106]. La esterilidad, defecto que afecta en la actualidad a un 15 % de los adultos, no

105 ÁLVAREZ, Gonzalo y CEBALLOS, Francisco C.: «El hechizo genético de los Austrias», revista *Nova Acta Científica Compostelana*, vol. 23, Universidad de Santiago de Compostela, 2016. Accesible en https://revistas.usc.gal/index.php/nacc/issue/view/285

106 ALONSO-FERNÁNDEZ, Francisco: *Felipe V. El rey fantasma*, Almuzara, Córdoba, 2020, p. 36.

se extendió a su hermana. La infanta Margarita Teresa de Austria, nacida en 1651, casó con el emperador Leopoldo I en 1666. En estos cruces matrimoniales entre las dos ramas de los Austrias que nos sorprenden y hasta repugnan por su cercanía al incesto, Leopoldo era tío y primo suyo a la vez, pues era hermano de su madre, la archiduquesa Mariana de Austria, e hijo de la infanta María Ana de Austria, hermana de Felipe IV, padre de la infanta. Semejante endogamia no le impidió a Margarita concebir cuatro hijos de Leopoldo; el último parto, ocurrido en 1672, la dejó tan débil que expiró poco después. El azar hacía que una generación fuese ubérrima y la siguiente infecunda. En el siglo XVI, la infanta María, hija de Carlos V, casó con el archiduque Maximiliano, hijo de Fernando I. Alumbró a quince hijos, de los que nueve superaron la adolescencia, pero solo uno, la archiduquesa Ana, cuarta esposa de Felipe II, tuvo descendencia. Los dos varones que fueron emperadores, Rodolfo y Matías, murieron sin hijos.

El altísimo factor de consanguinidad de la política matrimonial de los Austrias, por absurda y suicida que hoy la concibamos, predispuso a Carlos a padecer dos enfermedades genéticas recesivas, que «conducen a una deficiencia múltiple de hormonas de la pituitaria que da lugar entre otros a un fenómeno de infertilidad/impotencia»[107]. El hermoso y pacífico lema de los Habsburgo, «*Bella gerant alii, tu felix Austria nube*» («Deja que otros hagan la guerra; tú, feliz Austria, cásate»), contenía la causa de su ascenso y, también, de su caída.

Si «el Hechizado»[108] hubiera procreado un varón, quizás

---

107 Ibidem.

108 Este apodo denigratorio se debe a los exorcismos a que se sometió durante unos meses de 1699 con la finalidad de remediar su

este habría sido el estéril o bien hubiera prolongado la duración de su dinastía unas pocas décadas más, pero es inocultable que los últimos Austrias y su corte habían caído en un declive que podemos comprender, no solo por los cuadros, sino también por la falta de preparación y cultura de las últimas infantas de la casa, en comparación con la belleza, el dominio de idiomas y la inteligencia política de las princesas del siglo XVI, como la emperatriz María, hija de Carlos V, y las infantas Isabel Clara Eugenia y Catalina Micaela, hijas de Felipe II.

La hermosa infanta Catalina Micaela, hija de Felipe II.

incapacidad de procrear. No era nada raro en ese siglo, más religioso que el XVI. Y tampoco debería sorprender en este, en el que, pese al racionalismo y escepticismo general, miles de adivinos y echadores de cartas viven de la credulidad ajena.

MUERTES DE REINAS Y DE INFANTES

Hasta la segunda mitad del siglo XIX, cualquier historia familiar de las monarquías europeas incluye una lista de obituarios y defunciones. Cuando la ciencia médica solía recetar sangrías, efectuadas mediante punciones o sanguijuelas, para purgar el organismo del enfermo de «humores» perjudiciales y restaurar el equilibrio, remedio que se aplicaba incluso a las reinas embarazadas, la carencia de dinero para pagar un médico podía ser mejor para conservar la salud. El emperador Carlos VI, que pretendió ser rey de España, enfermó al regresar a su palacio de Viena después de una cacería, en octubre de 1740. Como sus médicos, todos ellos académicos, no identificaban su mal, el monarca les espetó: «Cuando me haya muerto, me abrís en canal, os enteráis de lo que me pasa y espero que, sin tardar mucho, alguno de vosotros me siga y me lo pueda explicar».

Bromas aparte, si la muerte entraba con asiduidad en los palacios de los monarcas y los aristócratas, que disponían de los mejores médicos y alimentos, así como de abrigo en invierno, de ocasiones para realizar ejercicio físico y de medios para escapar de las pestes, podemos imaginar la magnitud de las mortandades que sufrían las familias más humildes.

Los Reyes Católicos, que viajaron por toda España, sin capital permanente, tuvieron cinco hijos, cuatro mujeres y un varón. El príncipe Juan falleció en 1497, con solo diecinueve años. La infanta Isabel quedó viuda cuando su primer marido, el príncipe Alfonso de Portugal, cayó de su caballo y murió en 1498 en Zaragoza al dar a luz a Miguel de la Paz. El niño, heredero de las coronas de Aragón, Castilla y Portugal, dejó de existir en Granada antes de cumplir su segundo aniversario.

La infanta María Teresa de Austria casó con Luis XIV, su primo hermano por parte de madre y padre.

De sus seis hijos, cuatro chicas y dos chicos, Juana I de Castilla, casada con el primer Habsburgo, no perdió a ninguno en la infancia. Una desgracia que le ahorró el destino. La primera en morir fue Isabel, con veinticuatro años y medio. Todos ellos reinaron. Carlos y Fernando se ciñeron la corona del Sacro Imperio. Y las hijas lo hicieron como reinas consortes: Leonor, en Portugal y Francia; Isabel, en Dinamarca; María, en Hungría y Bohemia; y

Catalina, en Portugal. Esta excepción quizás respondiera a que el matrimonio que fundó la dinastía de los Austrias españoles mezcló las sangres de un Habsburgo y una Trastámara, que no tenían ningún antepasado en común.

Napoleón II murió sin descendencia.

Carlos V e Isabel de Avis tuvieron siete hijos en sus trece años de matrimonio. De ellos, sobrevivieron Felipe, apodado «el heredero del mundo»; María, que vivió hasta 1603 y casó con el emperador Maximiliano II —su primogénita, Ana, fue la cuarta esposa de Felipe—; y Juana, que fue la primera en morir, a los treinta y ocho años, esposa del heredero portugués y, una vez viuda, regente de España. La emperatriz tuvo otros cuatro hijos que nacieron muertos o fueron abortos.

Desde que Felipe II convirtió el Real Alcázar de Madrid —reformado por su padre en los años 30— en residencia permanente de los Austrias, abundaron más los lutos que los juegos infantiles.

Felipe hubo de casarse cuatro veces para dar un heredero a sus reinos. La primera y la tercera esposas, María Manuela de Portugal e Isabel de Francia, murieron de complicaciones en los partos. La segunda, María I de Inglaterra, estéril por su edad, falleció de cáncer con cuarenta y dos años. La última, Ana de Austria, expiró en Badajoz en 1580 durante una epidemia de gripe que estuvo a punto de matar al rey.

De tres de sus esposas, Felipe II tuvo ocho hijos, pero solo dos vivieron más que él. El primogénito, Carlos, hijo de María Manuela, perturbado y deforme, murió en 1568. Isabel, a la que amó con devoción, le dio dos hijas, Isabel Clara Eugenia, que vivió hasta 1633, y Catalina Micaela, que, igual que su madre, falleció de un mal parto en Turín en 1597. La más fecunda, Ana de Austria, nacida en el pueblo de Cigales y sobrina suya, engendró cuatro varones y una niña. Todos ellos murieron en la infancia, salvo el cuarto varón, Felipe III, que vivió hasta 1621. A Fernando (1571-1578) lo mató la disentería y a Diego Félix (1575-1582) la difteria. Así, en sus últimos momentos en El Escorial, en 1598, Felipe solo pudo estar acompañado por dos de sus hijos.

Con el cuadro *Tu Felix Austria Nube*, el pintor Václav Brožík representó la política matrimonial de los Habsburgo.

Otros ocho hijos tuvo también Felipe III, pero de una sola esposa, la archiduquesa Margarita de Austria y Estiria. De ellos, superaron la infancia cuatro. La primogénita, Ana, fue reina de Francia al casar con Luis XIII en 1615, y madre de Luis XIV. Felipe, el heredero y sucesor (1605-1665). María Ana vivió cuarenta años y casó con su primo Fernando de Austria, rey de Hungría y luego emperador. También fue madre de la archiduquesa Mariana, que casó con Felipe IV, enlace del que nació Carlos II. Y los infantes Carlos y Fernando, conocido este último como el cardenal-infante. La reina cayó enferma después del nacimiento de su último hijo, Alfonso, en 1611 y murió unos días después. Por ello, el niño, que vivió solo once meses, recibió el apodo de «el Caro».

Gracias a la boda entre el príncipe Felipe y la princesa Isabel de Borbón en 1615 por fin entró sangre nueva en los Austrias españoles, ya que la esposa era hija de Enrique IV y de María de Médicis. Los dos príncipes, de diez años él y doce ella, tuvieron que esperar cuatro años más para hacer vida marital. A pesar de las precauciones y la renovación familiar —tanto este Felipe como su padre eran fruto de enlaces entre las dos ramas de la dinastía—, de sus ocho hijos solo dos, el príncipe Baltasar Carlos y la infanta María Teresa, llegaron a la adultez. De los otro seis, la más longeva fue María Eugenia, que vivió solo veinte meses entre 1625 y 1627. Cuando en 1629 nació Baltasar Carlos, la gran esperanza de la Monarquía Hispánica, no vivía ninguno de sus cuatro hermanos mayores y Felipe IV carecía de heredero directo. Calderón de la Barca describió las fiestas con que en Madrid se festejó el alumbramiento en su obra *La dama duende.* La reina Isabel expiró en 1644, con casi cuarenta y cuatro años, después de sufrir un aborto y de haber asombrado a la corte con su inteligencia cuando ejerció como regente de Castilla y las Indias.

En 1646, en un viaje por Navarra, Valencia y Aragón para ser jurado por las Cortes de esos reinos, el príncipe Baltasar, con diecisiete años escasos, contrajo en Zaragoza unas viruelas fulminantes que lo mataron. En cinco años, el «Rey Planeta» había perdido a su único hermano, el cardenal-infante Fernando, vencedor del ejército sueco en la batalla Nördlingen, a su esposa y a su hijo. España quedaba sin heredero varón, pues solo vivía la infanta María Teresa, una niña de seis años, que podía morir también de gripe, de viruela o de parto. La única solución para el desolado monarca era un nuevo matrimonio.

Como su segunda esposa, Felipe escogió a alguien de

su sangre: su sobrina la archiduquesa Mariana de Austria, hija de su hermana María Ana, que estaba prometida con Baltasar Carlos. La boda se celebró en Navalcarnero en octubre de 1649 y por fin la corte abandonó el luto establecido hacía cinco años exactos por la muerte de la reina Isabel. Aparte de la diferencia de edad, ya que el novio tenía cuarenta y cuatro años y la novia solo quince, había otra de salud. La joven estaba sana, mientras que el rey se encontraba enfermo y agotado por las tareas de gobierno y también por sus aventuras amorosas con varias mujeres de toda condición, con las que engendró numerosos hijos; incluso se dice que padecía sífilis.

El primogénito de la reina Mariana fue una niña, Margarita Teresa de Austria, nacida en julio de 1651. Casó con Leopoldo I y vivió veintidós años. Después de cuatro angustiosos años, Mariana dio a luz a una niña, María Ambrosia de la Concepción, en diciembre de 1655 que se apagó antes de Navidad. En noviembre de 1657 por fin en el Real Alcázar nació un varón, Felipe Próspero. Se trataba del primer chico desde 1634, Francisco Fernando, que vivió solo nueve meses. El alumbramiento se recibió con enormes fiestas en los reinos de la Monarquía Católica, desde Nápoles a México. A medida que cumplía años y parecía esquivar a la muerte, se repetían las fiestas. Por desgracia, Felipe Próspero era enclenque y padecía alferecías o epilepsia. Su retrato pintado por Velázquez le muestra como un niño de piel blanquísima, casi transparente, por contraste con sus cabellos rubios, y protegido con varios amuletos. Murió el 1 de noviembre de 1661, mientras su madre estaba a punto de salir de cuentas. A los cinco días, nació otro niño, también débil, pero que vivió casi cuarenta años, más de lo que esperaba Europa y por encima de la edad media entonces. De manera curiosa falleció en 1700, el 1 de noviembre, el mismo día que Felipe Próspero.

Carlos II tuvo dos esposas. Con la primera, María Luisa de Orleans, de la Casa de Borbón, estuvo casado diez años, entre 1679 y 1689. Se cree que la mató una apendicitis. A la segunda mujer, Mariana de Neoburgo, la corte la escogió no solo por razones dinásticas, ya que era cuñada del emperador Leopoldo, sino también de fertilidad, pues su madre, Isabel Amalia de Hesse-Darmstadt, dio a luz a diecisiete hijos; ella era la duodécima. Con ninguna de las dos, pudo este monarca concebir un heredero.

Después de la guerra de Sucesión de España (1701-1714), en el siglo XVIII hubo otras dos guerras por motivos dinásticos, la de Polonia (1733-1738) y la de Austria (1740-1748). Cuando el tercer rey de la dinastía Borbón en España, Fernando VI (r. 1746-1759), también murió sin descendencia, la situación no alcanzó la angustia de finales del siglo XVII, ni se produjo una nueva guerra porque la monarquía disponía de un heredero, su hermanastro Carlos, rey de Sicilia y de Nápoles. Nadie discutió su proclamación como rey de España y las Indias, ni los catalanes que habían combatido a su padre, Felipe V. Cuando desembarcó en Barcelona, el nuevo monarca escuchó este grito de bienvenida, «Viva Carlos Tercero, el verdadero», en alusión al pretendiente austriaco que también había tomado el nombre de Carlos III medio siglo antes.

Por cierto, aunque Fernando y su esposa, Bárbara de Braganza, fueron estériles, Carlos III y María Amalia de Sajonia, casados en 1738, tuvieron trece hijos, de los que solo siete superaron la niñez y uno de estos, Felipe Antonio, el varón mayor, fue un deficiente mental al que hubo que apartar de la sucesión. La muerte de la reina, con treinta y seis años, se debió no a fiebres puerperales ni a complicaciones en un parto, sino a la tuberculosis.

Cuando unos diplomáticos conversaban sobre el matrimonio entre Luis XIV y la infanta María Teresa, primos por doble línea, según contó uno de ellos,

> «la charla derivó hacia los perros de caza. Y yo dije, con una sonrisa, que nuestros señores eran parientes muy cercanos y que los cazadores reconocían que si quieres tener perros fuertes debes mezclar pedigrís».[109]

De los seis hijos que engendró María Teresa, solo uno, el primogénito, llegó a la edad adulta. Desde que se establecieron las monarquías nacionales o autoritarias en el siglo XVI, las familias reales jugaron a la ruleta rusa con sus matrimonios y en ocasiones la bala se disparaba.

Las dinastías que quedan, desde Japón a España, ya ni emparentan con sus iguales ni sufren mortandad infantil. Sus matrimonios son por amor, pero no por obligación de conservar el linaje ni por ejemplo a su pueblo. Vulgarizados, como la liturgia y los rituales de la Iglesia católica después del Concilio Vaticano II, ya importan cada vez menos, salvo a la prensa rosa, que vive de sus bodas, de sus fiestas, de sus viajes y hasta de sus divorcios.

---

109 PARKER, Geoffrey: *Carlos V. Una nueva vida del emperador*, Planeta, Barcelona, 2019, p. 619.

Victoria Eugenia de Battenberg, con sus hijos, en 1918. Dos de los varones eran hemofílicos y otro sordomudo.

9. SER ESPÍA ERA SERVIR AL IMPERIO

Hay dos maneras de falsear la historia de España y de su Imperio. Una, la más obvia, es la de negar a los españoles inteligencia, capacidad de gobierno y hasta facultades científicas. El Imperio, según esta escuela en la que militan no solo extranjeros, sino también españoles, se construyó de casualidad, por obra de los banqueros genoveses, de los consejeros flamencos de Carlos I y de los papas, o por simple suerte[110]. Los más soeces de sus representantes pretenden que los aztecas enseñaron a los conquistadores a lavarse o que bastaba el uso del aceite en la cocina para comparecer ante la Inquisición como judaizante. En todo caso, los españoles oscilarían, según el publicista que leyésemos, entre la mentecatez o la vileza, unos seres deformes de espíritu y también de cuerpo. Su consigna es la frase del político republicano Emilio Castelar: «No hay nada más espantoso y abominable que aquel gran imperio español, que era un sudario que se extendía sobre el planeta». Y la mejor manera de vencerla es mediante el conocimiento de los episodios históricos silenciados puestos en relación con lo que sucedía en otras naciones, sobre todo las más admiradas por esta escuela francófila y

110 Carlo María Cipolla afirma que el Imperio español se formó y mantuvo debido a una «increíble serie de golpes de fortuna que habían favorecido a España en aquellos siglos». Cfr. *La odisea de la plata española. Conquistadores, piratas y mercaderes*, Crítica, Barcelona, 1999, p. 23.

anglófila. Así, mientras la Corona española seleccionaba a quienes querían pasar a Indias y se lo prohibía a los que tenían antecedentes penales, la oligarquía inglesa empleó sus colonias para deportar a delincuentes y enemigos de sus regímenes hasta tan tarde como 1868, cuando se abolió ese castigo. En los ochenta años anteriores, es decir, desde 1788, fueron deportados a Australia alrededor de 162.000 convictos masculinos y femeninos[111].

Carlos III estaba convencido de que Inglaterra era el mayor enemigo de España y su Imperio.

111 Enlace consultado el 30 de diciembre de 2023. https://www.nla.gov.au/faq/how-many-convicts-were-deported-to-australia

La otra manera es la de considerar a los españoles seres tan excepcionales, tan generosos y tan inteligentes que casi serían ángeles armados de espadas o de plumas y tinteros. Esta escuela, por ejemplo, se niega a aceptar que en el Imperio se practicó la esclavitud, como en el resto de las civilizaciones. También le sorprende que los reyes, los obispos y los soldados de los tercios, aparte de proteger la fe católica, dedicaran gran parte de su esfuerzo a reunir dinero, precisamente para pagar a esos ejércitos, armadas y misioneros, o bien que los comerciantes y banqueros, así como los cálculos financieros, tuvieran un papel importante, en ocasiones capital, en el gobierno de España. Algunos explican las derrotas y la desaparición del Imperio por la única razón de conjuras siniestras realizadas por extranjeros, sin admitir los errores propios. Su lema es el de Casto Méndez Núñez: «España prefiere honra sin barcos que barcos sin honra». Y si es cierto que Gaspar de Guzmán, conde-duque de Olivares, dijo que «la salvación es todo lo que cuenta —y todo lo demás es vanidad y locura—», también lo es que cayó en el nepotismo, la corrupción y la soberbia. En este grupo se encuentra la afirmación de que los españoles no recurrían a espías, porque entre la espada y el puñal —o el veneno— un verdadero español opta siempre por la primera a riesgo de caer derrotado, pero con honor.

La realidad, como de costumbre, refuta esos tópicos, el de que el espionaje fuera una maña indigna y el de que los españoles no lo practicasen. En su *Discurso de la forma de reducir la disciplina a mejor y antiguo estado*, editado por primera vez en Bruselas en 1589, Sancho de Londoño, maestre de campo de los tercios, daba varios consejos sobre la manera de reprimirlo:

«Que ningún soldado, ni otra persona, habiendo enemigos en campaña, ande en el ejército sin cruz, o banda roja cosida, so pena de castigo arbitrario, porque no trayendo las cruces o bandas, cosidas pueden andar espías seguramente».

«Que ningún soldado, ni otra persona trate, ni hable con enemigo alguno, especialmente en secreto, so pena de la vida».

«Que si algún soldado entendiere que otro sirve de espía, o trata con los enemigos, y no lo descubriere a su superior, incurra en la misma pena del principal».

Y si don Sancho advertía contra los espías se debía a que él y sus camaradas bien sabían cuánto se necesitaban para las victorias y, por supuesto, recurrían a ellos. Al otro lado del mundo, Hernán Cortés y Francisco Pizarro no dieron un paso sin contar con informaciones sobre los aztecas y los incas aportadas por sus aliados o por sus propios espías. Doña Marina no solo era la intérprete de Cortés, sino que incluso le explicaba los engaños de los mensajeros de Moctezuma y de sus caciques.

En esos siglos de guerras casi continuas, las sociedades europeas recelaban de la infiltración de espías. En un momento inoportuno, poco después del magnicidio de Enrique IV (1610), Alonso de Contreras, que era capitán de un tercio de guarnición en Cambray, pidió permiso al archiduque Alberto, gobernador de los Países Bajos españoles, para trasladarse a la isla Malta, donde se iba a celebrar un capítulo de la Orden de los Caballeros Hospitalarios a la que pertenecía. Una vez concedido, penetró en Francia vestido de peregrino. En Chalon sur Saône, fue interpelado por las autoridades porque miraba con demasiada atención las murallas de la ciudad. En la discusión, se le desmontó el bordón, dentro del cual guardaba una espada, «con que acabaron de creer que era espía», cuenta en sus memorias. Se salvó de la tortura y quizás de la horca gracias a otro español, un soldado desertor huido —sí, también hubo españoles desertores y hasta renegados convertidos en piratas—, que allí vivía, y a que llevaba consigo el permiso del archiduque, con lo que pudo demostrar su identidad.

Y es que el delito de espionaje se castigaba con la muerte y el deshonor. Martín de Acuña (*c.* 1540-1585), hijo de un caballero de Santiago y con un hermano mayor que llegó a embajador en Saboya, fue un espía doble. Cuando servía en el ejército como capitán de arcabuceros, los turcos le capturaron en La Goleta en 1574, y le llevaron prisionero a Constantinopla. Se le liberó en 1575 y entonces se ofreció como espía y saboteador al secretario Antonio Pérez del Hierro. Propuso incendiar las atarazanas turcas y se atribuyó haberlo hecho, aunque lo desmintieron otros informantes españoles. A pesar de las dudas, se le recompensó con una pensión y el hábito de caballero de Santiago. Sin embargo, a finales de 1584 fue arrestado en Madrid bajo la acusación de estar en contacto con los enemigos de Felipe II. Se le encerró en el castillo de Pinto, cerca de la capital. Allí había estado presa por unos meses en 1579 Ana de Mendoza de la Cerda, princesa de Éboli, implicada en el asesinato de Juan Escobedo, secretario de Juan de Austria, junto con Pérez, igualmente destituido y procesado en las mismas fechas.

Acuña informaba al embajador de Francia por dinero y, además, se descubrieron cartas suyas dirigidas al almirante Uluch Alí, único de los mandos otomanos superviviente de la batalla de Lepanto, y contrario a la tregua con España.

Un tribunal le juzgó en secreto y le condenó a muerte por traición. Acuña fue estrangulado en su celda en 1585.

Para no alterar su conciencia, algunos españoles preferían no mentir. Y como se movían en ese mundo de espejos y dobleces que eran las cortes extranjeras, sabían que no se les creía y preferían decir la verdad. Por eso, confesó Enrique IV de Ambrosio Spínola después de haber hablado con él en París, «otros engañan con mentiras y este italiano me ha engañado con la verdad».

EL SUPERINTENDENTE DE LAS INTELIGENCIAS SECRETAS

Desde Fernando el Católico a los guerrilleros contra los franceses, todos los españoles que pudieron usaron del espionaje, del engaño y del soborno para salir vencedores contra sus enemigos, a los que en ocasiones —y no se equivocaban— consideraban enemigos de Dios. Los generales que fueron victoriosos, como Gonzalo Fernández de Córdoba, el duque de Alba, Alejandro de Farnesio o el infante Fernando de Austria, se valieron de espías. Pero es que también lo hicieron los monarcas y sin ocultarse ni avergonzarse.

El césar Carlos remitió desde Italia una carta, fechada el 26 de septiembre de 1541, a su virrey de Cataluña, Francisco de Borja y Aragón, para que aumentase el espionaje debido a las tensiones con Francia:

> «Que lo de Perpiñán yo os agradezco lo que decís y el cuidado que tenéis de que aquella frontera esté bien proveída en este tiempo, y así he mandado yo que se

haga, y a don Juan de Acuña, nuestro capitán general de allá, escribo que siempre esté con gran cuidado y vigilancia y tenga buenas espías en Francia para saber lo que se haze y que todo avise al comendador mayor para que con tiempo se provea lo que conviene».

Los soldados de los Tercios tenían que llevar siempre su banda roja para distinguirse de los espías. La regla también se aplicaba a los oficiales y generales, como el cardenal-infante Fernando de Austria.

Su hijo Felipe II escribió en 1568 a Sancho de Leyva, capitán general de las galeras de España, y que había pasado más de dos años prisionero de Solimán en Estambul, donde murieron sus dos hijos, que no reparase en gastos para asegurarse buenos espías:

> «Si hubiere menester algún espía para tener aviso de lo que los enemigos hacen, para poderlos mejor ofender y guardar las galeras (...) os damos facultad para que podáis gastar en lo que conveniere con intención de los dichos vedor y contador, y lo que así se gastare se libre y ate del dinero nuestro que hubiere en las galeras, encargando a vos que os haya en ello moderación».[112]

El rey instruyó a su hermanastro Juan de Austria sobre el empleo de espías cuando se preparaba para combatir a los turcos. Las campañas de la Liga Santa y de la Empresa de Inglaterra supusieron una orgía de dinero gastado en espías. Según los libros de cuentas de Juan Morales de Torres, en diciembre de 1571 —dos meses después de Lepanto— se invirtieron más de 30.000 escudos en informadores; uno de ellos, «cierta persona secreta que no convenía declarar», percibió 672 escudos. Esa cantidad total representaba la cuarta parte de los gastos generales mensuales de la Armada.

Evidentemente, los enemigos de la Monarquía Hispánica también recurrían al espionaje. El catalán Guerau de Spes, embajador español en Londres entre 1568 y 1572, avisó a Felipe II de que un caballero inglés que vivía en la corte española, Robert Huguins, era un espía de la reina Isabel

---

112 GARCÍA HERNÁN, Enrique: «Espionaje en la batalla de Lepanto», *Historia 16*, n.º 332, diciembre de 2003, Madrid, pp. 8-41. De este artículo se toman esta carta y la anterior.

y transmitía sus descubrimientos a través de su criado, llamado Mateo. A este se le detuvo en San Sebastián y se le puso en libertad después un interrogatorio y una revisión de los papeles que portaba. El intérprete llamado por los españoles, John Curton, otro inglés, residente en Bilbao, era también espía isabelino[113].

Tanta importancia tenían los servicios de información en el Imperio que Felipe III los institucionalizó en 1599, pocos meses después de la muerte de su padre, con la creación del cargo de «espía mayor de la corte y superintendente general de las inteligencias secretas» y el nombramiento de Juan Velázquez de Velasco para ocuparlo. Este pasó a desempeñar las funciones que para Felipe II habían ejercido los secretarios de Estado Antonio Pérez y Juan de Idiáquez. El primer «espía mayor», cuyo sueldo ascendía a quinientos ducados anuales, justificó la unificación de todas las «inteligencias» —y de las partidas de «gastos secretos» que las alimentaban— de la siguiente manera:

> «(…) en habiendo división en esta materia de inteligencias no sirven sino de confusión y de ocasión de engaños. (…) Esto es lo que se me ofrece sustancial para servir a Vuestra Majestad en el negocio de más importancia que hay en su real servicio, pues todas las acciones de los Consejos de Vuestra Majestad dependen de saber lo que hacen nuestros enemigos».[114]

---

113 GARCÍA HERRÁN, Enrique: *Irlanda y el Rey Prudente*, Ediciones del Laberinto, vol. II, Alcorcón, 2003, p. 59.

114 AA. VV.: «*Espías. Servicios secretos y escritura cifrada en la Monarquía Hispánica*», Departamento de Difusión del Archivo General de Simancas, Madrid, 2018, p. 24. Se puede descargar en

A don Juan le sucedió en 1613 su hijo Andrés Velázquez de Velasco. El puesto desapareció en el reinado de Felipe IV, porque los validos querían controlar los servicios de información para reforzar su poder en la corte, pero desde luego no desapareció la actividad.

La demanda de información del Real Alcázar y el Consejo de Estado llevó a que algunos avispados se ofreciesen no como espías individuales, sino como directores de una red. Es lo que hizo Diego López Sueyro, descendiente de una familia de judíos portugueses asentada desde el siglo XVI en Amberes, plaza financiera flamenca bajo soberanía española. Hacia 1606 montó una red de informadores que se extendía a las provincias rebeldes y se la ofreció a los embajadores españoles en Bruselas. Formaban la organización otros miembros de su familia y negocio, más los contratados necesarios. El hijo de Diego, Emanuel, empezó a trabajar con su padre y se implicó tanto que abandonó las finanzas y se dedicó por completo al espionaje. La monarquía firmó un contrato con los López Sueyro en 1621 en el cual se comprometía a abonarles 14.500 escudos anuales. Esta cantidad casi triplicaba la partida de la que disponía el general Spínola para los mismos gastos en su ejército, que se limitaba a 5000 escudos[115]. Como los López Sueyro respondían ante el embajador y el Consejo de Estado más que ante la gobernadora Isabel Clara Eugenia, la infanta entorpeció en ocasiones su labor y el cobro de sus honorarios.

---

https://www.cultura.gob.es/cultura/areas/archivos/mc/archivos/ags/destacados/2018/espias.html

115 RETORTILLO ATIENZA, Asunción: «Ambrosio de Spínola: entre la cifra privada y el espionaje durante el reinado de Felipe III», *Studia histórica. Historia Moderna*, vol. 41, n.º 2, 2019, Ediciones Universidad de Salamanca, pp. 242-243.

El marino Jorge Juan sirvió a la Monarquía española
como científico, espía y embajador.

Su trabajo como directores de espías les sirvió a don Diego y a Emanuel para ser reconocidos por la Corona. El padre fue reclamado en Madrid y unos años más tarde se incorporó al Consejo de Hacienda. Su hijo, que quedó al frente de la empresa era, además, matemático y excelente traductor del latín. Se unió a la portuguesa Orden de Cristo, recompensa impensable para quienes consideran descrédito las condiciones de espía, descendiente de conversos y comerciante.

Como los ingenieros o los banqueros, los espías fueron imprescindibles para que los españoles alcanzaran la hegemonía en Europa y la mantuvieran. A continuación conoceremos a algunos de esos servidores del Imperio en puestos tan peligrosos como la primera línea de una batalla. Todos ellos tienen en común su vida en el siglo XVIII, una centuria que, de manera incomprensible, tiene mala fama en España, porque, salvo el final, fue muy fructífera, sobre todo en América.

«EL PAISANO DE JAMAICA»

Un individuo extranjero pide audiencia con un alto funcionario de la corona. Hay guerra y el tiempo es un bien escaso. Sin embargo, precisamente porque hay guerra, su presencia puede ser importante. Al visitante se le franquean las puertas y entra en el despacho del funcionario. Le ofrece a este y a su gobierno darles el plan de ataque del enemigo.

La escena descrita parece el comienzo brusco de una película de espías con más acción individual que trabajo en equipo y más callejones que salas de mapas. Pero así ocurrió. El funcionario español era el gobernador de Cuba y su visitante, de identidad desconocida, recibe en la documentación española el apodo de «Paisano de Jamaica».

Una nueva guerra entre Inglaterra y España había estallado en el otoño de 1739 y el escenario principal era el Caribe. El plan de británico consistía en romper el nudo de comunicaciones entre los virreinatos de Nueva España, al norte, y Perú y Nueva Granada, al sur, y desbaratar el sistema de flotas de Indias. Pocas semanas después de la declaración de guerra, el almirante Edward Vernon tomó Portobelo, en Panamá, pequeña victoria que entusiasmó a los británicos, y regresó a su base, en Jamaica, para preparar su siguiente objetivo: Cartagena de Indias. Vernon mandaba la mayor flota que jamás había cruzado el Atlántico, formada por casi 190 barcos, 15.000 marineros y 12.000 soldados. A la expedición se unieron milicianos de Virginia, entre los cuales destacaba Lawrence Washington, medio hermano de George.

Los detalles que ofreció el «Paisano de Jamaica» solo los podía saber una persona que, además de haber estado en Jamaica y contado las velas, hubiera tratado a algunos oficiales y proveedores de la flota. El gobernador de Cuba mandó el informe al virrey Sebastián de Eslava y al teniente general Blas de Lezo. Y aunque no fue exacto en todos sus pronósticos, contribuyó a que el sitio de la ciudad, en 1741, concluyera con la ya conocida derrota inglesa.

En esos años, los residentes británicos en Jamaica, aunque ricos gracias al azúcar, tenían que enfrentarse a los cimarrones, que controlaban el interior de la isla y aumentaban gracias a los esclavos fugados de las plantaciones. Por ello, el informante podría haber sido «algún comerciante o hacendado muy perjudicado estuviera descontento con la administración británica hasta el punto de querer comprometerla»[116].

Quizás para descubrir la identidad del «Paisano de Jamaica» haya que detenerse en la persona de Juan de Miralles Trayllón (1713-1780). Su padre fue un militar francés que combatió a favor de Felipe V en la guerra de Sucesión y luego se estableció en España. Su profesión de comerciante le condujo a La Habana en 1740, donde llegó rico de la Península y se quedó a vivir. Sus negocios le hicieron viajar por el Caribe, incluso a Jamaica. De la colonia británica dejó por escrito sus quejas sobre el clima húmedo y caluroso de la isla. También practicó el contrabando y el

---

116 RODRÍGUEZ, José Manuel: *El vasco que salvó al Imperio español*, Áltera, 2008, Madrid, p. 182.

tráfico de esclavos. Durante la guerra de independencia de Estados Unidos desempeñó la función de representante de la Corona española ante el Congreso Continental y, además, montó un eficaz servicio de espionaje del que fue figura capital el fraile capuchino andaluz Antonio de Sedella, inquisidor de Nueva Orleans. La maestría que demostró en los años 70 del siglo XVIII, ¿la entrenó en 1740? ¿Pudo haber sido el «Paisano de Jamaica»?, ¿o un inglés a quien conociera de sus negocios y al que persuadió para que informase a La Habana, de manera directa o a través de él? Y otra pregunta más: ¿cómo un comerciante alcanzó semejante puesto y gozó de tantos favores?, ¿confiaban en él los funcionarios reales españoles por los servicios de su padre a la casa de Borbón?

En todo caso, la monarquía española contó con una excelente ayuda gracias al «Paisano de Jamaica». Y las autoridades, en una prueba de que pensaban que ese espía podría volver a ser útil o de simple prudencia, ocultaron la identidad con tanto éxito que hoy solo podemos especular sobre ella.

ROBAR A LOS INGLESES SUS SECRETOS

La recuperación de la Armada constituyó una de las guías de la política borbónica y de sus grandes ministros, como José Patiño y el marqués de la Ensenada. Mariano de Urquijo, que fue brevemente secretario de Estado de Carlos IV, resumió su importancia con una sola frase: «Sin Marina jamás podremos figurar en el mundo».

Concluida la guerra de Sucesión, España tenía dos problemas para recomponer las flotas. Uno era la falta de oficiales capacitados y de marineros para integrar las tripulaciones; y el otro el retraso tecnológico. Los astilleros británicos y neerlandeses superaban en tecnología, calidad y rapidez a los españoles. El nuevo buque que dominaba los mares, el navío de línea, más artillado y más grande, construido para maniobrar y formar largas líneas desde las que cañonear a los enemigos, había dejado desfasado el galeón. Los embajadores españoles habían fracasado en sus investigaciones, por lo que el marqués de la Ensenada optó por la acción encubierta; y para desarrollarla contó con dos de los mejores marinos del siglo XVIII.

Para cumplir sus planes de recuperación de la Real Armada, el marqués de la Ensenada recurrió al espionaje.

El alicantino Jorge Juan y Santacilia (1713-1773) y el sevillano Antonio de Ulloa (1716-1795) se habían dado a conocer cuando, como jóvenes guardiamarinas, ascendidos apresuradamente a tenientes de navío, acompañaron en 1735 a una misión científica francesa a Quito, cuya finalidad era realizar mediciones geodésicas y que demostró que la Tierra se achataba en los polos, mientras se ensanchaba en la línea ecuatorial. En los años siguientes, bajo el mando del virrey del Perú, recorrieron el Pacífico sur para defender las costas españolas de la expedición del almirante Anson. Después de regresar a España, en 1746, año de la muerte de Felipe V, fueron ascendidos a capitanes de navío y publicaron varias obras conjuntas sobre sus experiencias. En cuanto concluyó la guerra de Sucesión de Austria (1740-1748), que encontró a España y al Reino Unido en coaliciones diferentes, el marqués de la Ensenada, secretario del Almirantazgo en el reinado anterior y luego poderoso ministro de Fernando VI, los reclutó para una misión de espionaje industrial.

Durante la guerra pasada, Ulloa había sido capturado y trasladado a Inglaterra. Sin embargo, su condición de científico le benefició. El presidente de la *Royal Society* inglesa, Martin Folkes, le apadrinó como miembro. Al ser tan conocido, no podía regresar a Inglaterra para trabajar como espía. Por tanto, Ensenada envió a Jorge Juan acompañado de dos guardiamarinas, José Solano y Pedro de Mora, escogidos por sus conocimientos de náutica y porque hablaban inglés. Además, Mora contaba con otro camuflaje, el de su aspecto, ya que tenía cabello rubio, piel clara y ojos azules. La misión se preparó al margen de la embajada, dirigida en ese tiempo por uno de los muchos irlandeses católicos y jacobitas instalados en la corte española —y también en la francesa—, Ricardo Wall. A fin de evitar filtraciones, Jorge Juan recibió un cuaderno de cifra propio. Enviaba las cartas cifradas a la embajada y esta las remitía a Madrid. A Wall, que disfrutaba de una brillante vida social gracias a su condición de embajador, le desagradaba el ajetreo del espionaje; por eso describía los planes de Ensenada como «picardigüelas».

A partir de su llegada a Londres el 1 de marzo de 1749, Jorge Juan asistió a debates y conferencias científicos, visitó el observatorio de Greenwich y la *Royal Society* y acudió a recepciones y bailes. Pero otras veces, el capitán de navío y sus dos acompañantes iban a los muelles, los mercados y las tabernas de la ribera del Támesis y se mezclaban con los artesanos y marineros. Entonces, Jorge Juan adquiría la personalidad de «míster Josues», comerciante de vinos, y, cuando la *quemó*, la de «míster Sublevant», un librero ducho en náutica debido a la lectura de los manuales y relatos que entraban en su tienda.

Los extranjeros tenían prohibida la entrada en los arsenales, pero los espías españoles contaron con la ayuda de un sacerdote católico, el padre Lynch, para identificar a los ingenieros y maestros de vela y jarcia que buscaban. A lo largo de un año, Juan contrató bajo palabra a ochenta técnicos, que marcharon con sus familias a Oporto, en Portugal, viejo aliado de Inglaterra, en vez de a Francia o a España. Máscara y dinero, las armas del buen espía.

Su presencia acabó llamando la atención, y el duque de Bedford, ministro de Interior y antes primer lord del Almirantazgo, puso a sus hombres tras esos misteriosos forasteros. De ser descubiertos, podrían ser ejecutados o, si la Corona española los reclamaba, pasar varios años en la cárcel, después de un proceso ignominioso precedido de las torturas refinadas que los ingleses solían reservar para los traidores y espías. Los guardiamarinas escaparon de Londres primero y Jorge Juan lo hizo más tarde porque quería culminar su trabajo y adquirir varios instrumentos científicos modernos. Su disfraz de huida fue el de simple marinero en un barco con destino a Francia y para ocultarse de los ingleses se escondió debajo de unas velas.

Al presentarse en Madrid en junio de 1750, el marqués de la Ensenada le premió encomendándole la erección de los arsenales de Ferrol, Cartagena y La Carraca, a la que dedicó doce años. En ellos, el oficial aplicó un nuevo método de producción llamado «sistema inglés», que pretendía ser un punto medio entre la construcción inglesa, de barcos muy artillados, pero pesados y menos maniobrables, y la francesa, que conseguía lo inverso[117]. Una de las novedades consistió en el labrado previo de las piezas de los barcos, con lo que la calidad era idéntica y la rapidez de montaje mayor. Los maestros y oficiales artesanos venidos de Inglaterra se pusieron a trabajar en los tres astilleros citados, más los de Guarnizo (Santander) y La Habana. El impulso del Gobierno y los nuevos métodos de trabajo hicieron que en el Real Astillero de Esteiro, dependiente de Ferrol, se llegaran a fabricar simultáneamente doce barcos de entre sesenta y ocho y setenta y cuatro cañones. Debido a semejante éxito, los ingleses convirtieron en objetivo el derrocamiento de Ensenada.

Al morir en abril de 1754 el secretario de Estado José de Carvajal, Fernando VI llamó para sustituirle a Ricardo Wall. La adhesión de este —resentido con Ensenada, entre otros motivos, por su condición de simple correo en la misión de Juan—, a la conspiración del duque de Huéscar, jefe de la Casa Real, y el embajador inglés Benjamin Knee, consiguió

117 Posteriormente, ese método se denominó de manera merecida «sistema Jorge Juan».

en julio de ese año que el rey ordenara la detención y el destierro del enérgico secretario de Marina.

En esta misión, a Ulloa le correspondió una parte menos arriesgada. Primero inspeccionó el arsenal de Cartagena, la industria de la seda de Valencia y las obras del puerto de Barcelona. Luego, hasta 1752, viajó por Francia, Suiza, los Países Bajos, Dinamarca, Suecia y Prusia. Los reyes de los dos últimos países le agasajaron. Le impresionó tanto el canal de Languedoc, en Francia, que, con el favor del rey y de Ensenada, comenzó en 1753 la construcción del canal de Castilla. También se implicó en la Casa de Geografía, el Laboratorio Metalúrgico, las minas de azogue de Almadén —fundamentales para obtener la plata indiana— y la fábrica de paños de Ezcaray.

Posteriormente, Juan y Ulloa volvieron a coincidir en Cádiz en la Academia de Guardias Marinas y el Real Observatorio Astronómico. Gracias a ellos y a otros muchos, la Real Armada española fue la segunda fuerza naval del mundo durante el siglo XVIII. Don Jorge prestó otro servicio al rey. En 1767 se le envío como embajador extraordinario ante Mohamed Ben Ismael, sultán de Marruecos, que residía en Marrakech. Entre los asuntos tratados, estuvo el de la recuperación del asentamiento española de Santa Cruz de Mar Pequeña, frente a Canarias.

Jorge Juan y Santacilia, caballero de la Orden de Malta[118], miembro de la Academia de San Fernando, la Academia de

118 Jorge Juan quedó huérfano de padres con tres años. Dos tíos cuidaron de él y le educaron. Uno de ellos, Cipriano Juan, caballero de la Orden Hospitalaria de San Juan, le envió con doce años a Malta, donde fue paje del gran maestre Antonio Manoel de Vilhena e ingresó en la Orden. Los caballeros tenían voto de castidad, por lo que Jorge Juan ni se casó ni tuvo hijos. El marqués de la Ensenada también perteneció a la Orden de Malta.

Ciencias de París, la Academia de Berlín y la *Royal Society*, no consideró que menoscabara su dignidad el espionaje en nombre de su rey.

UN GENERAL DE EE. UU., EL «AGENTE NÚMERO 13»

En la cultura popular de Estados Unidos, la traición máxima se representa con el rostro de Benedict Arnold. Este fue un militar rebelde que se disgustó con el Congreso Continental por aliar las trece colonias con Francia, a la que él había combatido en una guerra anterior. Aunque se había distinguido en la toma del fuerte de Ticonderoga y en la batalla de Saratoga y ya era general, propuso a los ingleses rendirles el fuerte de West Point, que mandaba, a cambio de dinero y el respeto a su grado. Su traición fue descubierta antes de que pudiera cometerla. Se pasó a los británicos para escapar a la horca y combatió a sus compatriotas. Tuvo que huir a Inglaterra.

Desde hace un tiempo, un sector de la historiografía estadounidense pretende que el puesto de mayor traidor corresponde a otro general de su revolución, James Wilkinson (1757-1825), que no llegó a hacer armas contra el Ejército Continental, pero fue espía del Imperio español[119]. Quizás esto último sea lo imperdonable, la relación con españoles. ¡Si se tratase de británicos, tan cercanos culturalmente, o al menos de franceses, siempre tan elegantes!

---

119 Página web de la Biblioteca del Congreso de Estados Unidos, consultada el 6 de enero de 2024. https://blogs.loc.gov/law/2020/04/general-james-wilkinson-the-spanish-spy-who-commanded-the-u-s-army-during-four-presidential-administrations/

Manuel de Godoy, ministro de Carlos IV, envió a Badía a Marruecos.

En los años inmediatamente posteriores a su independencia, Estados Unidos atravesó varias crisis políticas, económicas y territoriales. Los dólares emitidos por unos estados no se admitían en otros; los veteranos de la guerra no cobraban las pensiones prometidas; y se enfrentaban los partidarios de un gobierno federal potente con los partidarios de la soberanía de los estados. Algunos militares hartos le propusieron al general Washington que se proclamase rey. En esos años, la España de Carlos III, con sus secretarías de Estado, sus virreyes, su Real Armada y su

Real de a Ocho, era envidiada por muchos norteamericanos. Semejante desorden animó numerosos contubernios. Al que encabezó James Wilkinson, los historiadores le han dado el nombre de *Spanish Conspiracy*.

Hecha la paz en América, el general Wilkinson decidió convertirse en un hombre de negocios, y en 1784 se trasladó con su familia al territorio de Kentucky, que limita al norte con el río Ohio y al este con el Misisipí. Los colonos querían aprovechar esos ríos para el comercio, pero España, que controlaba la desembocadura del «padre de las aguas», cerró la navegación a los norteamericanos y el débil gobierno de la república no podía hacer nada por sus ciudadanos. Los kentuckianos empezaron a endeudarse y empobrecerse. Para solucionar la disputa, el diplomático español Diego Gardoqui y John Jay, secretario de Estado, comenzaron las negociaciones. Cuando se supo que el Congreso de la Confederación estaba dispuesto a aceptar el cierre del río durante veinte años, los colonos de Kentucky y Tennesse rugieron de ira y muchos amenazaron con formar milicias y atacar a los españoles.

En julio de 1787, Wilkinson envió un cargamento de tabaco y otros productos de Kentucky hasta el puerto español de Nueva Orleans. Cuando el gobernador de La Luisiana, el catalán Esteban Rodríguez Miró, iba a confiscar las barcazas, Wilkinson se presentó como general de la guerra en que ambos habían sido camaradas de armas y le dijo que él podía evitar la agresión de sus paisanos. También se comprometió a poner en juego su influencia para conseguir que Kentucky, que no estaba integrado en la Confederación americana, aceptase unirse a la Corona española con las condiciones de un gobierno local elegido por ellos y libertad religiosa. A cambio, para él pedía una pensión del rey de España y la apertura del tráfico comercial a Kentucky bajo su control.

El general James Wilkinson, espía al servicio de España.

Wilkinson trató de convencer a los kentuckianos de que se proclamasen súbditos de la monarquía, mientras se enriquecía con las comisiones por conseguir el paso de barcazas por el río. Su proyecto y el malestar local se desvanecieron cuando, por fin, los gobiernos de España y EE. UU. firmaron el Tratado de San Lorenzo (1795), que abría a la navegación el Misisipí y establecía la libertad de comercio entre los nacionales de ambos países. Sin embargo, Wilkinson, que seguía pasando de un cargo militar a otro, mantuvo su provechosa relación con España, incluso después de que

Carlos IV cediera La Luisiana al primer cónsul Napoleón (1800) y este la vendiera (1803) al presidente Jefferson.

Para transmitir sus mensajes, Wilkinson usaba una cifra, filas de números en grupos de cuatro, que no se ha podido decodificar. Aparte de contar con su astucia, se benefició de la vigorosa red de espionaje montada por España. Un correo español llevaba 3000 dólares de plata para Wilkinson escondidos dentro de barriles de café y azúcar. El pago no se realizó porque al mensajero lo mataron los cinco tripulantes de la barca en que viajaba para robarle. Los marineros fueron capturados y presentados ante un tribunal en la ciudad de Frankfort, capital de Kentucky; pero eran españoles y no hablaban inglés. Entonces el juez llamó a un intérprete, Thomas Power, que también era espía a sueldo de España. Gracias a Power, Wilkinson se salvó. Los marineros conocían el destino de los dólares y trataron de cambiar sus vidas por las del traidor. El intérprete alteró las palabras de los detenidos y le explicó al juez que solo decían haber matado a su compatriota por avaricia. El juez ahorcó a los cinco sin sospechar de su secreto.

Entre las informaciones que recibía de su parte el virrey de Nueva España, una fue la salida en 1804 desde San Luis (Misuri) de la expedición de los oficiales Lewis y Clark para explorar el norte de La Luisiana y alcanzar el Pacífico. El general recomendó que se les interceptase. Como en México se temía que penetrasen en territorio bajo soberanía española y luego lo reclamasen para EE.UU., se aprobó el consejo de Wilkinson. Desde Santa Fe se envió otra expedición, de una cincuentena de hombres —incluidos indios— mandada por Pierre Vial, para capturar a la primera, pero fracasó. De haber tenido éxito, la colonización del norte de EE.UU. podría haberse retrasado décadas.

Mientras Wilkinson seguía en relaciones con el Imperio español, alcanzó la jefatura del Ejército de Estados Unidos a principios del siglo XIX. Al producirse la invasión napoleónica, los españoles de ambos hemisferios tuvieron que dedicarse a otros asuntos. Algunos aprovecharon el vacío de poder para separarse del Imperio. Y los dólares dejaron de llegar al traidor.

La ambición de Wilkinson era inagotable y su hábito de intrigar, desmedido. En 1804, contactó con Aaron Burr, tercer vicepresidente del país y luego asesino de Alexander Hamilton, uno de los Padres Fundadores, en un duelo, para incorporarse a su conspiración. Burr soñaba con formar un nuevo país con varios estados sureños y parte del territorio español —Florida, Texas—. Después de un incidente con tropas españolas en el puerto fluvial de Natchitoches, cercano a Nueva Orleans, Wilkinson, que ocupaba el cargo de gobernador de La Luisiana recién adquirida, delató a Burr a la vez a sus jefes españoles y estadounidenses.

En un cambio de lealtades propio de los espías que solo buscan satisfacer su propio interés, Wilkinson se presentó en México, durante la guerra de independencia entre este país y su antigua pagadora, España, para reclamar la entrega de tierras en Texas. Al mismo tiempo, pidió al presidente que le nombrase representante diplomático de EE. UU. Falleció en 1825 en la capital de la ya república federal mexicana, donde está enterrado. Los indicios de su traición aparecieron en el siglo XX.

Cabe preguntarse si Wilkinson conocía a Rodríguez Miró antes de visitarle en Nueva Orleans o bien si este tenía referencias del militar felón. La respuesta tal vez se halle en la red de espionaje que levantaron en 1778 el virrey de Nueva España, Antonio María de Bucareli, y el gobernador de Cuba, después de que estallara la guerra contra Inglaterra. Tan amplia era esa red que engullía 53.000 pesos al año[120]. Pudiera ser que uno de sus miembros tantease a Wilkinson y que este informara o recibiera dinero primero de Bernardo de Gálvez, gobernador de La Luisiana entre 1777 y 1783. También le pudo captar o «tocar» Juan de Miralles en Baltimore. Lo innegable es que el Imperio tuvo un espía dentro del Gobierno de Estados Unidos, porque consideraba un posible enemigo por el control del Misisipí y el golfo de México. Compárese con lo que es hoy México.

En la segunda mitad del siglo XVIII, Nueva España era una entidad política bicontinental, que se extendía desde Filipinas hasta Puerto Rico y desde Panamá hasta Santa Fe y el alto Misisipí, además de con espías infiltrados en el Gobierno de Estados Unidos. En el siglo XX, México no solo ha sido una república empequeñecida[121], masónica, corrupta y sometida a una dictadura de partido casi único —el PRI—, sino, además, políticamente sujeta a Washington. Cuatro de sus presidentes, Adolfo López Mateos (1958-1964), Gustavo Díaz Ordaz (1964-1970),

---

120 CHÁVEZ, Thomas E.: *La diplomacia de la independencia: documentos de Benjamín Franklin en España*, Biblioteca Benjamín Franklin, Universidad de Alcalá de Henares, Alcalá, 2019, p. 138.

121 En el momento de la independencia, 1821, México dejó de gobernar sobre Filipinas, Cuba y Puerto, que permanecieron leales a España. Al caer el Primer Imperio, el Reino de Guatemala también se separó para fundar las Provincias Unidas de Centroamérica. En 1836, Texas se escindió. En la guerra contra EE. UU. por la anexión de Texas (1846-1848), la república mexicana fue derrotada y perdió, junto con Texas, los territorios que luego formaron los estados de California, Nevada, Arizona, Nuevo México y Utah, así como partes de Oklahoma, Colorado, Kansas y Wyoming. Y en 1854 México cedió La Mesilla a Estados Unidos.

Luis Echeverría Álvarez (1970-1976) y José López Portillo (1976-1982), fueron, en diferentes grados de intensidad, informantes y colaboradores de la CIA[122]. Así se pasa de señores a vasallos, de libres a esclavos.

¿Le sorprende, amigo lector, que todo lo escrito sobre el espía Wilkinson esté publicado en Estados Unidos y no haya nada en España ni en México?

ALÍ BEY, EL PRIMER CRISTIANO EN LA MECA

A pesar de la cercanía, el interior de Berbería —desde Marruecos a la Cirenaica— era un misterio para los españoles. Poco se sabía de lo que allí ocurría, y la brutalidad y la pobreza de esos pueblos, unidos a sus lenguas —no solo el árabe, sino, también, los dialectos bereberes— y su religión, limitaban los contactos a las embajadas, el comercio y las costas. Marruecos, el más cercano, amenazaba las posesiones españolas en el norte de África; entre 1694 y 1727 había sometido a Ceuta al sitio más largo de la historia. Ya había sido aliado de Gran Bretaña en otras guerras y podía volver a serlo. Por disputas territoriales, el sultán Suleimán, que accedió al trono en 1792, suspendió el comercio con España y Portugal, incluso la venta de trigo que se necesitaba en la Península. Jorge Juan había escrito en sus *Noticias genera-*

122 Cfr. MORLEY, Jefferson: *Nuestro hombre en México: Winston Scott y la historia oculta de la CIA*, Taurus, México, 2011. Este libro describe los vínculos de los tres primeros presidentes citados con el espionaje estadounidense. Los del cuarto, López Portillo, se conocen gracias a documentos desclasificados por la Administración de Archivos Nacionales de Estados Unidos en 2023.

les del reino de Marruecos al regresar de su embajada que una invasión sería fácil.

A Manuel Godoy, señor de España con permiso de los reyes Carlos IV y María Luisa de Parma y de Napoleón, se le presentó una oportunidad de conocer lo que pasaba al sur del estrecho de Gibraltar. En 1801, Domingo Badía y Leblich, se le ofreció para efectuar un viaje de exploración científica y política en África, en el que se haría pasar por árabe. Este era un catalán nacido en Barcelona en 1767 y mudado a Málaga de niño que se había establecido en la corte para encontrar un empleo con el que mantener a su familia, avecindada en Andalucía. Otro motivo por el que Badía se había marchado era el ridículo que había hecho al fracasar su intento de volar un globo en Córdoba. El solicitante demostraba ser un hombre inquieto, al día en los avances científicos europeos y dispuesto a jugarse la vida. Godoy le aceptó, con la condición de que su viaje se centrase en Marruecos, para informar sobre Suleimán y las sempiternas conspiraciones dentro de las dinastías de los países musulmanes.

La Real Academia de la Historia y los funcionarios de los Consejos impusieron a Badía la presencia de un experto acreditado, ya que él no hablaba árabe. Se eligió a Simón de Rojas Clemente, diez años más joven que Badía, y catedrático de lengua árabe. Afortunadamente, ambos se conocían y apreciaban. Con la tranquilidad de que su mujer, María Lucía de la Asunción Berruezo, ya tenía concedida una pensión de la Corona, Badía salió de Madrid el 12 de mayo de 1802, acompañado de Clemente.

Pasaron por París y luego fueron a Londres; en ambos lugares se entrevistaron con eruditos y académicos y compraron diversos instrumentos científicos y libros. Para poder presentarse como musulmán, Badía se hizo circuncidar en Londres por un cirujano. Allí adoptaron sus nuevas identidades y zarparon de Inglaterra convertidos en Alí Bey Abd Allah y Mohamed ben Alí. En una carta al cónsul español en Tánger, escrita en Cádiz en junio de 1803, le explicó su disfraz:

> «Para esas gentes yo seré un siríaco musulmán, educado en Europa desde muy niño, habiendo pasado mi tiempo en el estudio de las ciencias en Italia, Francia, España e Inglaterra, y retirándome ahora a los países de mi religión. La nobleza de mi familia y mi aplicación a las ciencias, me han adquirido amigos en todas partes… casi he olvidado el idioma patrio, pero conservo las oraciones del Corán aprendidas de niño y siempre practicadas, y poseo las lenguas europeas. Tal es el romance que deberemos vender para lograr el gran objetivo de mi misión y nadie podrá identificar cosa contraria, pues desde Londres tomé el traje musulmán y en Cádiz nadie me conoce sino como tal».[123]

Sin embargo, en Andalucía los dos viajeros se separaron. Clemente se quedó en el sur de la Península, aunque mantuvo durante un tiempo su nueva personalidad para no arriesgar la vida de Badía. Al parecer no estaba al tanto del sentido político del viaje. El Gobierno le encargó el estudio de los recursos naturales del antiguo reino de Granada. Alí Bey llegó a Tánger el 29 de julio de 1803 y se presentó con la

---

123 ALMARCEGUI, Patricia: *Alí Bey y los viajeros europeos a Oriente*, Barcelona, Bellaterra, 2007, pp. 45-46.

misma fábula que cuentan los estafadores desde el principio de los tiempos, porque siempre funciona: era hijo de un riquísimo emir sirio descendiente de los califas abasíes, acababa de heredar la fortuna de su padre y, después de haber vivido desde niño en Europa, quería cumplir con el *hach* —la peregrinación a La Meca— y luego quedarse a vivir en uno de los países árabes que conociera.

Retrato de Domingo Badía en el interio del libro en el que narraba sus viajes.

Se convirtió en una novedad en Tánger y los principales de la ciudad le invitaron a sus casas. Mientras tanto, se puso en contacto con los rebeldes al sultán. De pronto apareció en Tánger Suleimán, que quedó fascinado por Alí Bey. Se lo llevó a Fez y luego a Marrakech, donde le regaló un palacio y dos concubinas. «El sultán de Marruecos me trató como a un hijo y me revistió con su túnica para que todos vieran la estima en que me tenía», escribió Badía. Maravillado con las noticias que recibía, Godoy mandó reunir 9000 o 10.000 soldados en Ceuta para lanzar una ofensiva cuando se sublevasen los conspiradores y se recibiese la señal convenida por Badía.

Sin embargo, el valido informó del plan a Carlos IV, que ordenó suspenderlo porque no quería provocar otra de esas detestables revoluciones como la que había cortado la cabeza a su primo francés o porque comprendió que París y Londres, cuyas autoridades estaban enteradas del viaje, no iban a permitir que España controlase las dos orillas del Estrecho. Mientras tanto, Badía solicitó a Godoy que se le nombrase brigadier del Real Ejército, petición que se le concedió en agosto de 1804.

En diciembre de ese año, España declaró la guerra a Gran Bretaña por el ataque traicionero de una escuadra inglesa a cuatro fragatas que venían de América con caudales y mercancías en la batalla del cabo de Santa María. Y entonces el monarca autorizó el derrocamiento de Suleimán, más aliado del Reino Unido que de España y Francia. La orden se acompañó del envío de 10.000 duros. Vuelta a empezar con conspiradores que ya desconfiaban de sus aplazamientos y promesas. Para salir del atolladero, Badía trató de convencer al sultán de que dictase una constitución política. Suleimán se cansó de su invitado y le conminó a abandonar su reino si de verdad quería peregrinar a La Meca. En uno de sus mensajes le advirtió: «Este país no te soportará por tu modo de hablar»[124]. En su viaje a lo largo del Mediterráneo, Alí Bey saboteó los movimientos de los ingleses… o eso contaba.

---

124 ALMARCEGUI, Patricia: *Op. cit.*, p. 57.

Alcanzó las ciudades santas del islam, cuya localización exacta era desconocida, en enero de 1807. Fue el primer europeo en entrar en La Meca desde el italiano Ludovico de Varthema, que lo hizo a principios del siglo XVI, y el inglés Joseph Pitts, capturado por piratas berberiscos en 1678, que la visitó como criado. Estos dos viajeros se habían convertido al islam, cosa que Badía no hizo, por lo que le cabe el mérito de haber sido el primer cristiano. Pasó en La Meca treinta y ocho días sin que se descubriera su impostura, que le habría causado la muerte. Sus descripciones de los ritos de los peregrinos y de las ciudades, mucho más exactas y prolijas que las precedentes —incluía mapas, dibujos y medidas—, sirvieron de guía a otros exploradores. También dio a conocer en Europa a la secta de los *wahabitas*, que hoy controlan Arabia Saudí, porque poco antes de llegar él habían conquistado La Meca, aunque luego los turcos la recuperaran.

En Tierra Santa se fijó en el uso que hacían los franciscanos españoles de los fondos enviados por Madrid y lo criticó en un informe posterior. Camino de Estambul, presumió en sus memorias de haber descubierto y desmantelado en Siria una red de comunicaciones y espionaje de los británicos.

Cuando Badía llegó a París en abril de 1808, sus protectores habían perdido el poder. En marzo, a Carlos IV lo había derrocado su hijo Fernando VII y Godoy estuvo a punto de ser linchado. Los franceses estaban preparándose para convertir a España en un satélite. Alí Bey se encontraba en Bayona en mayo cuando Napoleón obligó a los Borbones a entregarles la Corona de España y se diseñó el régimen de ocupación. En una audiencia celebrada el 12 de mayo, Badía describió a Napoleón su viaje a Marruecos y le propuso dirigir una invasión del país[125]. El emperador había quedado fascinado con Oriente durante su estancia en Egipto (1798-1799), fecunda en frases y escasa en triunfos; pero si Badía pretendía seducirle, no lo consiguió. Bonaparte mandó a un oficial de su ejército a Marruecos a comprobar las afirmaciones del viajero catalán y a este a la corte de su hermano, que necesitaba funcionarios de confianza.

José Bonaparte le nombró intendente de Segovia, y en abril de 1809 prefecto de Córdoba. Mientras rugía la guerra de Independencia, Badía redactó la crónica de su viaje. La victoria de los patriotas le obligó a abandonar España y refugiarse en Francia. Allí se publicaron en 1814 los cuatro tomos de su *Voyages d'Alí Bey el Abbassi en Afrique et en Asie*, que tuvo un éxito inmediato, con traducciones al alemán, italiano e inglés al año siguiente. Al estar considerado un traidor en España, su libro se editó una vez muerto Fernando VII, en 1836.

Liberado de obediencias políticas y con la fama que le dio su libro como presentación, propuso al gobierno de Luis XVIII su apoyo para realizar un viaje científico en el que recorrería Estambul, Damasco, La Meca, Sudán y el Senegal. Una vez completado, en lo que tardaría tres años, entregaría todos sus documentos y diarios. A cambio, pedía que su hijo, oficial en el Ejército español, ingresara con el mismo grado en el francés, el pago de 3000 francos a su mujer por cada año de ausencia y un salario anual de 10.000 francos para él.

---

125 Otro español que estuvo en Bayona en esas semanas deplorables fue el capitán de fragata Miguel Ricardo Álava y Esquivel, que se pasó a la guerra contra los franceses. Le dedicamos un capítulo más adelante.

El día de los Reyes Magos de 1818 comenzó este segundo viaje, con otro nombre, Alí Otmán, pero no pasó más que de las primeras etapas. Todo en él, incluso su muerte, fue propia de quien se había envuelto en capas de nombres y de historias. Se sabe que ocurrió en Siria, aunque se duda entre Damasco, Alepo o una aldea. La causa se atribuye a la disentería, pero también se menciona un envenenamiento realizado por cuenta de la inglesa Hester Stanhope, sobrina de Pitts, otra enamorada por lo árabe, con la intención de eliminar a un espía francés. Por último, según el franciscano catalán Vilardell, que le conoció en Tierra Santa, se le negó entierro en un cementerio musulmán porque al amortajarle apareció en su camisa una moneda o medalla en la que aparecía grabada una pequeña cruz. Alí Bey fue Domingo Badía hasta el final[126].

126 A este viajero se le recuerda en Córdoba con una plaza con su nombre cristiano, Domingo Badía. En Cataluña tiene sendas calles en Barcelona y Castellar del Vallés, pero con el nombre musulmán que escogió.

10. CÓMO CASTILLA PERDIÓ A SU ALMIRANTE

Una de las facultades de la soberanía real es la concesión de mercedes y honores. Los Reyes de España premiaron a sus mejores vasallos con títulos, aparte de con concesiones económicas y pensiones, que doran los blasones y evitan que se oxiden. La vía del ascenso social y del ennoblecimiento en el Imperio la constituían los servicios extraordinarios a la Corona.

A Hernán Cortés, el emperador Carlos le nombró por una real cédula de 15 de octubre de 1522 gobernador y capitán general de la Nueva España y el 6 de junio de 1529 le concedió 23.000 vasallos, repartidos en veintidós villas, y le dio el título de marqués del Valle de Oaxaca. Nunca le nombró virrey, por miedo a que el conquistador «se alzase con la tierra», como se decía entonces. Además, el papa Clemente VII legitimó a tres hijos suyos, Martín, Catalina y Luis, en una bula dictada en 1529.

El otro gran extremeño del siglo XVI, Francisco Pizarro, era un bastardo abandonado por su padre, un hidalgo que peleó en Italia, y en su infancia tuvo que cuidar cerdos. Pasó a Indias y allí, cumplidos los cincuenta, entró en la historia al conquistar el Perú. En 1539, otra cédula del emperador le otorgaba un marquesado, sin nombre. Poco lo disfrutó, porque fue asesinado por los partidarios de Diego de Almagro en junio de 1541. A sus descendientes, la Corona les permitió completar el título, que quedó así: marquesado de la Conquista.

Después de retornar de su viaje de circunnavegación del mundo en 1522, Juan Sebastián Elcano pidió a Carlos que le nombrase capitán mayor de cualquier armada que se volviese a enviar a las islas de las Especias y la concesión del hábito de caballero de la Orden de Santiago, como el que había recibido Fernando de Magallanes poco antes de partir en la expedición. El monarca rechazó ambas peticiones, seguramente porque eran demasiado elevadas para un pescador y marinero, pero le otorgó una pensión de quinientos ducados anuales de por vida. Al morir en el Pacífico en 1526 se le adeudaban varios pagos, como dejó escrito en su testamento.

Los tres soldados que capturaron a Francisco de Francia en Pavía, Juan de Urbieta, Diego de Ávila y Alonso Pita da Veiga recibieron recompensas del prisionero por haberle protegido la vida. Más tarde, Carlos V les concedió privilegios de hidalguía. Urbieta siguió en el ejército, ascendió a oficial e ingresó en la Orden de Santiago.

El pintor Tiziano recibió del césar Carlos en 1533 los títulos de conde palatino y caballero de la Espuela de Oro, solo unos pocos años después de haberse conocido. El servicio del italiano al emperador consistió en unos soberbios retratos.

Ambrosio Spínola, que no era súbdito de la Monarquía Hispánica, ya que descendía de una de las familias de banqueros que controlaban la república de Génova, se ofreció como general a Madrid. Su maestría en el mando de ejércitos y la gestión de la intendencia en Flandes, que le supusieron victorias como la de Breda (1625), llevó a Felipe IV a concederle el marquesado de los Balbases y el Toisón de Oro.

Una persona de origen humildísimo como Zenón de Somodevilla en 1736 recibió del infante Carlos, ya coronado rey de Nápoles y de Sicilia, el marquesado de la Ensenada a los treinta y cuatro años de edad. No sirvió jamás en ningún ejército ni armada, ni fue cortesano, pero su acertado trabajo burocrático en varias secretarías, sobre todo en la de Marina, le convirtieron en uno de los políticos más poderosos de España. Representa el desplazamiento de los viejos linajes por parte de los golillas en la monarquía de los Borbones. Otro funcionario premiado con la nobleza fue José Moñino, al que Carlos III dio el condado de Floridablanca.

El general Pablo Morillo fue uno de los últimos defensores del Imperio, vencedor de los independentistas en Nueva Granada. Por la recuperación de Cartagena de Indias y la batalla de La Puerta, en la que hizo huir a Simón Bolívar, a este hijo de campesinos de un pueblo de la comarca de Toro, Fernando VII le concedió los títulos de conde de Cartagena y marqués de La Puerta, por real orden de 17 de diciembre de 1819.

En alguna ocasión el agraciado no era el hacedor de la hazaña, sino su hijo. Así le ocurrió al almirante Blas de Lezo y Olavarrieta, que había sido censurado por el virrey Eslava después de la batalla de Cartagena de Indias. Blas de Lezo y Pacheco insistió en reivindicar en la corte las proezas y sacrificios que había realizado su padre a lo largo de su vida como oficial de marina. En su recuerdo, Carlos III creó en 1760 el marquesado de Ovieco y se lo entregó a su primogénito. Este también fue uno de los primeros en ingresar en la Orden de Carlos III.

Y los Colón tuvieron que pleitear contra los reyes Fernando de Trastámara y Carlos de Habsburgo para obtener los títulos y las mercedes prometidas en las Capitulaciones de Santa Fe, cuando nadie sospechaba que don Cristóbal fuese a descubrir un continente entero. Para sorpresa de quienes hoy afirman que lo democrático es que los políticos elijan a los jueces, los Colón ganaron esos juicios.

Al emperador Carlos VI le apoyaron varios de los principales títulos españoles.

Cuando el Imperio ya se había desvanecido, los reyes españoles siguieron usando los títulos como recompensa, aunque ajustados a una situación lastimosa. Así, ennoblecieron a generales cuyas victorias lo fueron contra otros españoles en las guerras civiles del siglo XIX. Isabel II concedió el ducado de Valencia a Ramón Narváez, el ducado de la Victoria a Baldomero Espartero y el condado de Lucena a Leopoldo O'Donnell. La Corona española copió las costumbres que tenía la inglesa desde el siglo XVII y convirtió en aristócratas a financieros corruptos, como el marqués de Salamanca, a negreros, como el marqués de Álava, y a amantes reales, como el duque de Riánsares. Al menos, no repartió títulos a piratas.

El Rey, fuente de todos los honores, también podía retirarlos en circunstancias gravísimas. Entre las conmociones que causó la guerra de Sucesión española, aparte de la mutilación del territorio de España y las alteraciones geopolíticas, en el ámbito de las mercedes reales no solo dividió la Orden del Toisón, sino que supuso la supresión de tres títulos tradicionales, uno asociado a la Corona, el principado de Gerona, y dos cercanos a ella, la almirantía y la condestablía de Castilla.

EL PRINCIPADO DE GERONA, CREADO CONTRA LOS CONDES CATALANES

En la Alta Edad Media los monarcas tenían un concepto patrimonial de sus reinos y estados, lo que les llevaba a repartir estos entre sus hijos o entregarlos en dotes matrimoniales de sus hijas. El último caso en España fue el de Jaime I (r. 1213-1276), que dictó cuatro testamentos en los que hacía diferentes repartos de los estados de la Corona de Aragón entre sus hijos. En la Baja Edad Media, con el asentamiento de las instituciones públicas que luego originaron los Estados, se separó la persona del monarca de la propiedad del reino; ambos pasaron a tener personalidades jurídicas diferentes: el reino no es propiedad del monarca y este no puede administrar aquel como si fuera su casa.

Una de las consecuencias de este nuevo modo de pensar fue la selección entre los hijos de cada rey de uno solo como heredero del reino completo; por lo general, el primogénito varón. Una manera de distinguir al heredero y asociarlo al gobierno del reino, como habían hecho varios monarcas godos, consistió en la concesión de un título especial y único, fortalecido con el juramento por parte de los nobles y las cortes y parlamentos de obedecerle y reconocerle como sucesor. En 1301 el rey inglés Eduardo I instauró el título de príncipe de Gales para su hijo Eduardo, futuro Eduardo II, y como medio para asegurar la soberanía en el recién conquistado país. En 1343, el heredero de la corona de Francia pasó a gobernar la región del Delfinado, que se convirtió en título personal sin prerrogativas territoriales.

Con estos precedentes, el rey Pedro IV de Aragón, llamado «el Ceremonioso», concedió a su hijo recién nacido, el infante Juan, el título de duque de Gerona. Era el primer hijo que tenía con su tercera mujer, la princesa Leonor de Sicilia. El niño había nacido el 27 de diciembre de 1350 y recibió el título el 21 de enero, antes de cumplir el mes de vida. Según la real pragmática, el nuevo ducado estaba integrado por la ciudad de Gerona y las de Manresa, Vich, Besalú, Berga, Santpedor, Camprodón, Castellfollit, Torroella de Montgrí, Pals, Figueras y el vizcondado de Bas, así como los castillos, villas y lugares que dependían de las respectivas vicarías, bailías y procuraciones. Firmaron como testigos de la pragmática importantes personajes que habían respaldado a Pedro IV en los conflictos con su hermanastro, el infante Fernando, y los nobles que deseaban mantener sus privilegios.

El rey Pedro, que había participado a principios de su largo reinado (1336-1387) con Alfonso XI de Castilla en la reconquista de Algeciras y el sitio de Gibraltar, deseaba asegurar la posición de su heredero. Además, con la erección del ducado, rompía la base jurídica de las antiguas entidades nobiliarias catalanas, consistentes en condados y vizcondados. Por último, el rey de Aragón y conde de Barcelona mostraba su soberanía sobre los notables catalanes: podía otorgar títulos superiores al rango de conde, como duque o marqués, y con jurisdicción sobre territorios catalanes. En las Cortes celebradas en Monzón en 1363, durante la guerra contra Pedro I de Castilla, el infante Juan fue nombrado por su padre lugarteniente general del reino; y en 1365, a los catorce años de edad, recibió la administración completa del ducado. En las décadas siguientes, al heredero de la Corona de Aragón se le vincularon otros títulos: conde de Cervera —creado en 1371 por Pedro el Ceremonioso para su hijo Juan—, duque de Montblanc —creado por Juan I en 1387 para su hermano Martín— y señor de Balaguer —dado por Fernando I en 1416 al infante Juan, futuro Juan III—.

Además de estos títulos del *Casal d'Aragó*, los monarcas de la Casa de Austria usaron para sus herederos los títulos de príncipe de Asturias, creado en 1388 por Juan I de Castilla para su heredero, el futuro Enrique III, y el de príncipe Viana, creado por Carlos III de Evreux en 1423 para su nieto Carlos, llamado por esa razón Carlos de Viana.

Felipe V, que convocó las últimas Cortes aragonesas y catalanas para ser jurado como rey, en 1702, suprimió tanto estos Parlamentos estamentales debido a la traición de muchos de los miembros de estas instituciones al apoyar al pretendiente Habsburgo después de haberle reconocido a él como monarca[127]. La abolición foral abarcó los títulos reales aragoneses. A partir de entonces, el heredero ostentó un único título, el de príncipe de Asturias, salvo los pocos años en que Juan Carlos de Borbón fue heredero del general Franco a título de rey, en que llevó el título de príncipe de España. La Corona recuperó su tradición mediante el Real Decreto-Ley 54/1977, de 21 de enero. En su único artículo, la norma establecía que a Felipe de Borbón y Grecia le correspondía el título de príncipe de Asturias, y añadía:

> «También le corresponden los otros Títulos y Denominaciones usados tradicionalmente por el Heredero de la Corona».

No se enumeraban esos títulos, pero cabe deducir que se referían a los correspondientes a las Coronas de Aragón y Navarra. Ya bien asesorado, el personal de la Casa Real, los dos herederos de la Corona sucedidos desde 1977, han

127 La última convocatoria de las Cortes valencianas fue en 1645, por Felipe IV. En el siglo XVIII, las Cortes de Castilla y León solo se reunieron tres veces. En 1701 para jurar al duque de Anjou como rey. En 1760, al comienzo del reinado de Carlos III. Y la última de ellas en la primavera de 1789, recién empezado el reinado de Carlos IV, para jurar al príncipe Fernando, de cinco años de edad, como heredero y derogar las normas de sucesión a la Corona aprobadas por Felipe V, sin Cortes, y que habían introducido la ley sálica, contraria a la tradición española. El rey las clausuró en octubre por miedo a que se contagiaran de la agitación en Francia y se declararan en asamblea en imitación a los Estados Generales. Una de las consecuencias es que la Pragmática Sanción de 1789, que volvía el derecho sucesorio de la Corona a su tradición, no se publicó oficialmente, aunque las Cortes la aprobaron. A este vacío legal se aferró el infante Carlos María Isidro en 1833 para reclamar su derecho al trono en detrimento de su sobrina Isabel II.

usado los principados de Asturias, de Gerona y de Viana, que no son uno solo, sino tres[128].

Más o menos, lo mismo ocurrió año y medio más tarde, en la Constitución, cuyo artículo 56.2 dice sobre el Jefe del Estado:

> «Su título es el de Rey de España y podrá usar los demás que correspondan a la Corona».

El sepulcro de Pedro Fernández de Velasco, en la catedral de Burgos.

---

128 El periodista Juan Balansó afirma que la Casa Real en los años 70 del siglo XX desconocía cuáles eran los títulos del rey y del príncipe heredero, motivo por el que le consultaron. Cfr. BALANSÓ, Juan: *Los diamantes de la Corona*, Plaza y Janés, 1999, pp. 232-234.

¿Cuáles son? A diferencia de lo sucedido con los títulos del heredero, los del rey no están enunciados en ninguna norma legal. Por eso, el padre de Juan Carlos I siguió usando el condado de Barcelona, asociado a la persona del rey. De vez en cuando, se recuerda que uno de esos títulos es el de Rey de Jerusalén. Títulos que no son simplemente honoríficos o históricos, sino efectivos, son los de soberano de la Insigne Orden del Toisón de Oro, gran maestre de la Real Orden de Carlos III y gran maestre de la Real Orden de Isabel la Católica.

EL HIJO DESOBEDECE AL PADRE Y PIERDE EL TÍTULO

Como ya ocurrió al venir a España Carlos de Austria, la implantación de una nueva dinastía acarreó castigos para los cabecillas del movimiento que se opuso a ella con las armas. Después de la victoria del bando borbónico, numerosos españoles, tanto de la Corona de Aragón como de la de Castilla, huyeron y, aunque se les confiscaron sus bienes, al menos salvaron sus vidas. Los desterrados esperaron, como los jacobitas irlandeses y escoceses asentados en Francia o España tras el derrocamiento de los Estuardos católicos, un pronto retorno. La muerte de la reina Ana en 1714 dio lugar a la instauración de una dinastía extranjera en el Reino Unido y la de Luis XIV en 1715 elevó al trono francés a un niño de cinco años. Por tanto, la situación internacional podría girar a favor de Carlos VI y permitirle recomponer el Imperio de Carlos V. Al Borbón, que se había ganado el apodo de «el Animoso» durante el conflicto, en la documentación de la corte imperial se le llamaba «el

Usurpador». Ante estas amenazas y traiciones, Felipe V, como su lejano predecesor, también castigó a los desleales que le habían recibido como monarca hasta que estalló la guerra, y por ello extinguió dos títulos centenarios.

Condestable era el título que varias monarquías europeas usaron para el jefe de sus ejércitos en la Edad Media. Hoy equivaldría a mariscal, capitán general, generalísimo o —gracias a la omnipotencia anglosajona— comandante en jefe. Se encargaba de tener tropas de a pie y de a caballo alistadas y entrenadas, de cuidar de que hubiera dinero para pagar las soldadas y de inspeccionar los castillos y las fortalezas. En Castilla, además, ejercía de lugarteniente del reino en ausencia del monarca. Su importancia se simbolizaba con la entrega por el rey de una espada en una ceremonia.

El primer condestable fue Alfonso de Aragón, marqués de Villena, designado como tal por Juan I en 1390. En seguida, el cargo se convirtió en deseo de cortesanos y favoritos por su cercanía al soberano. Lo ocuparon Álvaro de Luna y Miguel Lucas de Iranzo, dos plebeyos que pagaron con la vida su rápido ascenso. El primero fue decapitado en Valladolid en 1453 después de una parodia de juicio, y el segundo, asesinado en 1473 en la capilla mayor de la catedral de Jaén. Ese mismo año, Enrique IV concedió la condestablía a Pedro Fernández de Velasco y Manrique de Lara, conde de Haro, descendiente de uno los principales linajes de la nobleza castellana. En la guerra de sucesión de Castilla entre las infantas Isabel y Juana, el condestable se puso del lado de la primera y de su marido Fernando, rey de Sicilia y príncipe heredero de Aragón. También participó en la reconquista de Granada y destacó en la campaña de 1485, que culminó con la toma de Ronda. A partir de entonces, el título se convirtió en hereditario en la casa de Velasco.

A Bernardino Fernández de Velasco (1462-1515), la reina Isabel le reconoció la condestablía, recibió el ducado de Frías y casó con una hija ilegítima de Fernando el Católico, con lo que entroncó con la realeza. En 1497, los Reyes Católicos le nombraron capitán general de la frontera de Navarra, de Vizcaya y de Guipúzcoa por miedo a un ataque francés. Por su poder y riqueza se le apodó «el Gran Condestable». Le sucedió su hermano, Íñigo. Este apoyó, junto al almirante de Castilla y el duque de Alba, el retorno del rey Fernando tras la muerte de Felipe I, y luego anudó los vínculos de su familia con la dinastía de Austria. Fue uno de los primeros españoles en ingresar en la Orden del Toisón, en el capítulo de Barcelona, y durante la rebelión de los comuneros, una vez nombrado por Carlos I gobernador de Castilla, él y su hijo Pedro Fernández de Velasco y Tovar reunieron tropas y combatieron a los rebeldes.

Este último, cuarto condestable, fue en 1535 padrino de bautismo de la infanta Juana, junto con su hermano, el príncipe Felipe, y su tío, Luis Filiberto de Saboya. Aportó dinero y soldados para la Jornada de Argel. Como su esposa, su prima hermana Juliana Ángela de Velasco, era estéril, en 1542 obtuvo del emperador la legitimación de sus cuatro hijos bastardos, tres varones y una muchacha.

Los siguientes condestables sirvieron a la Monarquía Hispánica en puestos de enorme importancia. Desempeñaron los gobiernos del Milanesado y de los Países Bajos, virreinatos en España, presidencias y asientos en varios de los Consejos, la embajada de Roma, capitanías generales, cargos palaciegos…

El sexto condestable y quinto duque de Frías, Juan Fernández de Velasco (c. 1550-1613), fue camarero mayor de Felipe II y copero mayor de Felipe III. Desempeñó en tres períodos el cargo de gobernador del Regio y Ducal Estado de Milán; en el segundo de los cuales acompañó a la archiduquesa Margarita de Austria en su viaje a España para casar con Felipe III. Su hermana Juana de Velasco entró en la intimidad real como camarera de la nueva reina. Fue consejero de Estado y de Guerra desde el principio del reinado de Felipe III. Encabezó la delegación española que negoció en Londres el tratado de paz de 1604 entre Inglaterra y España, favorable a esta última. Y presidió el Consejo de Italia entre 1600 y 1612, puesto que solo abandonó pocos meses antes de su óbito.

La cercanía de esta casa a los reyes llevó a que Íñigo Melchor Fernández de Velasco fuese nombrado mayordomo mayor de Carlos II cuando este alcanzó la mayoría de edad en 1676. En ese puesto, acompañaba a diario al monarca. Junto con el condestable de Castilla y otros aristócratas, participó en la caída de Fernando Valenzuela. Al fallecer sin hijos varones en 1696, el título y el mayorazgo pasaron a su sobrino.

José Manuel Fernández de Velasco y Tovar, octavo duque de Frías y décimo conde de Haro, apoyó como miembro del Consejo de Estado la designación hecha por Carlos II del duque de Anjou como su heredero. Durante la guerra posterior siempre se negó a prestar promesa al archiduque. Era tal su intimidad con el nuevo rey que el cabildo de la catedral de Burgos le pidió en 1707 que solicitara a Felipe V el envío a la ciudad de las banderas capturadas al ejército austracista en Almansa. Murió en 1713, con setenta y nueve años, y su hijo Bernardino le habría sucedido sin problemas, pero este formaba parte de la corte de Carlos y se exilió al final de la guerra. Ese mismo año, Felipe V ordenó que se le confiscasen sus bienes y que la capilla de su familia en la catedral pasase a estar bajo el patronato real.

Gracias a una amnistía pactada entre el rey Felipe y el emperador Carlos, que explicamos más adelante, don Bernardino pudo regresar a España y recuperar sus títulos y hasta la titularidad de la capilla, pero no la condestablía.

Felipe V concede el collar del Toisón de Oro al Duque de Berwick - Jean Auguste Dominique Ingres.

LEALTAD A LOS AUSTRIA HASTA LA MUERTE

El cargo de almirante de Castilla lo estableció en 1248 Fernando III, rey de Castilla y de León, poco después de la reconquista de Sevilla. El primer titular fue el burgalés Ramón Bonifaz, un comerciante y marino experimentado, al que el monarca había encargado el alistamiento de una flota para controlar el río Guadalquivir. Las obligaciones del almirante consistían en construir atarazanas, llevar al día las matrículas de los barcos que hubiera en el reino, listar los marineros útiles que podían reclutarse, cuidar de los puertos y sus fortificaciones, ser autoridad judicial...

Un almirante, Fernando Sánchez de Tovar, murió en el sitio de Lisboa (1384) y su hijo, Juan Fernández de Tovar, cayó en la batalla de Aljubarrota (1385), un desastre castellano frente a los portugueses dirigidos por el rey Juan I y su condestable, Nuno Álvarez Pereira.

Enrique III en 1404 dio el oficio a Alfonso Enríquez, primer señor de Medina de Rioseco, hijo bastardo del gran maestre de Santiago, Fadrique Enríquez, y por tanto nieto del rey Alfonso XI. Su esposa, Juana de Mendoza, la «ricahembra de Guadalajara», era hermana del anterior almirante, Diego Hurtado de Mendoza. A partir de entonces, y por espacio de tres siglos, la almirantía de Castilla permaneció en una misma familia. Se convirtió en un título cortesano, aunque dotado con enormes rentas para su titular.

De los once Enríquez que ostentaron esta dignidad, Fadrique Enríquez de Velasco (1460-1538) fue el más importante para la grandeza de su linaje. En la guerra de Granada participó en el cerco de Baeza y el sitio naval a Málaga. Los Reyes Católicos le confiaron la armada que llevó a la infanta Juana a Borgoña y regresó con la princesa Margarita, futura esposa del príncipe Juan. Alojó en su palacio de Valladolid en 1502 a doña Juana y al archiduque Felipe cuando vinieron a Castilla para la jura como heredera. En la crisis de la monarquía que siguió a la muerte de la reina Isabel, don Fadrique se acercó siempre al poderoso en ascenso para aumentar su fortuna, fuese Felipe el Hermoso,

Fernando el Católico o Carlos I. Puso sus mesnadas a disposición del rey Fernando para la conquista de Navarra (1512). Como al condestable Fernández de Velasco, el rey Carlos le incorporó a la Orden del Toisón en 1519. Y luego ellos dos, más el cardenal Adriano de Utrecht, formaron el consejero de regencia que combatió a los comuneros. Carlos y su esposa, la emperatriz Isabel, lo apartaron de la corte por sus ambiciones, pero no le molestaron.

Cuando el emperador regresó a España después del triunfo resonante de Pavía (1525), don Fadrique acudió a felicitarle y, desde la experiencia de sus sesenta y cinco años, le dio el siguiente consejo. Era su ocasión de acabar con Francia, puesto que tenía preso al mayor príncipe de la Cristiandad, «una joya difícil de guardar». En cuanto pudieran, los franceses, que no solían perdonar afrentas menores, buscarían la revancha de esta, a fin de cuentas mucho mayor. El mismo consejo le dio el infante Fernando. Pero Carlos, movido por su espíritu caballeresco, no lo siguió[129]. Treinta años más tarde, en su retiro en Yuste, había aprendido la lección y se asombraba de que su hijo no marchara sobre París después de la batalla de San Quintín.

Al morir sin descendencia directa, los títulos pasaron a su hermano Fernando Enríquez. El emperador elevó el señorío de Medina de Rioseco al rango de ducado.

Luis Enríquez de Cabrera, séptimo almirante, acompañó a Felipe II en su viaje a Inglaterra para contraer matrimonio con la reina María Tudor en 1554, y el rey le concedió el Toisón. El noveno almirante, Juan Alfonso Enríquez de Cabrera y Colonna, desempeñó los virreinatos de Sicilia y Nápoles entre 1641 y 1646.

---

129 FERNÁNDEZ ÁLVAREZ, Manuel: *Historia de España Menéndez Pidal*, t. XIX, Espasa-Calpe, Madrid, 1989, p. 528.

Durante el reinado del débil y estéril Carlos II, la corte se dividió en varias facciones. El décimo almirante, Juan Gaspar Enríquez de Cabrera y Sandoval, miembro de los Consejos de Estado y de Guerra, había conspirado antes contra el conde-duque de Olivares y ahora tomó partido por la reina Mariana de Austria, regente desde la muerte de Felipe IV. En 1677, el partido opuesto a la camarilla de la reina tomó el poder mediante un golpe de fuerza encabezado por Juan José de Austria. Este impuso a su hermanastro Carlos II que desterrase de Madrid a la reina, al almirante, al condestable, a los duques de Medinaceli, Osuna y Monterrey y a otros linajudos. Más tarde fueron todos indultados y Enríquez de Cabrera regresó a la corte, donde prosiguió con sus tejemanejes. Gran coleccionista de arte y mecenas, fundó en 1683 el Convento de San Pascual en el Paseo de Recoletos de Madrid, junto a su palacio, que sigue abierto. Murió en 1691, antes que Mariana y el rey Carlos, pero su hijo heredó, junto con la almirantía y el ducado, la querencia austracista de sus mayores.

Juan Tomás Enríquez de Cabrera Toledo y Sandoval intentó enrolarse en la Armada de Mar Océano, una flota permanente que se encargaba de proteger las costas españolas desde Flandes hasta Sanlúcar de Barrameda, puerto de arribada de las Flotas de Indias, pero su padre le disuadió. Curioso almirante que no quiere que su heredero sirva en la mar. En cambio, desempeñó el cargo de maestre de campo de un tercio en Lombardía. A partir de entonces, con veinticinco años, empezó el recorrido de los Enríquez por los puestos más importantes de la monarquía: embajador en Roma para la elección del sucesor de Clemente X, gobernador de Milán virrey de Cataluña. En todas partes, mostró una alta capacidad. En 1691 heredó el título como undécimo almirante de Castilla.

Juan Alfonso Enríquez de Cabrera y Colonna, IX almirante de Castilla y virrey de Nápoles

En la pugna por la sucesión de Carlos II, creó un bando cuyo lema, según la historiadora Virginia León Sanz, era el siguiente: «en el menoscabo de Francia estriba el mayor interés de la patria». Se alió con Mariana de Neoburgo, segunda esposa de Carlos II. En esos años, fue nombrado caballerizo mayor, colocó a varias de sus hechuras en palacio y los consejos y hasta pasó a residir en el Real Alcázar. El «motín de los gatos», en Madrid en 1699, provocó su caída. El cardenal Portocarrero, profrancés, consiguió desterrarle a Granada. Su caída preludió la de la Augusta Casa de Austria. En Andalucía recibió la noticia de la muerte del rey, de la designación del duque de Anjou y del levamiento de su destierro. Mientras se aguardaba al nuevo rey, el cardenal le retiró muchos de sus cargos.

El 8 de mayo de 1701 el almirante, junto con otros Grandes, juró fidelidad a Felipe V. Este deseaba empezar su reinado sin hacer agravios a nadie. Antes de embarcar para Nápoles, en abril de 1702, para atraerse los reinos de Italia, le encomendó la embajada ante su abuelo Luis XIV. Portocarrero añadió una nueva ofensa, tanto de honor como de retribución, al rebajarla de extraordinaria a ordinaria. El 13 septiembre de 1702, don Juan Tomás abandonó la corte con un largo convoy en el que se llevaba a París muchas de las obras de arte de su familia. Al llegar a Tordesillas, giró a occidente y pasó la raya de Portugal.

Otro aristócrata de la época, Vicente Bacallar y Sana, marqués de San Felipe, describió así el pasmo que produjo la defección de la familia Enríquez en las cortes de Madrid, París y Viena[130]:

> «Este primer rebelde, como por su alta esfera en Castilla ocasionó en todos tanto reparo, sirvió a muchos de pésimo ejemplo, y a no pocos ignorantes, que después faltaron al Rey, de irracional disputa, como si el más alto grado de nobleza tuviese autori-

130 *Comentarios de la Guerra de España desde el principio del reynado del Rey Phelipe V hasta la paz general del año 1725.*

dad de hacer lícita una infamia, antes a proporción de sus quilates, debe cuidar más de su obligación. Esto puso en mayor desconfianza al Rey, porque las casas de primera magnitud en Castilla todas tenían inclusión con la del almirante; ninguno tenía más allegados y dependientes por su autoridad, su riqueza y artificiosa afabilidad, no sin agudeza de ingenio, travieso, y de feliz explicación».

Juan Fernández de Velasco, junto a la ventana abierta, en la negociación de la paz con Inglaterra.

El rey Pedro II, que le acogió en Lisboa, y el emperador Leopoldo le convirtieron en cabeza del partido del archiduque. Ya a salvo, el almirante de Castilla escribió al papa Clemente XI para revelarle que el testamento de Carlos II había sido falsificado por un grupo de cortesanos principales entre los que se encontraba él. La primera esposa de Felipe V, María Luisa Gabriela de Saboya, regente del reino, le recordó el principio en que se basaban sus privilegios: «El rey manda y el vasallo obedece».

Fue figura principal entre los que recibieron al archiduque Carlos en Lisboa en marzo de 1704 y se integró en su consejo. Se opuso al desembarco del pretendiente en Barcelona, con la flota anglo-holandesa, con el argumento de que «*nunca obedecería Castilla a rey que entrase por Aragón,* porque esta era la cabeza de la monarquía» y propuso atacar Andalucía.

La primera reacción de Madrid fue ordenar en octubre de 1702 la confiscación de todos sus estados, casas, parados, montes, derechos, diezmos, alcabalas, rentas y archivos, incluidos los vinculados al mayorazgo. Luego el Consejo de Estado le juzgó y condenó en agosto de 1703 pena capital por haber faltado al juramento de lealtad al rey. Como estaba a salvo de la justicia del rey, se le decapitó en efigie. Murió en Estremoz, cerca de Extremadura, en junio de 1705, y su entierro lo pagó el rey portugués.

En esta ocasión, el título y el privilegio le acarrearon a Enríquez de Cabrera un castigo mayor del que sufrieron otros austracistas. En 1706, debido a la cercanía del archiduque a Madrid, Felipe V ordenó a los miembros de los consejos de la monarquía trasladarse a Guadalajara y a Burgos, pero algunos se quedaron en la capital y además obedecieron al pretendiente, que quiso que los consejos siguieran funcionando. El rey Borbón les destituyó y castigó, aunque no con la dureza que sufrió el almirante.

«NO ES MI REAL ÁNIMO»

El archiduque Carlos, emperador desde 1711, se negó a firmar con su rival Felipe V la Paz de Utrecht, aunque sí aceptó la Paz de Rastatt, con Francia. Entre Madrid y Viena se mantuvo un estado de guerra latente. Por eso, en diciembre de 1713 constituyó el Consejo Supremo de España, formado por españoles, y cuyos objetivos eran el gobierno de los territorios de la monarquía de España que ya había obtenido el emperador —Nápoles, Sicilia, Cerdeña, Milán y los Países Bajos— y la ayuda a los españoles exiliados. Entre los miembros del «partido español» recién formado en Viena destacó por su lealtad y eficacia el aristócrata catalán Ramón de Vilana Perlas, al que Carlos VI concedió el marquesado de Rialp y la dignidad de conde del Sacro Imperio. Vilana, aparte de ser consejero íntimo de su señor, desempeñó la Secretaría de Estado y del Despacho Universal del Consejo de España. Incluso dispuso de un depósito económico, el Real Bolsillo Secreto, para asistir a los cientos de españoles recogidos en Viena y con el que cimentó su influencia.

El Tratado de Viena de abril de 1725, ya mencionado, aparte de tratar sobre el Toisón de Oro, concedía la amnistía a los austracistas y prometía devolverles los bienes confiscados; también daba reconocimiento a los títulos concedidos por el entonces archiduque durante la guerra. Junto con promesas de amistad entre ambos soberanos y la concesión por parte del Borbón de privilegios comerciales a la Compañía de Ostende, el artículo noveno contenía un permiso a los dos monarcas para suprimir cargos militares concedidos de manera perpetua —con derecho de sucesión— o vitalicia, y sustituirlos con personas de su confianza, algo más ajustado a los nuevos tiempos. Bajo este amparo, Felipe V firmó el 22 de enero de 1726 un decreto en el palacio del Pardo, publicado en la *Gazeta de Madrid* el 5 de febrero, que contenía esta única frase:

> «No siendo mi Real ánimo proveer las dignidades de Almirante y Condestable de Castilla, prevengo de ello a la Cámara para que lo tenga entendido».

Juan Tomás Enríquez de Cabrera Toledo y Sandoval, último almirante de Castilla.

Los reyes también rasgaron títulos dados a los favoritos cuando estos cayeron en desgracia. Por ejemplo el marquesado de Siete Iglesias, otorgado por Felipe III en 1614 a Rodrigo Calderón de Aranda, el principal colaborador del duque de Lerma, y el marquesado de Villasierra, concedido por Carlos II en 1675 al valido de su madre, Fernando

Valenzuela[131]. Sin embargo, Alfonso XIII rehabilitó los dos marquesados y hoy están vigentes después de varias sucesiones. En cambio, la almirantía y la condestablía de Castilla han corrido la misma suerte que el principado de la Paz, dado por Carlos IV a su ministro Manuel Godoy. Se trató este de un título irreverente, ya que el «príncipe de la Paz» es Jesucristo, y encima contrario a las leyes y costumbres españolas, pues en este reino el único título de príncipe corresponde al heredero de la Corona, con la excepción del principado de Vergara, concedido por Amadeo I al general Espartero únicamente de modo vitalicio. Fernando VII, que odiaba al valido, anuló la merced concedida por su padre en cuanto ascendió al trono en 1808 e Isabel II no lo rehabilitó cuando Godoy se lo solicitó, aunque le reconoció el ducado de la Alcudia.

Como de tantas glorias humanas, de estos títulos solo nos quedan algunas piedras. En Burgos se encuentran el Palacio del Cordón y en la catedral la capilla de los condestables. Y en Medina de Rioseco, la «ciudad de los Almirantes», aunque desapareció el Palacio de los Enríquez, se mantiene su panteón en el convento de San Francisco, convertido en un museo.

131 Rodrigo Calderón fue detenido en su casa de Valladolid en 1619. Solo meses después de la muerte de Felipe III, fue condenado en 1621 a pena de muerte por haber intervenido en dos asesinatos y a la retirada de todos sus títulos, mercedes y oficios. La sentencia se cumplió en octubre en la plaza mayor de Madrid. Fernando Valenzuela fue desterrado a Filipinas, sin haber sido juzgado, y murió en México. Al «duende de palacio» he dedicado un capítulo en *Eso no estaba en mi libro de historia del Imperio español.*

11. CUANDO LA ARMADA ESPAÑOLA HUNDIÓ LA BOLSA DE LONDRES

Gracias a la labor de abundantes españoles se están recuperando episodios y personajes de la historia de España, por supuesto sin apoyo gubernamental ni académico. Son los casos del almirante Blas de Lezo y su heroica defensa de la plaza de Cartagena de Indias y de la Real Expedición Filantrópica de la Vacuna de la Viruela, la primera campaña de vacunación mundial. Tanto el marino vasco como la expedición se han convertido ya en asuntos conocidos y celebrados. Hace unos pocos años, el profesor Luis Gorrochategui documentó la derrota de la «Invencible inglesa» en 1589, un desastre mucho mayor que el de la armada enviada por Felipe II contra Inglaterra el año anterior y que ya la reina Isabel I ordenó silenciar, mandato que han cumplido obedientemente los historiadores y marinos británicos hasta el siglo XX.

Otro de los episodios de históricos del Imperio español desconocidos, sea por vagancia, por complejo, por desconocimiento del inglés o porque su investigación en la universidad no se incentiva, es la aportación española a la independencia de Estados Unidos[132]. Los dos gobernadores de La

132 Para un trabajo académico tuve que repasar la colección de la *Revista de Estudios Políticos*, editada por el Centro de Estudios Constitucionales y Políticos, ya que entonces no existía Internet. El instituto pretendía ser un *think tank* del régimen franquista,

Luisiana cuyos mandatos coinciden con la guerra, Luis de Unzaga y Amézaga (1770-1777) y Bernardo de Gálvez (1777-1785) —además de ser militares y malagueños, fueron cuñados—, contribuyeron a sostener a los rebeldes americanos antes incluso de la declaración de guerra de España a Gran Bretaña. En esta campaña destaca también el comerciante bilbaíno Diego de Gardoqui y Arriquíbar, pariente de Unzaga, que a través de su empresa familiar envió a los rebeldes zapatos, mantas, polainas, pertrechos militares y docenas de miles reales de a ocho, que sirvieron para respaldar la deuda pública emitida por el Gobierno continental. En 2014, Estados Unidos integró en su historia al teniente general Gálvez: un retrato suyo se colgó en el Capitolio federal y el presidente Barack Obama le nombró ciudadano honorario[133]. Los demás españoles, lamenta-

---

que lo fundó en 1939, después de la guerra. En la revista, publicaban diplomáticos, catedráticos, investigadores, militares y políticos españoles y extranjeros; dos de sus colaboradores que luego desempeñaron altos cargos políticos fueron Manuel Fraga y Enrique Tierno Galván. Una de sus secciones era una detallada crónica de política exterior, que se ocupaba, por ejemplo, de las elecciones municipales en Francia, las primarias de los partidos de EE. UU. y las independencias de los países africanos. Sin embargo, los acuerdos entre España y Estados Unidos de 1953, que suponían el fin del aislamiento español, no aparecieron en esa crónica ni se trataron en ningún artículo específico. Los falangistas que la dirigían desaprobaban esa alianza y se lo hicieron saber a su jefe nacional, Francisco Franco, y a Washington con su silencio. Con este ejemplo de cerrilidad se entiende que las élites españolas no hayan aprovechado la contribución española a la independencia de Estados Unidos para ganar prestigio en este país, como han sabido hacerlo los franceses.

133 Los españoles que realizaron esta hazaña fueron Manuel Olmedo, de la Asociación Bernardo de Gálvez de Málaga, Teresa Valcarce, residente en Washington, y el pintor Carlos Monserrate, autor del retrato.

blemente, siguen siendo desconocidos para los estadounidenses. Y también uno sin el cual la victoria de los rebeldes habría sido más dura y sacrificada: el teniente general de la Real Armada Luis de Córdova, que mandaba la flota hispano-francesa que capturó un doble convoy británico en 1780. Su acción fue tan espectacular que causó una lipotimia al rey Jorge III. Y quizás por ello también se ha ocultado al público británico como otras catástrofes de sus flotas.

El barco *Santísima Trinidad* representado por Rafael Castex.

En su obra *The Influence of Sea Power upon History*, el almirante estadounidense Alfred Mahan despacha la acción de 1780 durante la guerra de independencia de su país en cinco líneas y no cita el nombre del almirante español, aunque antes describe la derrota española en la batalla del cabo de San Vicente y anota el nombre del jefe vencido y capturado, Juan de Lángara[134]. ¿Sucedió por ignorancia o por deseo de silenciar triunfos españoles en una época en que los anglosajones y germanos despreciaban a los hispanos y los latinos? Tampoco hay que olvidar que Mahan escribió su libro pocos años antes de la guerra contra España por Cuba, ansiada por las clases dirigentes de EE. UU. desde principios de ese siglo. Este marino no es una excepción. Muchos historiadores estadounidenses niegan el importante apoyo español al nacimiento de su país.

Thomas E. Chavez explica estas omisiones y tantas otras de la siguiente manera:

> «Como la Historia, con mayúsculas, de Estados Unidos es la historia de un país nacido de las colonias inglesas, no se ha reconocido de verdad el papel de España. Ni tampoco se han reconocido los sacrificios de las colonias de España».[135]

LA VENGANZA POR LA GUERRA DE LOS SIETE AÑOS

Los tratados de Utrecht y Rastatt dieron paso a una Europa de equilibrio internacional. Hasta entonces, había habido dos poderes hegemónicos, primero la España del Siglo de Oro y luego la Francia de Luis XIV, contra los que se aliaban las potencias despojadas, emergentes, o asusta-

134 MAHAN, Alfred T.: *The Influence of Sea Power upon History. 1660-1783*, Little, Brown and Company, Boston, 1890, pp. 403-405.

135 CHÁVEZ, Thomas E.: *España y la independencia de Estados Unidos*, Taurus, Madrid, 2015, p. 307.

das. Este mismo fenómeno también explica la alianza de las monarquías de Castilla, Aragón, Inglaterra y Borgoña, rubricada por varios matrimonios reales, contra la Francia de los Valois. Es decir, el principio del siglo XVIII supuso en la geopolítica el regreso al final del siglo XV. Pero el equilibrio, que es el sueño de los diplomáticos y los tratadistas, porque estos adquieren más importancia gracias a las negociaciones eternas y el florecimiento de las embajadas, no supone necesariamente más paz, como se había comprobado en la primera mitad del siglo XVI en Italia, donde las guerras se extendieron desde 1494 a 1559 y concluyeron gracias a la victoria absoluta de España sobre Francia, y se confirmó en el XVIII.

Entre 1717 y 1720, la Francia de la Regencia, el Reino Unido de los Hannover y los *whigs*, el emperador Habsburgo y las Provincias Unidas impidieron la revisión de Utrecht que pretendía Felipe V de España mediante la recuperación *manu militari* de sus antiguas provincias italianas. En 1792, ese sistema colapsó ante los revolucionarios y Napoleón. Siete coaliciones se sucedieron hasta la derrota de Francia, después de la cual se restauró el equilibrio, con Gran Bretaña como árbitro supremo y gran beneficiado.

Se dice que un imperio no tiene fronteras, sino frentes, pero al menos pacifica su área de influencia. En cuanto ese imperio desaparece, las potencias hasta entonces unidas por el objetivo de frenarlo o de repartírselo pasan a pelear entre ellas. Se necesita una guía para no perderse entre todos los conflictos de los países europeos a lo largo del siglo XVIII y las guerras que desencadenaron: ingleses y franceses en la India y Norteamérica, prusianos contra austriacos en Centroeuropa, suecos contra rusos en el mar Báltico, franceses y austriacos en los Países Bajos y el Rin, ingleses contra españoles en el Caribe, españoles contra austriacos en Italia, portugueses y españoles en la Península Ibérica y el Río de la Plata, rusos y austriacos unidos o separados contra los otomanos en los Balcanes y el mar Negro... Bastaba una pequeña crisis, como fueron las sucesiones a los tronos de Austria y de Polonia, para enredar un conflicto con otro y asistir a la formación de bloques militares que se combatían durante años. Ocurrió igual en 1914. El asesinato del heredero de la monarquía dual en Sarajevo encendió una guerra catastrófica.

El «egoísmo de los reyes», luego sustituido por el «egoísmo nacional», provocaba que las alianzas se invirtieran de una guerra a otra. Así, los Borbones Felipe V y Luis XV, que se habían combatido en la Guerra de la Cuádruple Alianza, firmaron después dos Pactos de Familia contra los británicos. Inglaterra, que siempre ha buscado un ejército en el continente, tuvo como aliado primero a Austria y luego a Prusia. Al extenderse por todo el mundo los intereses políticos, territoriales y comerciales de las principales potencias europeas, el llamado Siglo de las Luces asistió a una serie de guerras devastadoras que anticiparon las mundiales del XX. Esta centuria de avances industriales y filosóficos también aportó a las relaciones internacionales un suceso inédito: el reparto de un Estado consolidado entre sus vecinos hasta desaparecer, que fue el caso de Polonia, engullida por Rusia, Prusia y Austria, sin disparar un tiro.

La Guerra de los Siete Años (1756-1763) se libró desde Pondicherry, en India, a Quebec, en Canadá, y desde el Río de la Plata a Berlín. El Tratado de París desmanteló el imperio colonial francés para crear con sus trozos el inglés. Luis XV tuvo que ceder a Londres el Canadá, Senegal, todos los territorios que controlaba en la India, salvo cinco factorías, y la isla de Menorca, tomada al principio de la guerra. El sur de Nueva Francia, La Luisiana, se había comprometido a entregárselo a España por el Tratado de Fontaineblau (1762) y así lo hizo.

El sitio de Pensacola fue otra victoria española en la guerra de independencia de Estados Unidos.

España, que había entrado en la guerra en 1761 sin preparación, debido al pacifismo de Fernando VI —fallecido en 1759—, y con los objetivos de recuperar Menorca y Gibraltar y de eliminar el contrabando y las amenazas de Inglaterra contra sus provincias americanas, perdió Florida. En compensación, extendió el virreinato de Nueva España con la incorporación de La Luisiana, un inmenso territorio poco poblado.

Los británicos pasaban a ser en la India los únicos europeos con influencia creciente, y en Norteamérica, sus ricas y pobladas colonias, en vez de estar encajonadas entre las posesiones españolas y francesas, se extendían ininterrumpidamente desde el golfo de San Lorenzo al de México, a la vez que se acercaban a la orilla izquierda del Misisipí y se cernían sobre Cuba. «Embriagados por sus victorias, los ingleses se vuelven más orgullosos que nunca. No temen ya alejarse a la vez de Francia, de España y de Austria».[136]

Se consumaba la advertencia enunciada en la convención entre las monarquías española y francesa, suscrita en Versalles en 1762:

> «Toda la Europa debe ya conocer el riesgo a que está expuesto el equilibrio marítimo, si se consideran los ambiciosos proyectos de la corte británica, y el despotismo que intenta arrogarse en todos los mares. La nación inglesa ha mostrado y muestra claramente en sus procederes, con especialidad de diez años a esta parte, que quiere hacerse dueña absoluta de la navegación, y no dejar a las demás sino un comercio pasivo y dependiente.»

En Francia, la clase intelectual, que formaba la opinión pública, se despreocupó de la pérdida de las colonias. El filósofo Voltaire despidió con alegría el Canadá, porque para él consistía tan solo en «unas cuantas aspergas de nieve»[137]. Por el contrario, en el Reino Unido la élite era

---

136 MAUROIS, André: *Historia de Inglaterra*, Plaza y Janés, Barcelona, 1961, p. 1015.

137 La expresión usada por Voltaire para referirse con desprecio a Canadá fue «*quelques arpents de neige*».

consciente de las oportunidades geopolíticas que les daba su victoria. Dispuestos a eliminar al otro gran rival por el control del Atlántico y el Pacífico, los británicos prepararon la ocupación del archipiélago de las Malvinas, en el Atlántico Sur, a quinientos kilómetros de la costa de Sudamérica.

Las islas, deshabitadas, podían convertirse en una base naval desde la que hostigar el comercio español y controlar el acceso al Pacífico. De esta manera lo expuso el comodoro John Byron en un informe al jefe del Almirantazgo, el conde de Egmont, después de haber explorado en secreto la costa de la Gran Malvina, la isla más cercana a América, en enero de 1765:

> «(…) la armada inglesa entera podría atracar aquí con absoluta seguridad respecto a todos los vientos. [Las Malvinas son] indudablemente la llave de todo el océano Pacífico. Esta isla debe dominar los puertos y el comercio de Chile, Perú, Panamá, Acapulco y, en una sola palabra, todos los territorios españoles por encima de ese mar. Proveerá a todas nuestras expediciones a esos lugares, que serán tan lucrativas para nosotros y tan perjudiciales para España».[138]

El conde de Bouganville, el primer marino francés que circunnavegó la Tierra, pretendió en 1764 asentar en las Malvinas a un grupo de franceses. Carlos III exigió a Luis XV la retirada de los colonos, lo que se realizó en 1767. Los españoles tomaron posesión del establecimiento,

---

138 FREEDMAN, Lawrence: *The Official History of The Falklands Campaign*, vol. I, Routledge, Londres, 2005, p. 4.

Port Louis, situado en la isla Soledad, la más oriental, y lo rebautizaron como Puerto Soledad. También se instalaron un gobernador y una pequeña población. Por las mismas fechas, en julio de 1765, después de haber recibido el informe de Byron, el gobierno británico despachó una pequeña fuerza al norte de la isla Gran Malvina, para fundar Port Egmont y asentar una guarnición. Sin embargo, los españoles descubrieron la ocupación y conminaron a Londres a desmantelar su fuerte. Como las conversaciones no avanzaban, el gobernador de Buenos Aires, Francisco de Bucareli y Ursúa, envió en junio de 1770 a Port Egmont cinco fragatas y 1400 infantes de marina. Los ingleses fueron vencidos y devueltos a su país en uno de sus barcos. Las negociaciones entre Londres y Madrid concluyeron en un acuerdo entre las dos partes que no satisfizo a ninguna, ya que en ese momento nadie quería la guerra.

Otro frente del Imperio español se encontraba en la frontera con Brasil y en la colonia de Sacramento, que Lisboa había levantado en el río de La Plata para dar salida al contrabando portugués y británico. Aunque este puerto fue ocupado por los españoles durante la Guerra de los Siete Años, el Tratado de París les impuso su restitución. Sin duda, los portugueses, gobernados por el marqués de Pombal, no se habrían atrevido a enfrentarse a España de no contar con el respaldo de su viejo aliado inglés, gracias al cual habían podido separarse de la Corona española en 1640. El precio de la separación fue, junto con la supeditación política y económica a Londres, la pérdida de la mayoría de sus posesiones en el océano Índico, arrebatadas por las Provincias Unidas, primero, e Inglaterra después.

La convivencia con el Reino Unido, por tanto, no era posible, de modo que las dos ramas de la casa de Borbón se prepararon para su venganza. Y se la pudieron cobrar cuando las colonias norteamericanas se rebelaron contra la corona y el parlamento británicos en 1775. Gran Bretaña disponía de la mayor flota del mundo, pero las armadas combinadas de España y Francia rebasaban a la británica. Al principio, el apoyo a los sublevados se mantuvo secreto por parte de las dos monarquías y Carlos III aprovechó para la distracción británica para zanjar la disputa con el otro reino ibérico.

Los portugueses atacaron en abril de 1776 dos pequeños fuertes españoles en las llanuras de la actual República Oriental de Uruguay. Madrid organizó una enorme expedición compuesta por quince buques de distinto porte, 8500 infantes y 600 dragones, la mayor vista en el Atlántico Sur desde la «Jornada de Brasil» (1625), en que España recuperó San Salvador de Bahía arrebatada por los holandeses. El primer virrey del Río de La Plata, Pedro de Cevallos, conquistador de Sacramento en la década anterior, volvió a vencer a los portugueses a principios de 1777. Esta derrota, junto con la involucración de Gran Bretaña en Norteamérica y la muerte del monarca portugués José I en febrero de ese año, que trajo la proclamación de María I, sobrina de Carlos III, y la destitución de Pombal, llevaron a la paz. Por el Tratado de San Ildefonso, firmado en octubre de 1777, España expulsaba a Portugal del río de La Plata y además recibía las islas de Annobón y Fernando Poo en el golfo de Guinea[139]. España quedaba con las manos libres y sin enemigo en sus fronteras de la Península y Sudamérica.

---

139 La toma de posesión de las dos islas la realizó en 1778 una flotilla que zarpó del arsenal de Montevideo. La corte española decidió que se gobernasen desde Buenos Aires. Durante los pocos años que duró la ocupación efectiva, debido al clima, la lejanía y los

El conde Aranda, embajador en París, escribió en julio de 1777 una carta al conde de Floridablanca, secretario de Estado, en la que exponía el sentimiento de la mayoría de los gobernantes españoles frente a la soberbia británica:

> «Si este enemigo común (Inglaterra) no queda incapaz de relevarse, la precaución en paz habrá de ser siempre como disposición para una guerra. Mal pueden florecer los reinos que vivan con estos ayes y con expensas continuadas, so pena de abandonarse a sus enemigos. Y ¿por qué? por haber malogrado la ocasión que no volverá en muchos siglos. Ya perdimos la de 1770 (Malvinas)... el mal estado en que se hallaba la Inglaterra en aquel momento, sin poder proveer de pronto a su urgencia».[140]

En 1778, Francia firmó una alianza con los rebeldes. Londres propuso a España su neutralidad, pero no quería pagar el precio exigido por Madrid. En 1779, en el Tratado de Aranjuez, España se alió solo con Francia y no con los revolucionarios; a cambio, esta prometía no hacer la paz con el Reino Unido hasta que España recuperase Menorca, Gibraltar y Florida. La declaración de guerra de España se comunicó el 21 de junio de 1779.

Los militares y diplomáticos de Carlos III en seguida elaboraron planes conjuntos con París, como el sitio de Gibraltar —el tercero desde la pérdida del Peñón—, la

---

ataques de los nativos, el virreinato de La Plata fue, como el de Nueva España, una entidad política bicontinental.

140 CHAVEZ, Thomas E.: *La diplomacia de la independencia: documentos de Benjamín Franklin en España*, Biblioteca Benjamín Franklin, Universidad de Alcalá de Henares, Alcalá, 2019, p. 142.

conquista de Menorca y la invasión de Gran Bretaña. En esta última campaña sobresale uno de los jefes militares españoles más destacados de la guerra, un almirante anciano cuyo buque insignia era el *Santísima Trinidad*, el mayor barco de guerra del mundo.

LA INDECISIÓN FRANCESA IMPIDE EL DESEMBARCO

Don Luis de Córdova y Córdova era septuagenario cuando España entró en guerra contra Inglaterra, ya que había nacido en Sevilla en febrero de 1706, pero el Rey le mantuvo en servicio a pesar de las críticas por su edad, sobre todo de los franceses. Entre los más contrarios a él, hasta que los hechos demostraron su inteligencia, fue el conde Montmorin, que le calificó de senil. Pocos marinos había en la Real Armada con su preparación y su experiencia. En el Mediterráneo, participó en las reconquistas de Orán, Nápoles y Sicilia, combatió a los piratas berberiscos y escoltó al príncipe Carlos en su viaje a Nápoles. En el Caribe reprimió el contrabando británico y atravesó el Atlántico varias veces como protección de las Flotas de Indias. Ascendió a jefe de escuadra en 1760 y a teniente general en 1774.

El 23 de junio de 1779 zarpó de Cádiz la escuadra mandada por Córdova, que sumaba treinta y seis velas. Su capitana era el *Santísima Trinidad*, el único navío del mundo con cuatro puentes[141]. Se construyó en el astillero de

141 Así lo describió Benito Pérez Galdós en su novela *Trafalgar*, batalla en la que el barco participó y donde fue capturado y hundido por los ingleses: «El mayor barco del mundo, aquel alcázar de madera, que visto de lejos se representaba en mi imaginación como una

La Habana con las resistentes maderas tropicales y se botó en 1769. Tenía sesenta y un metros de eslora y dieciséis metros de manga y portaba 120 cañones, que en sucesivas reformas se ampliaron hasta los 140. La dotación para marinar el «Escorial de los mares» superaba el millar de hombres.

Un mes más tarde, el 23 de julio, la escuadra de Córdova, aumentada con los diez navíos mandada por Antonio de Arce, que largaron amarras de Ferrol, se reunió en alta mar con la flota francesa del almirante conde de Orvilliers. La flota combinada sumaba 150 velas de todo tipo. El plan consistía en aprovechar la dispersión de la *Royal Navy* por el mundo; hundir o encerrar en sus puertos los pocos barcos que quedaban en las costas británicas, que se calculaban en una treintena; y proteger el desembarco de 40.000 soldados ya preparados en Bretaña, Normandía y Flandes, con artillería, suministros y alimentos[142]. Una vez en tierra, los invasores se habrían enfrentado al ejército inglés, tan pequeño que Londres había recurrido a mercenarios alemanes para combatir a los rebeldes norteamericanos. Por último, en Irlanda y Escocia continuaba el malestar con los Hannover y el corrupto régimen liberal que había animado varias rebeliones desde el derrocamiento de los Estuardo, en 1688[143].

---

fábrica portentosa, sobrenatural, único monstruo digno de la majestad de los mares. (…) Me quedé absorto recorriendo las galerías y demás escondrijos de aquel Escorial de los mares».

142 FERNÁNDEZ DURO, Cesáreo: *Historia de la Armada española desde la unión de los reinos de Castilla y de Aragón*, t. VII, Cap. XII, Instituto de Historia y Cultural Naval, Madrid. Accesible en https://armada.defensa.gob.es/html/historiaarmada/tomo7/tomo_07_12.pdf

143 En mi libro anterior en esta colección trato en un capítulo los desembarcos españoles en las islas británicas, el último de los cuales se produjo en Escocia en 1719.

La batalla Bunker Hill, en 1776. Se ve el equipamiento de los soldados al servicio de Jorge III de Inglaterra.

Los pueblos de la costa sur de Inglaterra se despoblaron y la Bolsa de Londres bajó. La Flota del Canal británica se replegó en sus bases porque, dada su inferioridad en número, se habría perdido por completo. Los norteamericanos habían realizado un fugaz desembarco en 1778 en el puerto de Whitehaven y se habían retirado sin problemas. Esta pequeña acción había desencadenado una ola de pánico al mostrar la indefensión de las islas. Pero ahora el enemigo en el mar era inmenso. Sin embargo, las diferentes opiniones entre los mandos anularon la operación. Orvilliers quería destruir la flota enemiga antes de proceder al desembarco, mientras que Córdova sostenía que los buques ingleses eran tan pocos que no podrían impedirlo si toda la flota combinada protegía los transportes.

Y así transcurrió el tiempo. El 17 de agosto se libró una escaramuza entre dos navíos de línea ingleses contra el navío de línea español *Princesa* y tres fragatas francesas.

En ella, los aliados capturaron el *Ardent*, artillado con 64 cañones, mientras que su compañero huyó. El *Ardent* pasó a integrarse en la armada francesa, que lo perdería en la batalla de los Santos (1782).

El verano concluyó sin que se realizara el desembarco ni se eliminara a la flota británica. El *coup de grâce* fue una epidemia de tifus originada entre la marinería francesa, que ya sufría el escorbuto por haber pasado más tiempo embarcada que la española. Mientras tanto, el almirantazgo británico movilizó todos los barcos que pudo y ordenó el regreso de los que estaban en otros mares. El conde de Floridablanca le escribió al conde de Aranda, embajador en París: «Me parece que el viejo es más alentado y sufrido que los señoritos de Brest». Y es que el lastre de la Armada francesa era la irresolución de sus mandos, incapaces de usar sus recursos; el mismo defecto también se manifestó en las guerras napoleónicas, con el almirante Pierre de Villeneuve como ejemplo máximo.

La flota combinada se separó. Los franceses volvieron a su base de Brest; Córdova lo hizo a Cádiz y recogió nuevos honores. Carlos III le concedió la Gran Cruz de la Orden de su nombre y Luis XVI le envió una caja de tabaco, de oro guarnecida de brillantes, con una dedicatoria grabada que decía «Luis a Luis».

SE IZA LA SEÑAL DE «CAZA GENERAL»

En julio de 1780, Córdova patrullaba entre los cabos de San Vicente y Santa María, al sur de Portugal, con una escuadra formada por una treintena de naves de las dos monarquías borbónicas, cuando se le confió la misión de su vida.

El conde de Floridablanca recibió informes de la red de espionaje español en Gran Bretaña de la preparación de dos convoyes, uno destinado a América y otro a India, tal como cuenta en sus memorias:

> «Me llegaron una mañana los avisos de Inglaterra de que estaban para salir dos convoyes de sus puertos, uno para Jamaica, con tropas, vestuarios, armas y municiones, para reforzarse en aquellas islas e intentar algo contra las nuestras, y otro con embarcaciones de comercio ricamente cargadas para la India Oriental. Estos convoyes debían, según mis avisos, navegar unidos hasta las islas Azores, sin más escolta que un navío y dos fragatas, y en aquel paraje debían dividirse, tomando cada uno su rumbo».

Los rumores los confirmó desde Filadelfia el comerciante alicantino Juan de Miralles Trayllón, que ejercía ante el Congreso Continental como agente diplomático español. Debido a su puesto y a su gran amistad con el general George Washington[144], los rebeldes compartían con él los descubrimientos de sus espías. El informe llegó a Madrid vía Nueva España. Y Floridablanca, que además en esas semanas era secretario de Marina interino por enfermedad del titular, elaboró un plan para interceptar el doble convoy y se lo envió a Córdova.

El almirantazgo no tenía barcos suficientes para

144 Miralles falleció de pulmonía el 28 de abril de 1780 en Morristown. Durante su enfermedad, le atendieron Washington y sus familiares. Tal era el aprecio que le tenía Washington que presidió su funeral, con honores militares, y acudió a la misa oficiada por un sacerdote católico.

proteger el convoy y las costas de Gran Bretaña, por lo que tomó una decisión arriesgada y a la postre insensata. El 29 de julio de 1780, zarparon de Portsmouth cincuenta y cinco mercantes, con una escolta de solo tres buques de guerra. A la altura de las islas Sorlingas, estos últimos dieron el relevo a la escuadra del almirante Geary, que acompañó al doble convoy hasta las cercanías de Galicia. Allí, Geary regresó para no dejar desguarnecido el Canal y entregó el servicio de escolta al capitán John Moutray, que solo contaba con su buque, un navío de línea de setenta y cuatro cañones, y dos fragatas, de treinta y seis cañones cada una.

Luis de Córdova, teniente general de la Real Armada.

Mientras tanto, la escuadra de Córdova, formada por diecisiete navíos de línea, tres fragatas, una corbeta y una balandra españoles y nueve navíos de línea y una fragata franceses, se desplegaba en las Azores. Al teniente general le acompañaba otro de los grandes marinos españoles de ese siglo, el vizcaíno José de Mazarredo, nombrado mayor general ese mismo año. Al anochecer del 8 de agosto se descubrieron velas británicas, aunque sin conocer el número completo ni identificarlas. Los oficiales franceses temieron que se tratara de la escuadra del almirante Geary y propusieron mantenerse a distancia. Mazarredo replicó que Geary no les estaba buscando y que, además, el combate era inaplazable.

Córdova ordenó apagar todas las luces de su escuadra, salvo uno de los grandes faroles de popa del *Santísima Trinidad*. Los capitanes británicos tomaron la luz por la del buque de su vanguardia y la siguieron. Durante toda la noche, en torno a los flancos y la popa de la conserva la escuadra hispano-francesa se desplegó en silencio y oscuridad.

Al amanecer del 9 de agosto, los británicos vieron que habían caído en una trampa. El almirante español izó en el *Santísima Trinidad* la señal de «caza general». «Los mercantes, al ser alcanzados y amenazados por las baterías españolas y francesas, arriaban su pabellón y se rendían sin presentar combate». Las presas fueron treinta y nueve fragatas, diez bergantines y seis paquebotes; en total cincuenta y cinco buques. Se apresaron 1250 oficiales y marineros de las tripulaciones, más de 1300 oficiales y soldados del ejército y 286 pasajeros civiles, que recibieron un trato caballeroso, sobre todo las mujeres. En la inspección se contaron 80.000 mosquetes, 3000 barriles de pólvora, 294 cañones, pertrechos y provisiones navales para las flotas en América y la India, equipamiento militar para doce regimientos, un centenar de caballos y mulas, un millón de libras en oro amonedado y en lingotes, más otras

600.000 libras en que se valoraron los buques[145]. Parte del valor de las presas se repartió entre las tripulaciones.

En cuanto se conoció la noticia, la Bolsa de Londres cayó dieciocho puntos, muchas aseguradoras quebraron y se dispararon aún más los seguros de los fletes. El golpe de Córdova penetró en el palacio real. Jorge III sufrió un desmayo causado por el disgusto, ya que había invertido parte de su fortuna en varias de las empresas implicadas en el doble convoy. Aparte del cargamento confiscado, con esos refuerzos humanos el ejército británico habría recuperado la superioridad en número respecto a los patriotas y sus aliados. Los militares y políticos británicos empezaron a comprender que la victoria se les escapaba[146].

La acción de Córdova sucedió en un verano calamitoso para el régimen parlamentario británico. A principios de junio se vivieron en Londres unos enormes tumultos, los «Disturbios de Gordon», contra la Ley Antipapista (1778), que aliviaba la discriminación a los católicos. El Gobierno *tory* recurrió al Ejército y la represión causó entre trescientos y setecientos muertos. La canalla asaltó las capillas católicas de varias embajadas y el Banco de Inglaterra. La impresión en el resto de Europa hizo que la corte española rompiera los contactos secretos para una paz separada. La Inglaterra de campiñas verdes y clubes de caballeros es una imagen creada por el cine que no tiene reflejo en la realidad histórica de este país, tierra de revueltas, motines y deportaciones hasta mediados del siglo XIX.

---

145 NICIEZA FORCELLEDO, Guillermo: *Leones del mar. La Real Armada Española en el siglo XVIII*, Edaf, Madrid, 2022, p. 438. Este libro contiene el relato más exhaustivo de la acción de 1780, que hemos seguido.

146 NICIEZA, Guillermo: *Op. cit.*, pp. 439-440.

Y encima la Real Armada española se reforzó con cinco de los barcos capturados, que fueron transformados en fragatas. El *Royal George*, de veintiocho cañones, pasó a ser la *Real Jorge*; el *Hillsborough*, de treinta, la *Santa Clotilde*; el *Godfrey*, de veintiocho, la *Santa Bibiana*; el *Mountstuart*, de veintiocho, la *Santa Balbina*, y el *Gatton*, de veintiocho, la *Santa Paula*. A la captura del doble convoy se atribuyen las victorias aliadas en Yorktown y Menorca.

El quebranto que Córdova había causado se seguía recordando en la Bolsa de Londres mientras se combatía a Napoleón:

> «En agosto de 1780, cuando Córdova capturó cincuenta y ocho de los sesenta y seis barcos del convoy combinado para las Indias Occidentales y Orientales, la New Lloyd's en la Royal Exchange (Bolsa) se había convertido en la sede principal de los seguros marítimos y dispuso de muchos expertos de larga experiencia, juicio sensato y grandes recursos entre sus accionistas. No obstante, las pérdidas, calculadas en millón y medio de libras, bastaron para hacer quebrar a muchos de los más débiles o menos prudentes de los operadores, y treinta años más tarde, en el punto más alto de las guerras napoleónicas, el desastre todavía se recordaba con amargura».[147]

En 1781, el almirante, con setenta y cinco años regresó al Canal de la Mancha para intentar el desembarco otra vez. Entonces el obstáculo a la flota combinada fueron las

---

147 NORTHCOTE PARKINSON, C.: *The Trade Winds. A study of British overseas trade during French Wars 1793-1815*, Routledge, 2006, Oxford, p. 38.

tormentas. Los barcos españoles apenas sufrieron daños debido a la pericia de sus mandos. También participó en el sitio de Gibraltar, la mayor batalla de la guerra por el número de combatientes, y escoltó un convoy con destino a Menorca. En aguas de las Sorlingas, en junio de 1782, Córdova capturó diecinueve mercantes de otro convoy que aproaba a Quebec y Terranova. Acabada la guerra, se retiró en febrero de 1783 con la graduación de capitán general. Falleció en San Fernando en 1796 y sus restos se hallan depositados en el Panteón de Marinos Ilustres, cuya primera piedra colocó él en 1786.

LA «PÉRFIDA ALBIÓN» SE LEVANTA

Inglaterra atravesó en el verano de 1780 la situación más peligrosa desde la Grande y Felicísima Armada de 1588. Nunca los alemanes del II y del III Reich, a pesar de su poderío industrial, tuvieron oportunidades similares a las de los españoles y franceses en la época de la navegación a vela para cruzar el canal de La Mancha. España recuperó la Florida y Menorca, aunque no Gibraltar. Y parecía que Inglaterra era expulsada del golfo de México y de América, salvo por Canadá, Jamaica y algunas pequeñas islas en el Caribe, pero solo lo parecía.

La inquietud que causaba en el pueblo británico el rosario de desastres, desde Yorktown a Madrás, la resumió el filósofo irlandés Edmund Burke en una sola frase: «Los cimientos del Imperio británico se tambalean». Y un parlamentario enumeró las mutilaciones sufridas: «en Europa hemos perdido Menorca; en América, trece provincias y las dos Pensacolas; en las Indias occidentales, Tobago; y algunos asentamientos en África»[148]. Rusia propuso en marzo de 1780 la Liga de Neutralidad Armada para oponerse a los registros de buques neutrales realizados por la Marina británica sin ningún límite y a ella se adhirieron otros países, incluso antiguos aliados de Londres, como Portugal y Prusia. En consecuencia, España y Francia pudieron mantener su comercio. En esta guerra operó la regla de que las potencias europeas se aliaban contra la que intentaba imponer su hegemonía. Cómo Inglaterra despojada de sus principales colonias y puertos extranjeros —con la llamativa excepción de Gibraltar— y vencida en el mar pudo rehacerse hasta el punto de convertirse en el siglo XIX en la primera potencia industrial y colonial del mundo se debió a la astucia propia y la torpeza ajena.

Muestra de lo primero es la negociación secreta en 1782 entre el gobierno británico, que admitió su derrota, y el Congreso de Estados Unidos. Ambos firmaron en noviembre un acuerdo preliminar que se incorporó al Tratado de París del año siguiente y que constituye «un monumento al talento político anglosajón». Londres cedía el territorio comprendido entre los Apalaches y el Misisipí, junto con la libre navegación por el Misisipí. Nunca esa región ni el río habían estado bajo soberanía británica, pero de esta manera el gobierno *whig* «incitaba a los norteamericanos a expansionarse a costa de la América española. Así lograba, además, desviar la atención de los mismos de Canadá»[149]. Y la delegación norteamericana lo aceptó, porque el

---

148 DALRYMPLE, William: *La Anarquía. La Compañía de las Indias Orientales y el expolio de la India*, Desperta Ferro Ediciones, 2.ª ed., 2021, Madrid, p. 277.

149 OLIVIÉ, Fernando: *La herencia de un imperio roto. Dos siglos en la historia de España*, Marcial Pons, Madrid, 2016, pp. 58-60.

representante más activo dentro de ella fue John Jay, que había ejercido el cargo de ministro plenipotenciario en Madrid dos años y medio. Sus negociaciones en París

> «demostraron una falta de confianza e ingratitud hacia Francia, su aliada, además de aversión por España. Jay demostró una mayor confianza en Gran Bretaña, enemiga de su país». [150]

La ineptitud de los enemigos de los británicos se manifestó antes de que concluyera el siglo. La Francia revolucionaria, con sus genocidios internos y sus guerras exteriores, dio al Reino Unido de la Gran Bretaña y de Irlanda la dirección de las alianzas monárquicas. En un inteligente movimiento geopolítico, los Borbones franceses habían tratado de arrebatar a los británicos uno de sus habituales ejércitos en el continente, el austriaco, mediante la boda entre el delfín Luis y la archiduquesa María Antonieta (1770). Sin embargo, los revolucionarios «profesaban en esta materia los principios en boga hacia el año 1640, que ya en 1715 estaban anticuados. Se habían detenido en los tiempos de Richelieu y de las luchas contra los Habsburgo»[151]. Y volvieron a lanzar a Austria en brazos de Londres… y a los Países Bajos, a Prusia, a Dinamarca, a España, a Rusia. En la llanura de Waterloo acabó para siempre la hegemonía francesa sobre Europa.

---

150 CHAVEZ, Thomas E.: *Op. cit.* Jay, que fue el primer presidente del Tribunal Supremo de su país, era un fanático anticatólico y un gorrón. En Madrid, él y su mujer habían vivido con lujo a costa de pedir dinero al gobierno español.

151 GAXOTTE, Pierre: *La Revolución francesa*, Áltera, Barcelona, 2008, p. 153.

Mapa español de las Malvinas durante la disputa por las islas con Francia y Gran Bretaña (1768).

Y en España, el fracaso sucesivo de los condes de Floridablanca y de Aranda para liberar a Luis XVI persuadió a Carlos IV a entregar todo el poder a su favorito, Manuel Godoy, que prescindió de los excelentes servidores públicos formados en los reinados anteriores y comenzó la destrucción del Imperio. De José Patiño, uno de los fundadores de esa aristocracia de funcionarios, había escrito James Stanhope al primer ministro Robert Walpole: «Está dotado de un entendimiento raro y tiene experiencia de los negocios, sin contar una afición infatigable al trabajo». Godoy carecía de esa experiencia, pues pasó de simple guardia de corps a la muerte de Carlos III a mariscal de campo en poco más de dos años; y su esfuerzo lo dedicaba a acumular títulos y rentas, a la vez que a eliminar de la corte a quienes se le oponían o siquiera le contradecían.

Su protector, Carlos IV, realizó numerosos nombramientos por decreto y al margen de la Cámara de Castilla; los escogidos eran insignificancias dóciles. Es lo que ocurre cuando los mediocres y los envidiosos alcanzan el poder.

La acción de 1780 fue fruto de la unión de varios factores que entonces tenía la Real Armada: industria naval, formación de cuadros y personal, reconocimiento de la existencia de un enemigo y preparación para la guerra contra él, servicio de información, un mando facultado para tomar decisiones y capaz de imponerse al aliado, iniciativa y arrojo. Un siglo más tarde, prácticamente todo lo anterior había desaparecido de la Armada y de la política españolas.

Muerte de Cosme Churruca en la batalla de Trafalgar.

Históricamente, la Armada británica se ha diferenciado de la española por los motines, casi inexistentes en la nuestra debido al mejor trato a la marinería y a un menor consumo de bebidas alcohólicas, mientras que en la británica circulaba el ron, aunque fuese rebajado. El otro elemento es el castigo a los oficiales derrotados, muy suave en España en contraste con Inglaterra. El almirante John Byng, encargado de la defensa de Menorca en 1756, fue pasado por las armas por haber perdido la isla frente a los franceses. El capitán Moutray no recibió un castigo tan severo. El consejo de guerra se contentó con retirarle todo mando. Por el contrario, el teniente general de la Armada Gutierre de Hevias y Valdés, condenado por perder La Habana en 1761 a diez años de destierro de la corte y la expulsión del cuerpo, obtuvo un indulto real gracias a su suegro y reingresó en la Armada; en cambio, el gobernador de Cuba, Juan de Prado y Portocarrero, que carecía de parientes encumbrados, murió desterrado. Otro jefe naval, el teniente general José de Córdova y Ramos, fue derrotado en la batalla del cabo de San Vicente (1797) por una escuadra inglesa inferior en número; incluso arrió la bandera de su buque insignia. Un consejo de guerra le privó de empleo y le expulsó de la Armada, pero las gestiones de su hijo consiguieron que en 1806 se le devolviese su categoría y hasta se le abonase la paga de jubilado. Murió en Cádiz en 1815 y sobrevivió a dos compañeros suyos mucho mejores jefes, Cosme Churruca y Federico Gravina, que cayeron en Trafalgar.

Los españoles tenemos la fórmula para volver a hacer realidad la frase «*Tu regere imperio fluctus, Hispane, memento*»[152]. Por ello, deberíamos dejar de recordar a los almirantes que pierden sus escuadras y, en su lugar, honrar a los que ganan batallas.

152 La frase, esculpida a la entrada del Arsenal de la Carraca, se inspira en un verso de la Eneida: «*Tu regere imperio populos, Romane, memento*». La profesora de latín Sandra Ramos propone otra traducción, diferente a la habitual, que invoca el pasado, y la reemplaza por un mandato para el futuro: «Tu misión, español, es regir los mares con autoridad, recuérdalo». Artículo consultado el 26 de diciembre de 2023: https://sandra-ramosmaldonado.blogspot.com/2011/06/tu-regere-imperio-fluctus-hispane.html.

12. EL VASCO QUE LE QUITÓ A LOS BONAPORTE SU BOTÍN

Uno de los personajes más nefastos de la historia europea, pero que todavía sigue gozando de un gran prestigio, es Napoleón Bonaparte. A él no le han alcanzado ni la revisión ni la cancelación que borran a otros, mucho más inocentes. A pesar de sustituir la república por su persona coronada como emperador, no pretendía restaurar nada, sino seguir destruyendo, con la intención de construir sobre las ruinas un nuevo edificio político que él y su familia gobernasen como un mayorazgo. Por obra de Napoleón desaparecieron de la comunidad internacional europea el Sacro Imperio Romano Germánico, las repúblicas de Génova y de Venecia y el archipiélago de Malta como dominio de la Orden Hospitalaria. Hasta jugueteó con la posibilidad de extinguir el Papado, sobre el que aseguró jactancioso: «Esta vieja máquina se deshará por sí sola». Además, ocupó Roma, anexionó los Estados Pontificios a Francia, apresó al Papa Pío VI, concedió a su hijo el título de Rey de Roma; pero cuando fue definitivamente vencido, Pío VII, que había participado en su coronación, ofreció asilo a su madre y otros parientes. Los tiempos de Dios no son los de los hombres.

Napoleón tiene mucho en común con otro genocida del siguiente siglo, el alemán Adolf Hitler. Ambos fueron los responsables de largas guerras y de matanzas sin fin; arrasaron el continente de un extremo a otro; pretendían que los demás europeos se sometiesen a sus deseos; mantuvieron gigantescos ejércitos a costa de empobrecer y arruinar a los pueblos conquistados; trataron de domeñar a la Iglesia católica; cayeron derrotados por sus enemigos anglosajones... Una de las pocas diferencias entre ellos, aparte de la tecnología, es que Bonaparte liberó a los judíos, mientras que Hitler los quiso exterminar. En este capítulo expondremos otra de las coincidencias entre estos déspotas: el robo del patrimonio histórico y artístico de las naciones europeas como botín con el que llenar sus museos. Ambos quisieron convertir sus capitales en centros del arte mundial a costa del saqueo.

Álava representado junto a Wellington en la batalla de Waterloo. Es el segundo por la derecha.

La diferencia entre los dos latrocinios es que, mientras los cuadros y el oro robado por los nacionalsocialistas alemanes siguen siendo reclamados, una parte considerable del que se apropiaron los caudillos franceses de la revolución y del imperio permanece en los museos y diversas colecciones particulares del Hexágono.

EL MUSEO JOSEFINO

«La revolución es lo que más se parece a la muerte. Es mucho más crimen que la guerra» escribió Ramón Gómez de la Serna en la España de 1936. En Francia, la revolución no solo mató a cientos de miles de personas por unas ideas y unas ambiciones, sino que también produjo la mayor destrucción de bienes culturales del país, no superada por ninguna guerra ni invasión. Los revolucionarios no respetaron ni a los muertos ni a las piedras; así se demolió la abadía de Cluny y se profanaron las tumbas de los reyes de Francia en la basílica de Saint-Denis. Sin embargo, los más inteligentes y avariciosos de los revolucionarios empezaron a apropiarse de las obras de arte robadas de palacios, monasterios, o catedrales, para su disfrute personal o para enriquecerse con su venta; también para legitimar su nueva posición. Con los cuadros y las esculturas robadas primero en Francia y luego en Italia, Países Bajos y hasta Egipto por los ejércitos jacobinos, el régimen republicano llenó unos museos que abrió el público. La Asamblea había aprobado en 1791 la creación de un museo de bellas artes en el palacio del Louvre, que se inauguró en 1793. Las maravillas que los reyes, los aristócratas y los obispos guardaban para ellos se mostraban ahora al pueblo. Lo cierto es que «el pueblo» que podía disfrutarlas en esos museos era muy escaso y correspondía a las nuevas castas políticas y burguesías.

En España, Napoleón y José aplicaron la misma política cultural. Cuando el Emperador de los franceses, Rey de Italia y Protector de la Confederación del Rin, acudió a solucionar el desastre causado por la derrota de Bailén (18 de julio de 1808), dictó órdenes desde su cuartel de Burgos para tratar de llevar a esos españoles tan tercos por el camino de las

El cadáver del rey Enrique IV expuesto tras su profanación, en 1793.

luces y la prosperidad. Mediante un decreto firmado el 4 de diciembre, mandaba reducir el número de conventos a una tercera parte y vender sus bienes para pagar la deuda pública y compensar a las provincias y ciudades por los gastos de la guerra. Al año siguiente, mediante otro decreto fechado el 20 de diciembre, el rey José, ya establecido de nuevo en Madrid, anunció la fundación en la capital de un museo de pintura formado por los cuadros que «se hallaban hasta aquí encerrados en los claustros» disueltos por su hermano y en las colecciones reales; también la elaboración de una colección de pintura española que entregaría a Napoleón.

> «Se formará una colección general de los pintores célebres de la escuela española, la que ofreceremos á nuestro augusto hermano, el Emperador de los franceses, manifestándole al propio tiempo nuestros deseos de verla colocada, en una de las salas del museo Napoleón, en donde, siendo un monumento de la gloria de los artistas españoles, servirá como prenda de la unión más sincera de las dos naciones».

El Palacio de Buenavista, que había sido residencia de la duquesa de Alba hasta su muerte, fue el edificio escogido como futuro Museo Josefino. El aumento de las pinturas confiscadas llevó a que se ampliasen los edificios destinados a almacenes.

Mientras tanto, la soldadesca francesa, transmisora de la Ilustración y las libertades según los afrancesados del siglo XIX y de la actualidad, se dedicó a saquear el país de un extremo a otro. La avaricia se mezcló con la necrofilia al violarse infinidad de sepulcros en busca de tesoros, como los del Cid y de Alfonso VIII y Leonor de

Plantagenet en Burgos y del Gran Capitán en Granada y el panteón de los duques del Infantado en Guadalajara[153]. La ciencia no escapó a los abanderados del Progreso. El Real Observatorio de Madrid, en el parque del Buen Retiro, fue ocupado por las tropas, que expulsaron al personal. Los franceses convirtieron el edificio en polvorín y desmontaron el telescopio, construido por el astrónomo William Herschel, para quemar su madera. De este instrumento, el segundo más grande del mundo, solo se salvaron dos espejos y el reloj[154].

Pero las victorias del ejército conjunto de españoles, ingleses y portugueses, respaldado por la marina británica y las guerrillas, más la catástrofe de Napoleón en Rusia, forzaron la retirada del rey intruso en 1813. En su huida de Madrid, los franceses y sus colaboradores españoles se llevaron un descomunal tren de carruajes, que se calcula

---

153 La cripta de la familia Mendoza se empezó a construir en 1696 en el convento de San Francisco de la ciudad castellana, con la peculiaridad de imitar el Panteón Real del monasterio de El Escorial. Algunos de sus sepulcros siguen destrozados como los dejaron los franceses. La elaboración de una lista de los destrozos causados por el ejército francés durante la guerra de Independencia sería casi imposible. Prácticamente no hay municipio que no sufriera saqueo. El lector puede hacerse una idea del expolio con la lectura del artículo «El despojo de obras de arte en España durante la Guerra de la Independencia», escrito por Ilse Hempel Lipschutz y publicado en la revista *Arte Español*. El *Códice de la Emperatriz*, mencionado en el capítulo sobre el Toisón de Oro, también fue robado por los franceses. Lo compró la emperatriz María Eugenia de Montijo, que lo donó a la Institución Valencia de Don Juan. En 2019, lo adquirió Patrimonio Nacional para depositarlo en el Museo de las Colecciones Reales.

154 Datos en este enlace, consultado el 10 de enero de 2024. https://astronomia.ign.es/web/guest/william-herschel/el-telescopio-herschel-del-oan

en torno a 1.500. En ellos se guardaban las toneladas de cuadros, joyas, grabados, relojes, esculturas, alfombras, tapices y arte religioso que los invasores habían robado durante la guerra. En su *Episodio Nacional* titulado *El equipaje del rey José*, Benito Pérez Galdós describe con estas frases el convoy:

> «En la mañana del día que siguió a estos sucesos salieron los pocos franceses que quedaban en Madrid. Les mandaba el general Hugo y llevaban consigo convoy tan inmenso, que al verlo creeríase que en la capital de la monarquía no quedaba un alfiler. Desde muchos días antes habían sido embargados cuantos coches y carros y calesas rodaban por las calles de la villa, y casi toda la servidumbre se ocupaba en el embalaje de las diversas riquezas que José y los suyos se habían apropiado. Estos señores hacían buena presa donde quiera que ponían la mano y no eran nada melindrosos ni encogidos para esto del incautarse. Murat despojó la casa de Godoy y el real palacio, y José mandó traer de Toledo, de Valladolid y del Escorial cuanto pudiese ser transportado; esta última circunstancia salvó las piedras del edificio.
>
> »Luego que estuvo reunida cantidad fabulosa de cuadros, estatuas, joyas de camarín y sacristía, dejando a las Vírgenes y Santas sin un anillo que ponerse, establecieron cuatro depósitos en Madrid, los cuales fueron el Rosario, San Felipe, doña María de Aragón y San Francisco. Una comisión separó lo sublime de lo bueno, y no siendo fácil llevarlo todo, dispusieron atropelladamente lo primero en cajas, mezclando lo sagrado con lo profano, es decir,

Felipe IV de castaño y plata. Cuadro de Diego Velázquez que se exhibe en la National Gallery de Londres.

las bellas artes con los enseres de la casa y cocina del Rey José y diversos adminículos que este para diferentes fines usaba. Muebles, porcelanas, vajillas, armas, añadiéronse al botín. Considerando que aun después de tanto despojo quedaba en España alguna cosa de todo punto inútil, según ellos, a la ignorancia castellana, echaron mano a las colecciones mineralógicas del gabinete de Historia Natural y embaularon también los depósitos de ingenieros y de artillería y el hidrográfico. De Simancas cargaron con lo más curioso que allí había. Aquella gente, hasta la historia nos quiso quitar».

El plan francés era formar en la ribera izquierda del Ebro una línea defensiva que les permitiese rechazar el ataque del ejército aliado formado por ingleses, españoles y portugueses. El hermano de Napoleón se estableció en Vitoria, donde se había refugiado en las dos huidas anteriores de Madrid, la primera en 1808, después de la derrota de Bailén, y la segunda en 1812, tras la batalla de los Arapiles. Para su desgracia, José conocía la ciudad.

Miguel Ricardo de Alava recuperando arte español en el Louvre. Cuadro de Mikel Olazábal.

Si este inmenso tesoro no acabó completo en Francia fue gracias a la batalla que el 13 de junio de 1813 se libró en las cercanías de la ciudad vasca. Los franceses, desmoralizados y en inferioridad, tuvieron unas 10.000 bajas, entre muertos, heridos y prisioneros; y aunque tuvieron que abandonar su botín y sus cañones, casi 50.000 soldados pudieron huir a Francia. Entre ellos, se encontraba el títere José, quien, al ver a unos dragones británicos cargar hacia su berlina, saltó de esta y huyó montado en un caballo.

La relativa fortuna de los franceses se debió a que los vencedores, sobre todo los británicos, se arrojaron sobre los carros para saquearlos y sobre las mujeres que acompañaban a los franceses. Arthur Wellesley, generalísimo de los ejércitos aliados, montó en cólera, pero sus gritos y amenazas, así como los proferidos por sus oficiales, no consiguieron devolver a sus hombres a la disciplina. Este comportamiento era tan habitual entre la soldadesca británica que el generalísimo inglés había escrito en una carta fechada en Portugal en 1811 lo siguiente sobre las tropas que mandaba:

> «Nuestro ejército lo forma la escoria de la tierra, la repugnante escoria de la tierra. Los soldados británicos son tipos que se alistan por un trago, ésta es la simple realidad, todos ellos se enrolan por la bebida».[155]

---

155 Esta afirmación de Wellington tenía varios precedentes en la historia militar inglesa. Una de las razones del fracaso del asalto naval a Cádiz, realizado en noviembre de 1625, consistió en el permiso que dio su jefe, Edward Cecil, a sus tropas para beber el vino que encontraban en las casas y bodegas ocupadas. Los invasores se emborracharon con

Poco más tarde, en septiembre, ese ejército dejó otra muestra de su conducta despreciable en el incendio de San Sebastián.

Aunque en Vitoria se recuperó la mayor parte de las obras de arte robadas, también se perdieron otras muchas. Podemos hacernos una idea con la historia del misterioso *Retrato de Giovanni Arnolfini y su esposa* pintado en 1434 por Jan van Eyck. Lo adquirió Felipe II en 1558 y le gustaba tanto que lo colgó entre sus favoritos en la Sala Chica del Real Alcázar. Sobrevivió al incendio de 1734 y siguió en el Palacio Real hasta la usurpación bonapartista. Desapareció por unos años y en 1816 reapareció en Londres, como propiedad del coronel escocés James Hay, quizás un veterano que combatió en España. En 1842 lo compró la National Gallery de Londres.

El tamaño de lo salvado menguó cuando Wellesley le ofreció a Fernando VII la devolución de 257 obras de pintores del Siglo de Oro, de las que se había apropiado después de la batalla, y el Borbón ejerció una generosidad pasmosa al decirle que se las quedase. Así lo hizo el general inglés y ese tesoro compuesto por cuadros de Velázquez, Murillo, Ribera, Coello y Tiziano cuelga aún en las paredes de la mansión de su familia, que le regaló el Parlamento. Ahí se pueden admirar *El aguador de Sevilla*, de Velázquez, el *San Juan Bautista*, de Ribera, o la *Santa Catalina de Alejandría*, de Coello.

---

tal fruición que cuando llegaron las milicias españolas, en vez de unos batallones formados, encontraron cientos de borrachos durmiendo la mona. Los españoles se limitaron a degollarles, sin disparar una sola bala. Los muertos se calculan en más de un millar. Cecil dijo más tarde, durante la investigación hecha por el Parlamento, que «si el Rey de España quiere defender su país, que ponga vino en todas sus costas y podrá rechazar cualquier ejército».

Durante su estancia en París como embajador ante Luis XVIII, Wellesley recibió de Jorge III, en mayo de 1814, el título con el que se haría conocido para la historia, el de duque de Wellington. También dirigió la batalla de Waterloo, librada el 18 de junio de 1815 contra Napoleón, que había huido de su destierro de la isla de Elba en febrero de ese año.

Uno de los asuntos de los que se ocupó como diplomático fue la devolución del patrimonio artístico robado por los franceses. No exageró Antonio Campmany al escribir en 1810: «Antes fue París el emporio de las Ciencias y las Letras. Hoy es el almacén general de las rapiñas». Los monárquicos y la «*racaille*» parisinos coincidieron con el exemperador en que lo robado ya era suyo, y devolverlo a sus propietarios era poco menos que una ofensa.

El rey de los Países Bajos debió recurrir a Wellington. El duque declaró a su amante, Caroline Lamb, que Luis XVIII «mostró una mezquindad increíble en las conversaciones con Inglaterra a propósito de los cuadros del Louvre». Y explicó a Lord Castlereagh, ministro de Asuntos Exteriores británico, la razón de la conducta francesa con estas palabras: «Los sentimientos del pueblo de Francia sobre este tema son exclusivamente los de la vanidad. Desean conservar estas muestras de arte, no porque París sea el mejor lugar para exponerlas… sino porque han sido adquiridas gracias a victorias militares cuyos trofeos representan». Y por eso mismo, prosigue en la carta, los vencedores tienen la ocasión de dar a los franceses «una gran lección de moral»[156].

Y aquí es donde interviene un personaje español admirable, no por sus conquistas, sus descubrimientos o su

156 ARJUZON, Antoine d': *Wellington*, Palabra, Madrid, 2003, pp. 388-390.

gobierno, sino por su inteligencia y su servicio desinteresado a España, el general Miguel Ricardo de Álava.

DE TRAFALGAR A WATERLOO

Miguel Ricardo Álava y Esquivel (1772-1843)[157] nació en Vitoria en el seno de una familia aristocrática alavesa. Estudió en el Real Seminario Patriótico de Vergara, dependiente de la Real Sociedad Bascongada de Amigos del País, e ingresó en el Regimiento de Infantería de Sevilla con trece años de edad. Su tío, Ignacio María de Álava, capitán de navío, le persuadió para que pidiese el traslado a la Armada lo que consiguió en 1794. Navegó por las aguas del Imperio, hasta Filipinas, y en 1800 cayó prisionero de los ingleses, que lo mantuvieron preso en Nassau unos meses. A bordo del *Príncipe de Asturias*, participó en la batalla de Trafalgar (1805), junto con su tío, que mandaba el *Santa Ana* y resultó herido. En 1806, tras dieciséis años de servicio en la Real Armada, pidió licencia para asentarse en Vitoria. El marino no regresaría a la mar más que como pasajero.

Se encontraba en la ciudad vasca cuando se produjeron la entrada en España de tropas francesas y en 1808 el golpe de Aranjuez, con el derrocamiento de Carlos IV por su hijo. Las Juntas Generales de la Diputación alavesa le comisionaron para recibir a las tropas francesas mandadas por el general Jean-Andoche Junot. Cuando Napoleón se

---

157 La única biografía que existe de este patriota es la redactada por el economista Gonzalo SERRATS URRECHA: *El general Álava y Wellington de Trafalgar a Waterloo: la biografía de un hombre discreto*, Foro para el Estudio de la Historia Militar de España, Madrid, 2015.

apoderó de Carlos IV y de Fernando VII en Bayona y cedió la Corona de España a su hermano José, Álava y los demás junteros fueron obligados a jurar fidelidad al monarca de la familia Bonaparte. La jefatura de la Armada le obligó a participar en la asamblea de Bayona que redactó una carta otorgada en su condición de capitán de fragata; alegó su amplia experiencia naval para no aportar ninguna sugerencia política. En agosto, dictó testamento y escapó de Vitoria para unirse a la resistencia contra el invasor, que acababa de sufrir la derrota de Bailén, en julio.

Se ofreció en Madrid al general Castaños, que lo incorporó a su estado mayor. En los años siguientes, el marino se desempeñó como oficial del Ejército. En enero de 1810, la Junta Central ordenó a Álava que informara sobre la marcha de la guerra al general inglés Arthur Wellesley, establecido en Portugal, y luego le nombró adjunto al estado mayor del militar británico. Así comenzó la profunda amistad entre ambos, que queda no solo en los hechos, sino en la correspondencia que cruzaron. Las tropas británicas no se limitaron a combatir a los Bonaparte; también aprovecharon su presencia en España para destruir cuantos bienes pudieron, militares y económicos, como la Real Fábrica de Porcelana del Retiro de Madrid. El tío de Miguel, Ignacio María, protestó por la voladura del fuerte de Matagorda, uno de los que protegían Cádiz en 1810, y la Regencia, que había sustituido a la Junta Central, lo envió a La Habana.

Álava participó en algunas de las principales batallas de la guerra, como las de Albuera, Ciudad Rodrigo, Badajoz y Arapiles. En Villamuriel de Cerrato, en octubre de 1812, recibió una dolorosa herida en la ingle que le dejó inútil para procrear. Wellesley recomendó varias veces a Álava para nuevos ascensos; en enero de 1812 se le nombró mariscal de campo.

En la batalla de Vitoria, Álava mandó una división inglesa y tuvo la satisfacción de librar a su ciudad natal del destrozo de la batalla al protegerla con jinetes británicos. Los franceses, por su parte, tuvieron que abandonar el enorme tren de bagaje, en el que guardaban el botín de años de saqueos y robos.

En octubre de 1813, un ejército de 25.000 hombres cruzó el río Bidasoa en persecución de los franceses. Álava formaba parte de él y en San Juan de Luz recibió la noticia de la rendición de Napoleón, en abril de 1814. Por indicación de los británicos, Fernando VII nombró a Álava embajador titular ente el rey de los Países Bajos e interino ante Luis XVIII. Cuando Napoleón recuperó el trono fugazmente, el vasco se unió a su amigo, y participó en la batalla de Waterloo (18 de junio de 1815), en la que murieron más de 50.000 hombres. Álava fue el único militar de los millones que participaron en las guerras napoleónicas que estuvo presente en sus dos batallas más decisivas.

Unos meses después de ser definitivamente vencido Napoleón, Álava realizó la acción por la que aquí le recordamos. El embajador español en el Congreso de Viena reclamó repetidas veces al ministro Talleyrand la restitución de las obras de arte robadas, pero no consiguió nada. Madrid confió entonces en Álava. Luis XVIII había aceptado devolver varias obras robadas a los grandes de España con la condición de que no estuvieran expuestas en el Louvre, porque el nuevo régimen quería salvaguardar la enorme colección del museo. Respecto a las otras, el monarca remitió a posteriores negociaciones. Entonces Álava chocó con el marrullero y oportunista Viviant Denon, director del Louvre —y antes del Museo Napoleón—. Este llegó a oponerse a la entrega del cuadro *Santa Isabel curando a los enfermos*, de Murillo, con el argumento de que se trataba de una donación hecha por el mariscal Soult, a lo que Álava respondió que era un cuadro robado y, por tanto, no era propiedad del dadivoso donante. Harto de dilaciones que pueden seguirse por la correspondencia que mantuvo con Denon, el militar español olvidó sus modales de caballero. A los pillos, pillerías.

Después de la victoria de Waterloo, en septiembre de 1815, en un París ocupado por los aliados pero agitado, Álava envió a su ayudante Nicolás Minussir y al pintor Francisco Lacoma al Louvre. Como los empleados del museo y el populacho estaban dispuestos a retener lo robado, estos dos emisarios contaban con una escolta de doscientos soldados británicos concedida por Wellington a su amigo español. A pesar de las protestas, en dos días se recuperaron más de trescientos cuadros y un centenar de objetos, que se almacenaron en el edificio de la embajada de España. Álava, alojado en el cuartel general de Wellington, en Cambrai, comprendió que no era seguro el viaje por territorio francés hasta la frontera, por lo que las cajas se trasladaron al antiguo puerto español de Amberes para embarcarlas en dirección a Cádiz. El cargamento se depositó en la Academia de Bellas Artes de San Fernando en junio de 1816. Más tarde, los cuadros pasaron al Prado. La justicia en ocasiones necesita de la fuerza para imponerse. Y lo mismo que hicieron los españoles, hicieron también los prusianos y los neerlandeses.

En cambio, quienes no disponían de soldados, se quedaban sin su patrimonio. Eso les ocurrió a los caballeros de la Orden de Malta, que no sólo perdieron su isla. Al año de terminar el Gran Sitio de Malta de 1565, Felipe II regaló al gran maestre de la Orden, el francés La Valette, una espada y una daga de acero toledano engarzadas con joyas. Se sacaban en procesión cada 8 de septiembre, fecha de la retirada de los turcos. Cuando Napoleón ocupó la isla en 1798, las robó. Hoy se siguen exhibiendo en el Louvre.

¡Qué placer debió de sentir el patriota Miguel Álava, que había visto España destrozada y robada, al despojar a los franceses de parte de su botín! ¡Y emplear para ello a infantes de marina británicos!

Fernando VII se encuentra con el duque de Angulema.
Álava tuvo que exiliarse para salvar su vida.

El militar, convertido en diplomático, comenzó una carrera política en la que tan pronto caía en desgracia ante el rey felón como era perdonado por él. Wellington le escribió en 1821 que el monarca, su familia y los cortesanos eran «unos castrados en todos los sentidos de la palabra»[158]. Durante el Trienio Liberal (1820-1823), presidió las Cortes constitucionales y acompañó a Fernando VII en la chalupa que lo trasladaba de Cádiz al Puerto de Santa María, donde le esperaba el duque de Angulema. Para escapar a la persecución de los absolutistas huyó a Inglaterra y en el exilio le mantuvieron sus amigos extranjeros, sobre todo Wellington, que le hospedó en su mansión. Se le condenó a muerte en rebeldía en 1826 y solo pudo regresar gracias a la amnistía promulgada en 1833, después de la muerte de Fernando. Durante el reinado de Isabel II desempeñó las embajadas en Londres y París; y en 1835, ocupó por unos días la presidencia del consejo de ministros y por unas semanas los ministerios de Estado y de Marina.

Comenzaban los ridículos gobiernos liberales que duraban un suspiro y se prolongarían un siglo, con la excepción de la Dictadura de Miguel Primo de Rivera. El embajador británico escribió a su ministro de Asuntos Exteriores en octubre de 1822 que el país «estaba sumido en la más completa decadencia (…) y la población desmoralizada y sin energías»[159]. Londres supo sacar beneficio de la ruina económica y la inestabilidad política de su antigua enemiga. Por un lado se presentaba como protector y amigo de los liberales españoles y, por otro, obtenía tratados de comercio que impedían la industrialización de España. El gobierno de Madrid necesitaba de empréstitos extranjeros y el dinero se lo concedían casas de comercio como las de Goldsmith y Rothschild solo a cambio de otras garantías de carácter real; en 1837, la banca Rothschild se hizo con las minas de Almadén y, en unión de

158 PARRA, Emilio la: *Fernando VII: un rey detestado y deseado*, Tusquets, Barcelona, 2018, p. 426.

159 PARRA, Emilio la: Op. cit., p. 427.

las que ya explotaba en Idrija (Austria), controló el mercado del mercurio hasta el siglo XX.

La Cripta de la familia Mendoza, en Guadalajara.

Álava contempló el declive español desde una privilegiada butaca. Tuvo que escuchar de boca del ministro de Asuntos Exteriores británico, el vizconde Palmerston, las limitaciones al matrimonio de la reina Isabel impuestas por las grandes potencias y, además, aceptar en una ocasión un préstamo de quinientas libras, pues llevaba meses sin recibir su salario de Madrid[160]. Como se decantó por el partido moderado y no aceptó jurar la Constitución progresista de 1837, don Miguel, ya sexagenario, debió marcharse de nuevo de España. Murió en el pueblo francés de Barèges en

160 OLIVIÉ, Fernando: *La herencia de un imperio roto. Dos siglos de la historia de España*, Marcial Pons, Madrid, 2016, pp. 173 y 322-323.

1843. Sus restos se trasladaron a su ciudad natal en 1884, al cumplirse el 71.º aniversario de la batalla. ¡Qué poco reconoce España a este soberbio hijo suyo! Solo lo honran su provincia y el Museo del Prado.

En el caso de que los países que reclaman a los museos franceses, británicos y alemanes las obras de arte que salieron de sus territorios entre los siglos XVIII y XX consiguieran recuperarlas, España quizás podría reclamar algo más[161], pero si nosotros no entramos en la categoría de Grecia es gracias a Miguel de Álava. Que un patriota como este vasco sufriera, primero, persecución y destierro por orden del monarca al que había servido y, luego, las disputas entre los liberales muestra la abyección en la que las clases dirigentes españolas del siglo XIX estaban cayendo.

El odio se cebaba no sólo en los hombres más destacados, sino también en las cosas. Hemos mencionado al principio de este libro que la embajada de los Reyes Católicos en Roma fue la primera embajada permanente en la historia. Pues en las Cortes de la Primera República se registró un proyecto de ley para cerrarla, por un ansia anticlerical, aunque se retiró. De haberse realizado, ¿qué habría pasado con las obras de arte que albergaba el edificio?, ¿se habrían subastado como hicieron los puritanos ingleses con la pinacoteca de Carlos I?

---

161 Un ejemplo de esa hipotética reclamación lo constituyen las pinturas de la Cartuja de Santa María de la Defensión de Jerez, diseminadas entre los museos de Grenoble, el Metropolitan de Nueva York y el Provincial de Cádiz. Otro, la Cervatilla de Medina Azahara, robada del Monasterio de Guadalupe y hoy depositada en el Museo de Arte Islámico de Catar.

EL INOMBRABLE QUE RECUPERÓ «LA INMACULADA DE MURILLO»

Los documentos que permiten reconstruir la magnitud del pillaje cometido por los franceses y la implicación personal de sus más ilustres generales, esos cuyos nombres aparecen esculpidos en el Arco del Triunfo, como si hubieran sido hunos son los catálogos de venta de sus colecciones y los de sus viudas. Ahí quedan manchados para la infamia los nombres de Murat, Dupont, Soult, Sébastiani, Belliard, Faviers, Merlin y Bourdois, que fue médico del *capo* de la banda, Napoleón[162].

Una de las piezas más vinculadas a España que Álava no pudo rescatar porque aún no se hallaba en el museo era un gran cuadro de la Inmaculada Concepción (274 x 190 cm) pintado por Bartolomé Murillo para el hospital de los Venerables Sacerdotes de Sevilla. La concepción inmaculada de la Virgen María, como expliqué en mi anterior libro, era un atributo mariano defendido desde muy antiguo por todas las instituciones españolas, incluida la monarquía, que en el siglo XVII propuso al papa su proclamación como dogma universal. Murillo pintó una veintena de representaciones de esta figura, siempre con la misma iconografía: figura de la Virgen vestida de blanco y azul, pisando la Luna, con las manos cruzadas sobre el pecho y la mirada dirigida al cielo; completaban la composición nubes, ángeles y estrellas. El sevillano asociaba así dos dogmas marianos, la Inmaculada y la Ascensión.

---

162 LIPSCHUTZ, Ilse Hempel: «El despojo de obras de arte en España durante la Guerra de la Independencia», *Arte Español. Revista de la Sociedad Española de Amigos del Arte*, 3er cuatrimestre de 1961, Madrid, p. 223.

La pintura era tan famosa que el mariscal Jean-de-Dieu Soult, uno de los favoritos del emperador, la incluyó entre los expolios realizados en Sevilla y su provincia en 1810 por orden del Bonaparte usurpador. De las 999 obras de arte arrancadas a instituciones religiosas y almacenadas en el Alcázar, desaparecieron 121 en 1813. De parte de ellas se apropió Soult. En las paredes de su palacio de París colgaban quince lienzos de Murillo, más cuadros de Zurbarán y Herrera. La joya de su colección era la *Inmaculada de los Venerables*. A diferencia de los ladrones contemporáneos, no escondía su botín, sino que lo exhibía. Al subastarse su colección tras su muerte, esta la formaban ciento diecinueve lienzos, de los que ciento quince pertenecían a la Escuela Española. La venta recaudó más de 1,3 millones de francos[163].

Soult sirvió a todos los monarcas franceses posteriores, incluso a Napoleón durante el Imperio de los Cien Días, y desempeñó tres veces el cargo de primer ministro de Luis Felipe I. Su prestigio y la protección por parte de los distintos regímenes franceses —hasta se declaró republicano cuando en 1848 se volvió a derrocar otra monarquía— le permitieron conservar su riqueza y su colección robada. Desde luego, fue mucho más afortunado que los jerarcas y mariscales del III Reich alemán. Al año siguiente de su muerte, sus herederos subastaron la Inmaculada de Murillo. Ganó la puja el Louvre al pagar 615.300 francos, la cantidad más elevada desembolsada hasta entonces por una pintura, y sobrepasar las ofertas de la reina Isabel II y el zar Nicolás I. La recuperación por España de esta obra maestra tardó casi noventa años.

---

163 LIPSCHUTZ, Ilse Hempel: *Op. cit.*, p. 219.

En julio de 1936 estalló una guerra civil en España, en la que los Gobiernos franceses de izquierda que se sucedieron colaboraron con el Gobierno del Frente Popular español: permitieron el reclutamiento de miembros de las Brigadas Internacionales y las ventas y embarques de armas. También llegó a plantearse la invasión de parte del territorio español. En marzo de 1938, poco después de que el III Reich se hubiese anexionado Austria, el primer ministro, León Blum, y su ministro de Defensa, Edouard Daladier —del partido radical socialista—, discutieron con el estado mayor militar un plan para invadir Cataluña, todavía dominada por el Frente Popular español.

Meses después, en enero de 1939, ante el imparable avance militar en Cataluña de las tropas del bando nacional, el Gobierno francés, del que ahora era presidente Daladier, trató de congraciarse con el Gobierno de Burgos, llamado así porque era la ciudad donde residían el generalísimo Francisco Franco y sus ministros. El 2 de febrero, París envió un negociador, el senador León Bérard, que se reunió con el ministro de Asuntos Exteriores franquista, Francisco Gómez-Jordana. Juntos elaboraron el Acuerdo Bérard-Jordana, comunicado el 27 de febrero, por París, un día después de que el Gobierno francés trasladase su reconocimiento diplomático al de Burgos. Como parte del acuerdo, muy favorable a la España nacional, París se comprometía a impedir la salida de Francia de los bienes españoles, de titularidad pública y privada, que se encontrasen en su territorio y a devolverlos a España: desde armamento, ganado y camiones a oro, plata, joyas y obras de arte. Los cientos de miles de personas huidas también regresaron, de modo que en diciembre de 1939 los exiliados, incluyendo mujeres y niños, eran menos de 140.000 según un informe del estado mayor francés remitido a Burgos por el agregado militar español, el coronel Antonio Barroso.

Otro halago fue el nombramiento del mariscal Philippe Pétain, admirado por Franco, como embajador francés, a principios de marzo. Los gobernantes franceses querían asegurarse la neutralidad española ante una guerra con Alemania. Y España fue neutral en la guerra que estalló seis meses después, pero eso no impidió la derrota de Francia. Al año siguiente, Petáin, investido jefe del Estado francés por las Cámaras del Parlamento, quiso evitar que España participara en el *Nuevo Orden* que Adolf Hitler estaba levantando.

Los generales Franco y Petáin, en Burgos en 1939.

En octubre de 1940, se celebraron las reuniones de Hitler con Franco (día 23) y Petáin (día 24) para tratar de formar una alianza europea contra Inglaterra y que fracasaron. Poco antes, el 12 de octubre[164], el director de

164 GRUAT, Cédric y MARTÍNEZ, Lucía: *El retorno de la Dama de Elche*, Alianza, Madrid, 2015.

los Museos Nacionales y de la Escuela del Louvre, Jacques Jaucard, recibió en París a tres delegados españoles: Luis Pérez Bueno, director del Museo de Artes Decorativas de Madrid; Marcelino Macarrón, delegado en Francia para la recuperación de objetos de arte robados durante la guerra civil; y el pintor José María Sert. Estos plantearon la entrega a España de varias obras que formaban parte de las colecciones nacionales francesas.

Una de ellas era *La Inmaculada Concepción*. Otra de las pedidas era la escultura de la *Dama de Elche*, que había sido comprada por 4000 francos en agosto de 1897, a los pocos días de haberse hallado. Mientras los funcionarios franceses en seguida quisieron hacerse con ella, el Museo Arqueológico Nacional, al parecer, ni se interesó en comprarla. Y, por último, el tesoro de las coronas y cruces visigodas descubierto en 1858 en la Huerta de Guarrazar, cerca de Toledo. En 1856, un oficial francés retirado había comprado el terreno y comenzado las excavaciones. El tesoro salió de España sin problemas y apareció en 1859 en el Museo Cluny, dedicado a la Edad Media. A lo anterior se sumaron un lote de esculturas iberas y los archivos de Simancas.

El Gobierno español comprendió que una entrega de las obras, que habían sido adquiridas legalmente, podría discutirse después de la guerra, por lo que ideó un intercambio. Ofreció al Gobierno de Vichy otras obras, que en realidad eran de segunda fila, bien porque eran aparatosas o porque consistían en copias de taller: la mitad de la tienda de Francisco I capturada en la batalla de Pavía, un retrato de la reina Mariana de Austria hecho por Velázquez, un retrato de Covarrubias por el *Greco* y otras piezas menores. Petáin y su gobierno autorizaron la entrega para continuar con una política de amabilidad que alejase a Franco del Eje. En esos momentos, lo que quedaba de Francia no podía dar nada más.

El cuadro de Murillo volvió a su patria el 6 de diciembre de 1940, dos días antes de la fiesta de la Inmaculada. La *Dama de Elche* y las coronas visigodas llegaron el 8 de febrero de 1941. Y los legajos robados, cuyo retraso se debió al interés de los alemanes por fotocopiarlos y al de los archiveros franceses por aplazar la salida, regresaron a Simancas el 6 de noviembre de 1942.

En 1945, antes de que acabase la guerra, con Francia liberada, empezaron las protestas del *establishment* cultural francés, pero el Estado francés no planteó las reclamaciones de los conservadores ni tomó medidas contra España. Las obras devueltas permanecen entre nosotros y esta lamentable historia podría considerarse cerrada, pero la obsesión antifranquista de los partidos de izquierda quizás abriría una vía a la reclamación de esos bienes si en virtud de la ideología de la «memoria histórica» se llegasen a declarar nulos de pleno derecho todos los actos políticos y administrativos realizados por el régimen franquista. Entonces, un abogado o un museo francés podría instar ante un tribunal español el reconocimiento de la nulidad de la entrega de las obras de arte que hemos mencionado y reclamar su devolución. El gobierno español tendría que hacer una de estas dos cosas: o cumplir esa hipotética petición francesa… o reconocer que Franco hizo cosas buenas.

13. ¿QUIÉN FUE EL ÚLTIMO CONQUISTADOR?

El siglo XIX destaca en la historia de numerosas naciones europeas y americanas por ser el de su unidad, su industrialización y su expansión. Para España, por el contrario, es el de las guerras civiles, el atraso y el empequeñecimiento. El primer país moderno en levantar un imperio oceánico fue también el primero en perderlo. Después de la derrota ante Estados Unidos en 1898, a España no le quedó en el continente americano que había descubierto y civilizado ni el Pacífico que había singlado de un extremo a otro un solo islote bajo su soberanía. En una muestra de impotencia, los españoles se ensimismaron en sus divisiones internas y rehusaron unirse en un proyecto nacional. En la Gran Guerra, Alemania atacó los barcos mercantes de la España neutral, porque sabía que era tan honda la escisión de los españoles que no se pondrían de acuerdo ni para exigir reparaciones o incorporarse al bando aliado. Como escribió Julio Camba en vísperas de la guerra entre Italia y Etiopía:

> «Todos los conflictos bélicos que estallan en el mundo no nos interesan nunca a los españoles más que en cuanto pueden suponer una variación táctica de nuestra antigua e interminable guerra civil. Unas veces hacemos de rusos y japoneses; otras, de aliadófilos y germanófilos; y ahora, aunque no pase

nada en Abisinia, ahora vamos a hacer de etíopes e italianos».[165]

Aun así, de vez en cuando España podía erguirse siquiera brevemente de su decadencia y sorprender a propios y extraños. El gobierno de la Dictadura de Primo de Rivera resistió el boicot del *lobby* de las petroleras cuando fundó la Campsa. El vuelo del hidroavión *Plus Ultra*, que atravesó el Atlántico desde Palos de la Frontera a Buenos Aires colocó a la aeronáutica española entre las primeras del mundo. Y entre estos personajes también destaca el militar Oswaldo Fernando Capaz Montes (1894-1936), el último que ha ampliado los límites de nuestra patria.

El coronel Oswaldo Capaz, con su Medalla Militar Individual.

165 CAMBA, Julio: *Haciendo de República y artículos sobre la guerra civil*, Libros del Silencio, Barcelona, 2010, p. 237.

¿DÓNDE ESTUVO SANTA CRUZ DE MAR PEQUEÑA?

La distancia entre las islas de Lanzarote y Fuerteventura y la costa africana más próxima supera por poco los cien kilómetros, una distancia que podía cubrirse en un día entero en un barco de vela con vientos favorables. El andaluz Diego García de Herrera y Ayala, señor de las Canarias Menores, mandó construir en torno a 1478 una pequeña torre de piedra en un islote arenoso de una pequeña bahía o mar interior de esa costa llamado en los portulanos portugueses y castellanos Mar Pequeña. Repitió el mismo método que había aplicado años antes al levantar las torres de Gando en Gran Canaria y de Añazo en Tenerife. El edificio, que recibió el nombre de Santa Cruz de Mar Pequeña, servía de resguardo a los hombres de García Herrera que llegaban para pescar, comerciar con las tribus bereberes o capturar esclavos y ganado en cabalgadas.

Don Diego falleció en 1485 y sus herederos acabaron abandonando la torre. Los Reyes Católicos ordenaron al gobernador de la isla de Gran Canaria, Alonso Yáñez Fajardo, servidor suyo desde los tiempos de la guerra civil castellana, que la reconstruyera. Por tanto, puede calificarse como el primer asentamiento español en el África continental. La torre sufrió diversos asedios de los sultanes y los caídes locales, porque su existencia suponía una mengua de su soberanía, aparte de un factor de inseguridad en la región. En los años 20 del siglo XVI, el sultán Mohamed ach-Chaif, de la dinastía Saadí, expulsó a los portugueses de Agadir y demolió la torre.

Los españoles usaban ya el Atlántico para navegar hacia el oeste, a unas Indias que ofrecían más riqueza y fama, y se olvidaron de Santa Cruz de Mar Pequeña, hasta el punto de que perdieron su recuerdo. Frente a la piratería berberisca que surgió en esos mismos años y que en ocasiones atacaba Canarias, como las expediciones de Calafat (1569), Dogali (1571), Morato Arraez (1586), Xabán Arraez (1593) y —la más dañina— Tabac Arráez (1618), se prefería armar y entrenar a los paisanos o reforzar las guarniciones y las escuadras.

El periodista Chaves Nogales acompañó a Capaz y sus hombres en la ocupación de Ifni.

Como contamos en otro capítulo, una de las instrucciones que tenía Jorge Juan en su embajada extraordinaria de 1767 ante el sultán Mohamed Ben Ismael era la de persuadir a este para que reconociera los derechos españoles sobre Santa Cruz de Mar Pequeña y permitiera el establecimiento de una factoría. El motivo residía en la creciente importancia de la pesca en la economía canaria; en 1784, el Cabildo de Gran Canaria calculaba en 100.000 pesos anuales el beneficio de las pesquerías en las costas del Sus, la región del sur de Marruecos.

Por fin, en la segunda mitad del siglo XIX, la reducida España se interesó por recuperar ese enclave hasta entonces presente solo en la tinta de papeles y mapas.

Después de un ataque de la cabila de Anguera a un fuerte en Ceuta en agosto de 1859, el Congreso aprobó por unanimidad la guerra contra el sultanato de Marruecos. El presidente del Gobierno, el general Leopoldo O'Donnell, dirigió personalmente un ejército de unos 35.000 hombres que en diciembre invadió el país africano desde Ceuta. España venció a Marruecos en cuatro meses, pero cayó derrotada ante el Imperio británico. Antes de comenzar la guerra, O'Donnell había consultado a las principales potencias europeas y Londres impuso condiciones. Los objetivos principales de Madrid consistían en apoderarse del puerto de Tánger y de la ciudad de Tetuán, a cuarenta y cuatro kilómetros del anterior. Londres los vetó, pues no quería que España controlase la costa frente a su colonia de Gibraltar. Tetuán fue conquistada en febrero de 1860 —victoria por la que Isabel II concedió a O'Donnell, ya conde de Lucena, el ducado de Tetuán— y evacuada en 1862.

En el Tratado de Wad-Ras, España amplió las demarcaciones de Ceuta y Melilla. Además, por insistencia de

O'Donnell, nacido en Santa Cruz de Tenerife, el sultán cedió Santa Cruz de Mar Pequeña a perpetuidad. El artículo VIII del Tratado rezaba así:

> «Su Majestad Marroquí se obliga a conceder a perpetuidad a su Majestad Católica, en la costa del océano, junto a Santa Cruz la Pequeña, el territorio suficiente para la formación de un establecimiento de pesquería como el que España tuvo allí antiguamente. Para llevar a efecto lo convenido en este artículo se pondrán previamente de acuerdo los gobiernos de Su Majestad Católica y Su Majestad Marroquí, los cuales deberán nombrar comisiones por una y otra parte para señalar el terreno y límites que debe tener el referido establecimiento».

Por tanto, para realizar el establecimiento, primero, se tenía que decidir el lugar correcto en que estuvo esa torre entre España y Marruecos. Después de varias de esas comisiones, España y Marruecos aceptaron el dictamen del oficial de la Armada Cesáreo Fernández Duro a partir del recorrido realizado en 1878 entre Agadir y el río Draa que situaba Santa Cruz de Mar Pequeña en la desembocadura del río Ifni, territorio de los Ait Ba Amrán[166]. El siguiente

166 El pronunciamiento de Fernández Duro fue discutido por otros marinos y geógrafos, ya que la costa escarpada de Ifni era incompatible con un puerto pesquero. Tan pronto como en 1882, el canario Antonio Manrique afirmó haber descubierto las ruinas de la torre de Santa Cruz al sur de Ifni. Siguieron otros testimonios de investigadores y viajeros. Lo ha confirmado la localización de las ruinas de la torre de Santa Cruz en una laguna litoral en Ajfennir, llamado Puerto Cansado durante el protectorado. Este lugar se encuentra en la región de Tarfaya, vecina al Sáhara. Al respecto

paso, la ocupación política y militar, España tardó en darlo cincuenta y cinco años.

OSWALDO CAPAZ, «HOMBRE EXCEPCIONAL»

La principal razón de semejante retraso en ondear la bandera española en Ifni no fue únicamente material, sino, sobre todo, inmaterial. Después del Sexenio Revolucionario, en el que en España se libraron tres guerras civiles simultáneas —cubana, carlista y cantonal—, el régimen de la Restauración quería paz; no bienestar, ni justicia, ni una empresa común; paz y solo paz. Su creador, Antonio Cánovas del Castillo, dejó esta confesión de desaliento pronunciada en 1883, en las mismas fechas en que Madrid y Fez aprobaban la localización del puerto:

> «Todo el mundo sabe que soy enemigo declarado de toda injerencia de España en las aventuras exteriores. Bastante tiene con sus dificultades interiores».167

Y con semejante política carente de voluntad y vigor, los españoles se encontraron en 1898 aislados y sin escuadras.

En el siglo XX, París implicó a España en proyectos de reparto de Marruecos para frenar a Alemania. Al final, en 1912 se estableció un protectorado ejercido por los dos

---

puede consultarse el artículo de Luis BLANCO VÁZQUEZ «El establecimiento hispano africano de Santa Cruz de Mar Pequeña y su aparición en la cartografía náutica portuguesa de finales del siglo XV», *Anuario de Estudios Atlánticos*, n.º 64, Cabildo de Gran Canaria, 2018.

167 FERNÁNDEZ ALMAGRO, Melchor: *Cánovas: su vida y su política*, Tebas, Madrid, 1972, p. 344.

gobiernos europeos en beneficio del sultán alauita, que había perdido el control su país. A España le correspondieron las partes más improductivas y agrestes del imperio jerifano y, encima, pobladas por las cabilas más belicosas.

> «—¿Ves aquella montaña abrupta? Es de los españoles. ¿Ves aquel valle fértil? Es de los franceses.
> Así, con esta sencilla norma de adjudicación, contestan los moros del Norte cuando se les pregunta a quién corresponde cada trozo del paisaje africano. Aquí, en Ifni, como en el Norte, también nos ha tocado el hueso».[168]

Hubo varios intentos de ocupación efectiva de Ifni, que se consideraba un territorio soberano español, en 1910, 1911 y 1919, promovidos, entre otros, por el coronel Francisco Bens, veterano del Sáhara. Pero fracasaron por diversas causas, como el veto de Francia, las dilaciones a las que recurrió el *majzén* marroquí y la resistencia de los indígenas. Luego ocurrió el desastre de Annual (1921). En la década de los 30, a París ya le interesó que España se implantase en Ifni, porque en su zona marroquí y el Sáhara habían aparecido bandas de nómadas merodeadores y rebeldes que atacaban a otros árabes y los puestos militares. El Gobierno republicano presidido por Manuel Azaña hizo un nuevo intento en el verano de 1933, pero lo frustraron los Ait Ba-Amran, que atacaron a los enviados nada más pusieron pie en tierra. Apresaron al oficial de la Marina, Pedro Nieto Antúnez, y mataron a dos de sus acompañan-

---

168 CHAVES NOGALES, Manuel: *Ifni, la última aventura colonial española*, Almuzara, Sevilla, 2012, p. 71.

tes. El marino escapó poco después gracias a la protección de Chej Said, jefe de la cabila Ait el Jons.

La Plaza de España de Sidi Ifni durante la presencia española.

La toma de posesión se preparó para la primavera del año siguiente. Alejandro Lerroux, presidente del consejo de ministros desde diciembre de 1933 y antes ministro de Asuntos Exteriores, consiguió la aceptación por parte del primer ministro francés, Gastón Doumergue. Aparte de la situación en el sur de Marruecos, a los dos políticos les unían su misma edad, su militancia en partidos radicales y su pertenencia a la masonería.

El jefe militar al que Lerroux confió la operación fue el coronel Oswaldo Fernando Capaz Montes, que nació en Cuba debido a que en la isla estaba destinado su padre, general de brigada. La familia se volvió a España después de la derrota ante Estados Unidos. En 1914, como segundo teniente, entró en combate en Marruecos y desde entonces su carrera quedó vinculada a África. Mandó soldados marroquíes, gracias a lo que aprendió la lengua árabe y el trato con los nativos. Fue herido gravemente en 1920 y en los años siguientes realizó tales servicios que se le ascendió a coronel —con treinta y cinco años—, Alfonso XIII le nombró gentilhombre y recibió la Medalla Militar Individual. Como tantos militares africanistas, sufrió represalias por parte de la camarilla de la que se rodeó a Azaña, primer ministro de Guerra de la República. En noviembre de 1931, el Gobierno le nombró comandante militar de Las Palmas y, más tarde, delegado de Asuntos Indígenas de la Alta Comisaría de España en Marruecos. En su oficina de Tetuán planeó la ocupación de Ifni.

A finales de marzo de 1934, Capaz se trasladó a Villa Bens, en Tarfaya, y luego en avión a Sidi Ifni, la aldea elegida como capital de la región. En esos días, contactó con los caídes y comprobó que aceptarían pacíficamente la presencia española. A la vez, zarpó de Canarias el cañonero *Dato* con militares y pertrechos con los que establecer una pequeña guarnición.

El periodista Manuel Chaves Nogales, que fue testigo de la ocupación, describió así a Oswaldo Capaz:

> «El español, conquistador o misionero, lo fía todo a su prestigio personal, al poder maravilloso que sobre las masas ejerce siempre el hombre de excepción. Y Capaz, hay que decirlo aunque a él no le agrade, se ha puesto a colonizar Sidi Ifni como Robinsón se puso a trabajar en la isla de Juan Fernández».[169]

169 CHAVES NOGALES, Manuel: *Op. cit.*, p. 30.

Como el desembarco de los militares se alargaba por el mal tiempo, Capaz recurrió a un avión para trasladarse por el territorio y presentarse a los caídes, a los que convencía con su experiencia, su conocimiento del árabe y su amabilidad de la necesidad de entregar los fusiles y ponerse bajo la protección española. Viajó con la única compañía del piloto. Las dificultades del desembarco por el oleaje y las densas nieblas ya indicaban que Ifni no era el fácil puerto que debería corresponder a Santa Cruz de Mar Pequeña. Las únicas bajas mortales se produjeron al volcar un bote con cuatro soldados marroquíes y uno español, ahogados todos ellos, más dos pilotos, muertos al estrellarse su avión.

El último ensanchamiento del territorio nacional por minúsculo que fue volvió a mostrar también la diferencia de la colonización española respecto a las realizadas por otros países.

En sus crónicas, Chaves subrayaba el efecto que causaba a los moros saberse españoles:

> «Cuando el coronel explicaba a los cabileños aquellos que no eran hombres alquilados al servicio de España, sino españoles auténticos; cuando les decía que siendo aquel un territorio de soberanía eran ellos tan españoles como él, el orgullo les rebosaba, y se les veía erguirse, dispuestos a dejarse matar por la causa de España que se les encomendaba».[170]

Y tampoco se aprovechaban las querellas entre los indígenas para asentar el nuevo poder, sino que se les civilizaba y se trataba de borrar las diferencias:

170 CHAVES NOGALES, Manuel: *Op. cit.*, p. 31.

«Los españoles han entrado en Ifni no en son de conquista, sino de pacificación. La prestación de servicios se les abona a los indígenas escrupulosamente. Sus mujeres son respetadas hasta más allá de lo que ellas quisieran, se ha pregonado por los zocos una orden del coronel Capaz prohibiendo a las mujeres acercarse a los campamentos y recomendándoles que se cubran con sus velos y se aparten del paso de los soldados. Con las manos manchadas de sangre española y francesa, los moros vienen a nuestras tiendas a recoger el rancho y a nuestras clínicas a recibir medicinas. No ha sonado un tiro en todo el territorio. ¿Es esto imperialismo?».[171]

DE LOS APLAUSOS A UN FUSILAMIENTO

Mediante un decreto fechado el 9 de abril, el Gobierno nombró a Capaz gobernador del territorio. Y el 19 el presidente Lerroux acudió a las Cortes para dar cuenta de la operación con justificado orgullo.

En la sesión, dos parlamentarios confirmaron que gran parte de la izquierda española siempre está entregada en cuerpo y alma a gobiernos extranjeros, con independencia de los regímenes y las épocas. El único diputado comunista, Cayetano Bolívar, pronunció un discurso delirante, en el que aseguró que estaban ante un «contubernio» con el imperialismo francés y que, de acuerdo con la doctrina comunista, desataría «la contradicción interimperialista». Y pronosticó que el desembarco en Ifni sería «el comienzo

171 CHAVES NOGALES, Manuel: *Op. cit.*, p. 67.

de la futura guerra mundial que se prepara para el nuevo reparto del mundo», en la que las «potencias imperialistas» no solo combatirían entre sí, sino que, además, atacarían a la URSS de su venerado Stalin.

El diputado radical socialista Aurelio Ramos Acosta se reveló como afrancesado. En su parlamento, primero homenajeó a Francia «por su ejecutoria de pueblo libre»; y luego se opuso a que España participara en «empresas bélicas», porque servirían para el «resurgimiento del espíritu militarista», de modo que propuso el abandono de Ifni. Con una gran visión geopolítica, idéntica a la del conservador Cánovas, añadió que estaba convencido de que «a España no le interesa absolutamente nada lo que pasa en África».

Al menos, otros diputados felicitaron al Gobierno por la operación. Entre ellos estuvo el canario Tomás Cruz García, de Acción Popular, que subrayó la seguridad que aportaría el establecimiento español en Ifni, tanto frente a otras potencias como frente a la piratería bereber.

En su turno, Lerroux resaltó la aprobación de los nativos a la presencia española y elogió al coronel Capaz:

> «al que el Gobierno ha hecho el homenaje que merecen su valía, su historia, su integridad, su lealtad al Estado, cualquiera que sea el Gobierno que le rija».

En siglos anteriores los gobernantes españoles y los conquistadores asentados en otros continentes tardaban meses en comunicarse y lo hacían a través de mensajes y funcionarios. Por eso, cuando Carlos V envió a Pedro de la Gasca a pacificar Perú, le entregó varios papeles firmados en blanco para que el castellano los rellenase a tenor de las circunstancias. En 1934 no fue necesario. Gracias al avión, Capaz acudió a Madrid el 14 de mayo para conversar con el jefe del Estado y el presidente del Gobierno. En esos días, insistió a los periodistas sobre la tranquilidad en Ifni: «Se ha hecho un desarme a conciencia y rápido, y salvo alguna pequeña ocultación que pueda haber, allí, no hay más armas que las que representan a España»[172]. Así disipó el miedo de que se repitiera una guerra como la vivida en el norte de Marruecos (1909-1927), en la que las bajas de españoles y marroquíes aliados superaron las 43.000.

La Plaza de España de Sidi Ifni se llama hoy Plaza de Hassán II. Los marroquíes retiraron del monumento el busto de Capaz.

Esta operación le supuso a su ejecutor el ascenso en diciembre a general de brigada, con solo cuarenta años, y nuevos destinos. Los últimos fueron los de jefe de la Circunscripción Occidental del Ejército de Marruecos y de

172 *La Vanguardia*, 15 de mayo de 1934.

gobernador militar de Ceuta. Pero en cuanto llegó el Frente Popular al gobierno, se le dio otro tipo de premio.

En el verano de 1936, el general Capaz solicitó al Ministerio de la Guerra, dirigido por Santiago Casares Quiroga, también presidente del Gobierno, un permiso por dos meses por enfermedad, que se le concedió. Primero marchó a Zaragoza y luego a Madrid, donde le sorprendió la sublevación del Ejército de África. El pistolero socialista Agapito García Atadell le detuvo en el Casino de Madrid, donde se alojaba, y le trasladó a la cárcel Modelo. El Gobierno del Frente Popular incluyó a Capaz en las listas de funcionarios y militares depurados. El 11 de agosto, el presidente de la República, Manuel Azaña, firmó un decreto que disponía su pase a la situación de disponible forzoso, junto con otros doce generales.

En la Modelo, coincidió con el diputado de la CEDA Ramón Serrano Súñer, al que su condición de parlamentario no le amparó frente a los abusos gubernamentales. Serrano y Capaz compartieron paseos por el patio en los pocos días que convivieron. El cuñado del general Francisco Franco y futuro ministro suyo le definió como «íntegro, razonable, serio y respetable» y explicó que su encarcelamiento se debió a la negativa de Capaz de combatir a los alzados. La frase que repetía y le condenó era la siguiente: «Yo soy un jefe que manda soldados, no turbas alborotadas».

El conquistador de Ifni estaba convencido de la derrota del Frente Popular, a pesar de que disponía de más territorio, industria, fondos financieros, buques y aviones de guerra, porque «carecía de soldados disciplinados, cosa que agravaban las interferencias políticas». También le reveló a Serrano que los presos políticos no sobrevivirían si no llegaban pronto los nacionales; y, en el caso de que se cumpliese esta condición, tenían que unirse para desarmar a los vigilantes, «de otra manera nos matarían a todos»[173]. Capaz tuvo razón en sus dos vaticinios.

La noche del 22 al 23 de agosto fue asesinado, junto a otra treintena de jefes militares, exministros, políticos moderados y falangistas, por un grupo de milicianos de izquierdas que se apoderaron de la cárcel. Los asesinos arrojaron su cadáver y los de otros fusilados en la Ciudad Universitaria. Después de la victoria nacional, fue exhumado y enterrado en el cementerio de La Almudena.

El primer presidente de la República, Niceto Alcalá Zamora, elogió así a Oswaldo Capaz:

> «Fue nuestro último gran colonizador, y a quien por cierto le pagaron las turbas en 1936 con inicuo asesinato la deuda de gratitud, con él contraída por España, cuya sangre tanto ahorró la política habilísima y civil de aquél en Marruecos».[174]

EL ABANDONO DE IFNI

Ifni permaneció treinta y cinco años bajo soberanía española, y en ese tiempo cambió varias veces su situación jurídica y sufrió una invasión.

Hasta julio de 1946, dependió del Alto Comisariado Español. En ese año, el régimen franquista formó el África

---

173 SERRANO SÚÑER, Ramón: *Memorias: entre el silencio y la propaganda, la historia como fue*, Planeta, Barcelona, 1977, pp. 130-131.

174 ALCALÁ-ZAMORA, Niceto: *Memorias. (Segundo texto de mis Memorias)*, Planeta, Barcelona, 1977, p. 516.

Occidental Española con los territorios de Ifni, Cabo Juby, Saguía el Hamra y Río de Oro.

En 1956 concluyó el protectorado ejercido por Francia y España sobre Marruecos, que recobró su independencia plena, y se disolvió el Alto Comisariado. Inmediatamente, el nuevo Estado marroquí, dirigido por Mohamed V, comenzó su expansión a costa de sus vecinos, que prosigue en la actualidad con la ocupación del Sáhara Occidental y el no reconocimiento de ninguna frontera internacional, incluidas las de España.

Mapa de Ifni y el Sáhara reclamado por España.

Grupos armados marroquíes que respondían al nombre de Ejército de Liberación y estaban mandados por militares atacaron diversos territorios reclamados por la monarquía alauita y el partido nacionalista Istiqlal para constituir el Gran Marruecos, y chocaron con los ejércitos de España y Francia. El 23 de noviembre de 1957 la violencia se extendió a Ifni, cuya guarnición se había reforzado en los meses anteriores. En esos días, se encontraba de visita en Estados Unidos el rey Mohamed V, que en 1943 había sido anfitrión del presidente Franklin Roosevelt, del primer ministro británico Winston Churchill y de los franceses resistentes, con motivo de la Conferencia de Casablanca. Washington, el rector del mundo libre de la Guerra Fría, había optado desde el final de la Segunda Guerra Mundial en impulsar, junto con la URSS, la descolonización.

El 11 de diciembre de 1957, la Armada española efectuó una demostración naval en el puerto de Agadir. Una escuadra compuesta por los cruceros *Canarias* y *Méndez Núñez*, más los destructores *Gravina*, *José Luis*, *Almirante Miranda* y *Escaño*, bloqueó el puerto y apuntó los cañones —descargados para evitar un disparo accidental— a la ciudad. Esa amenaza detuvo un gran ataque a Sidi Ifni. El mayor combate de esta pequeña guerra se libró en Edchera, en el Sáhara, el 13 de enero de 1958, en el que murieron treinta y siete legionarios y otros cincuenta, como mínimo, fueron heridos.

El Gobierno del general Eisenhower impuso la paz entre dos de sus tres aliados en el Estrecho de Gibraltar, que fue el Acuerdo de Cintra, firmado en la ciudad portuguesa el 1 de abril de 1958. Estados Unidos obligó a España a ceder ante Marruecos, política que se ha repetido desde entonces. En este caso, Madrid entregó al sultán la zona de Tarfaya (Cabo Juby), entre el río Draa y el Sáhara, de más de 30.000 kilómetros cuadrados, aunque las escaramuzas continuaron. La Guerra de Ifni, en la que recibió su bautismo de fuego la Brigada Paracaidista, se libró hasta el 30 de junio de 1958.

El 5 de mayo de 1959, el sultán Mohamed entregó al cónsul español de Casablanca a cuarenta españoles capturados en Ifni y en el faro del cabo de Bojador, de los que treinta y dos eran militares y los ocho restantes civiles —incluidos tres mujeres y dos niños—. Los marroquíes los habían mantenido sin contacto con sus familias ni la Cruz Roja, más como secuestrados que como prisioneros. Los 129 prisioneros hechos por el Ejército español, en cambio, fueron trasladados a un campo en Fuerteventura, recibieron la misma alimentación que sus guardianes y pudieron escribir a sus familias[175].

Las bajas registradas tanto en Ifni como el Sáhara, según los cálculos del general Rafael Casas de la Vega, se distribuyeron como se desglosa a continuación:

BAJAS	IFNI	SÁHARA	TOTAL
Heridos	350	224	574
Muertos	118	80	198
Desaparecidos	78	2	80

Fuente: *La última guerra en África.*

El alto mando consideró que el interior del pequeño enclave era indefendible. En consecuencia, las tropas españolas se retiraron a la costa y formaron un anillo defensivo en torno a la ciudad de Sidi Ifni de cinco kilómetros de profun-

175 PLATÓN, Miguel: *Hablan los militares. (Testimonios para la historia 1939-1996)*, Planeta, Barcelona, 2001, pp. 269-270.

didad media y diecisiete kilómetros de perímetro[176], que se mantuvo más de una década. Los nativos avecindados en la capital no se unieron a los guerrilleros ni se sublevaron. El abastecimiento se pudo realizar por vía naval y aérea, gracias a un pequeño aeropuerto en las cercanías.

En un acto de obstinación parecido a los de Portugal y Francia, España trató de resistirse a la descolonización. Su reacción consistió en conceder a Ifni y al Sáhara el estatus de provincias mediante un decreto de Presidencia del Gobierno de fecha 10 de enero de 1958 y censurar la información sobre la guerra. Sin embargo, a lo largo de los años 60, el régimen español acabaría aceptando las reclamaciones de las Naciones Unidas para la descolonización de sus territorios africanos: reintegración de Ifni a Marruecos[177], concesión de independencia a Guinea Ecuatorial —ocurrió el 12 de octubre de 1968— y referéndum de autodeterminación en el Sáhara —que sigue pendiente debido a la ocupación marroquí—.

Según el censo de 1967, vivían en Sidi Ifni 11.984 españoles, de los que 8445 eran militares, y 5662 marroquíes. Las obras en el puerto, que habían empezado en 1955, con la construcción de un muelle que penetraba más de mil metros en el mar y desplazaba personas y mercancías mediante tres cabinas movidas por cables, permitía aumentar la frecuencia de los abastecimientos y la exportación de pescado. La pista del aeropuerto se había alargado hasta los 2000 metros,

---

176 Se atribuye esta decisión al general Franco (cfr. PLATÓN, Miguel: *Op. cit.*, pp 238-239).

177 En dos resoluciones de 1966 y 1967, la Asamblea General de la ONU fijó para Gibraltar el mismo destino que para Ifni: su reintegración al país al que se le había arrebatado. Ese mandato aún no se ha cumplido.

pero solo recibía aviones de hélice. La pequeña ciudad por fin devolvía algo a la economía española, pero antes de que acabase la década, la bandera nacional sería arriada.

El encargado de preparar a las Cortes para el abandono de Ifni fue el ministro de Asuntos Exteriores, Fernando María Castiella, quien, junto con José María de Areilza, había publicado en 1941 el libro *Reivindicaciones de España*, en el que planteaba al mundo las áreas de expansión españolas. Un cuarto de siglo más tarde, le tocaba defender las amputaciones del territorio nacional. Toda Europa retrocedía.

El 19 de diciembre de 1968, Castiella compareció en una sesión secreta en la comisión de Asuntos Exteriores ante noventa procuradores para informarles de la realidad de la provincia, ocultada hasta entonces por la censura. El ministro les espetó que Sidi Ifni no se correspondía con Santa Cruz de Mar Pequeña. Después de deslegitimar la presencia española, añadió que no se podía construir ninguna factoría pesquera por las condiciones de la costa y que la ciudad se limitaba a ser «un gran almacén de municiones, provisiones y pertrechos»[178]. Solo en complementos de sueldo a los funcionarios civiles y militares, el Estado desembolsaba un millón de pesetas al día.

El 4 de enero de 1969, los Gobiernos de Madrid y Rabat firmaron el Tratado de Fez, que negociaban desde hacía varios meses. Las Cortes aprobaron la desagregación de Ifni de la nación española el 22 de abril, por 295 votos a favor, 66 en contra, 25 abstenciones y 150 ausencias. Por último, la entrega a Marruecos se realizó el 30 de junio. España recibió a cambio de sus inversiones unos derechos de pesca.

---

178 PLATÓN, Miguel: *Op. cit.*, pp. 290-292.

Desde entonces, Sidi Ifni ha conocido bajo la monarquía alauita el mismo desprecio y empobrecimiento que otros territorios que España controló, desde Tánger y Tetuán al Sáhara. En 2016, varios jóvenes de Ifni ocuparon la sede del abandonado consulado español y ondearon la bandera rojigualda para reclamar la nacionalidad española. Las autoridades marroquíes les encarcelaron.

La obra del general Oswaldo Capaz perdura en África, aunque sus compatriotas le hayan olvidado.

14. EL 12 DE OCTUBRE, LA FIESTA QUE VINO DE AMÉRICA

Como tantas cosas en la patética España del siglo XIX, la celebración del 12 de Octubre como fiesta nacional se introduce por medio de la sociedad, que acaba imponiéndola a un Estado que solo daba para tener un único instituto de enseñanza media por provincia, «preñar» las urnas y mandar a Cuba o a Marruecos a quintos cuyos padres carecían de dinero con que pagar un sustituto.

En 1881, el IV Congreso de Americanistas aprobó una resolución en la que proponía a los gobiernos del mundo civilizado que, para conmemorar el cuarto centenario del descubrimiento del Nuevo Mundo, declarasen festivo el 12 de octubre de 1892 y construyesen monumentos a Cristóbal Colón. En 1885, insistió en ello la Unión Ibero-Americana, constituida para la efeméride, que pidió que, al menos, se celebrase en España, Portugal y las repúblicas hispanoamericanas.

PRIMERA FIESTA CIVIL INTERNACIONAL

Los gobernantes españoles y de otros países americanos, incluido Estados Unidos, declararon festivo el día en el que se cumplieron cuatro siglos del grito de Rodrigo Triana anunciando tierra a sus compañeros. En septiembre de

1892, el presidente del consejo de ministros, el conservador Antonio Cánovas del Castillo, presentó a la firma de la Reina Regente en San Sebastián un real decreto en cuya exposición de motivos se hallaba esta frase:

> «No titubea, pues, ya el Ministro que suscribe en proponer á V. M. que, lo mismo en la Península que en las provincias ultramarinas, se celebre como fiesta nacional el próximo 12 de Octubre, en atención al Centenario del descubrimiento de América, y sin perjuicio de que la Corona con las Cortes puedan declararla perpetua después».

Bandera de la Raza, diseñada en 1932.

De esta manera, el 12 de Octubre fue la primera efeméride civil de la edad moderna celebrada por varios países de manera simultánea. El primer *Empire Day*, autohomenaje de los súbditos del Imperio Británico en el natalicio de la reina Victoria se conmemoró el 24 de mayo de 1902.

El día señalado, la Reina Regente, María Cristina de Habsburgo, y su hijo, Alfonso XIII, entonces de seis años y medio de edad, acompañados del Gobierno, acudieron a Palos de la Frontera para presidir los actos que se desarrollaron en torno al monasterio de La Rábida, en el que los franciscanos acogieron a Colón en 1485 y le ayudaron a persuadir a los Reyes Católicos de su proyecto de alcanzar Asia atravesando el Atlántico. El mismo edificio acogió el IX Congreso de Americanistas. Pero una vez que pasó 1892, el 12 de Octubre cayó en el olvido institucional y no se cumplió la previsión de Cánovas de que las Cortes declarasen el aniversario fiesta nacional. Solo las comunidades de emigrantes españoles en el extranjero lo celebraban en sus centros regionales.

El auge de la fecha como símbolo de unidad y exaltación entre las naciones de raigambre hispana eclosionó en la segunda década del siglo XX. A partir de 1910 se declaró fiesta anual en Panamá, República Dominicana, Honduras, Guatemala, Paraguay, Bolivia, El Salvador, Ecuador y Uruguay. El 4 de octubre de 1917, el presidente Hipólito Yrigoyen lo fijó como feriado en Argentina con estas alabanzas:

> «siendo eminentemente justo consagrar la festividad de esta fecha en homenaje a España, progenitora de naciones, a las cuales ha dado, con la levadura de su

sangre y con la armonía de su lengua, una herencia inmortal, que debemos afirmar y mantener con jubiloso reconocimiento».

El presidente argentino Hipólito Yrigoyen.

Prosa que merecía bronce. Y lo tuvo. En el parque del Retiro de Madrid, una lápida traída de Buenos Aires en

1928 recuerda el texto del decreto. El pequeño monumento se inauguró el 12 de octubre de ese año, con la asistencia del presidente del Gobierno, el general Primo de Rivera.

Unos días más tarde que Yrigoyen, hizo lo mismo que el presidente José Pardo del Perú. En su decreto de 10 de octubre, la festividad se instituyó en «homenaje a la Nación española y a Cristóbal Colón». Sin complejos ni circunloquios.

El siguiente país en incluirla en su calendario fue, por fin, España, después de varias peticiones, como la hecha en 1913 por el conservador Faustino Rodríguez San Pedro y Díaz Argüelles, presidente de la Unión Ibero-Americana. El Gobierno de unión nacional presidido por otro conservador, Antonio Maura, remitió a las Cortes un proyecto de ley que se aprobó y publicó el 16 de junio en la *Gaceta de Madrid*, y cuyo único artículo, desprovisto del agradable estilo americano, rezaba de la siguiente manera:

> «Se declara fiesta nacional, con la denominación de Fiesta de la Raza, el día 12 de Octubre de cada año».

Durante la Gran Guerra, en septiembre de 1918, el presidente Woodrow Wilson se empeñó en celebrar el 12 de octubre siguiente como *Liberty Day*, a fin de sumar a las celebraciones a los partidarios de los Aliados y a los neutrales, entre los que figuraban todos los países hispanos de Europa y América. Muchos hispanos interpretaron la declaración de Wilson como una argucia para deslucir su recién nacida conmemoración. Y casualmente, en esa fecha el gobierno imperial alemán comunicó al presidente estadounidense la aceptación de las condiciones para la rendición que les había ofrecido el 4 de octubre.

En la década siguiente se unieron a la lista de naciones que festejaban el Descubrimiento Venezuela y Chile (1921), Cuba (1922) y México (1929). A pesar del carácter nacionalista y anticatólico del régimen revolucionario, el presidente Emilio Portes Gil tomó la decisión después de una campaña comenzada por la Liga de Acción Social de Mérida (Yucatán). El nombre oficial fue el de Día de la Raza y Aniversario del Descubrimiento de América. El Congreso de EE. UU. aprobó el 30 de abril de 1934 reservar el segundo lunes de octubre como Día de Colón. La comunidad de origen italiano asentada en Estados Unidos ha sabido sacar más beneficio de ese día que la española o las iberoamericanas; los mensajes presidenciales suelen mencionar los lazos entre Norteamérica e Italia y dedicar más espacio a alabar el origen italiano de Colón que sus vínculos con España.

En América nació no solo la fiesta, sino también el estandarte de la Hispanidad. La poetisa uruguaya Juana de Ibarbourou, conocida como Juana de América, organizó en 1932 un concurso de ámbito continental para diseñar la «Bandera de la Raza». El ganador fue el capitán del Ejército uruguayo Ángel Camblor. Su diseño consiste en tres cruces —tantas como las naves de la expedición de Colón— que encuentran el sol naciente de América bajo la forma del Inti inca. El fondo blanco simboliza la paz y el color púrpura de las cruces corresponde al color del estandarte de Castilla. El autor propuso el siguiente lema para acompañar la bandera: «Justicia, Paz, Unión, Fraternidad». Se izó por primera vez, como no podía ser de otra manera, el jueves 12 de octubre de 1932, en la Plaza de la Independencia de Montevideo. La bandera fue oficialmente aceptada por todos los países que participaron en Montevideo en la VII Conferencia

Panamericana, celebrada en diciembre de 1933. Aunque se haya olvidado, sigue guardada esperando que alguien vuelva a ondearla.

El sacerdote Zacarías de Vizcarra, en su ancianidad.

Este movimiento no respondía exclusivamente a un renacimiento cultural o una recuperación del orgullo nacional una vez asentadas las repúblicas al cumplirse el primer centenario de sus independencias; tenía, también, causas políticas. En esas décadas de comienzos del siglo XX, los iberoamericanos encontraron en el Descubrimiento y en la cultura compartida una idea unificadora con la que oponerse al panamericanismo con el que Estados Unidos renovaba la Doctrina Monroe y justificaba su intervencionismo político y económico. La guerra de 1898 contra España concluyó con la absorción de Puerto Rico y el control de Cuba por la gran potencia norteamericana. La presidencia del demócrata Woodrow Wilson (1913-1921), que estaba decidido a extender la democracia a los pueblos que no gozaban de ella, destacó en América por ser la que mandó más expediciones militares a sus vecinos. Los países que las sufrieron fueron: México, República Dominicana, Nicaragua, Haití, Cuba, Panamá y Honduras. Y es que en Washington y Nueva York, la clase dirigente coincidía en considerar el continente entero una propiedad exclusiva para su negocio o su recreo. A Wilson le corresponden más que a Theodore Roosevelt los versos que para este escribió el nicaragüense Rubén Darío en Málaga, conmocionado por la segregación de Panamá de Colombia impulsada por Washington para poder construir el canal interoceánico:

> Eres los Estados Unidos,
> eres el futuro invasor
> de la América ingenua que tiene sangre indígena,
> que aún reza a Jesucristo y aún habla en español.

Después de la Primera Guerra Mundial, el comunismo, que acababa de apoderarse de Rusia, y los fascismos aparecieron como nuevas amenazas. Sectores cada vez más amplios de las repúblicas hispanoamericanas comprendieron que tenían que buscar en sus tradiciones y sus identidades las armaduras con las que protegerse de los enemigos que les rondaban.

TRES VASCOS CONTRA LA RAZA

La expresión Fiesta de la Raza inmediatamente produjo una reacción en contra por rechazo a un concepto biológico cuya aplicación en el siglo XIX y las décadas que entonces habían transcurrido del siglo XX legitimaba discriminaciones, imperialismos y exterminios, aunque el concepto de clase social iba a rebasarlo en cuanto a maldad debido al triunfo de las revoluciones socialistas. Por mucho que en prácticamente todos los discursos y pronunciamientos se matizara que la raza hispana se definía por la unión y el mestizaje, hasta el punto de que el historiador mexicano José Vasconcelos elaboró la idea de «Raza Cósmica», la expresión no concitaba unanimidad. Tres de quienes más combatieron la raza fueron sendos vascos.

El primero fue el bilbaíno Miguel de Unamuno, que calificó en numerosas ocasiones el uso del término raza como de «irracional, material y grosero». Tan pronto como en 1909 propuso el uso del término «Hispanidad» para englobar a los pueblos que usan el idioma español y, en consecuencia, reclamó para la fiesta la denominación de Día de la Lengua. Estas líneas de un artículo publicado en varios periódicos en octubre de 1932 y titulado «La raza es la lengua», contienen el pensamiento de Unamuno:

> «este sentido corporal, zoológico de la raza no es el que en la historia humana, en la verdadera historia, tiene valor y validez y valía. La raza es aquí algo espiritual y el espíritu es ante todo y sobre todo palabra. (...) La raza espiritual, histórica, humanamente nos la da el habla, el lenguaje. Es lo que nos une, lo que nos hace comunidad, lo que nos da comunión en el

> espacio y en el tiempo. Lo que nos hace de la misma raza, de la misma comunidad de los que con Colón exclamaron "¡tierra!" a la vista de América recién nacida a la historia es nuestro común lenguaje».

El siguiente crítico fue el sacerdote vizcaíno Zacarías de Vizcarra y Arana, que vivía en Argentina desde 1916, porque opinaba que la exaltación de la raza contradecía el contenido católico e histórico del comportamiento español en América. Al igual que Unamuno, propuso el nombre de Hispanidad para definir a nuestra comunidad de naciones europeas y americanas, aunque para él abarcaba, además de la lengua, el aspecto religioso. La labor de Vizcarra fructificó gracias a un venturoso azar administrativo.

A la vez que terminaba la guerra de Marruecos y ordenaba la economía, el régimen del general Miguel Primo de Rivera (1923-1930) trató de dotar a España de un papel relevante en las relaciones exteriores. Para ello, se volcó en recuperar la presencia española en las naciones americanas; y una de las maneras de hacerlo, junto con acontecimientos como el vuelo del *Plus Ultra* (1926) y la Exposición Ibero-Americana (1929), consistía en enviar a personalidades como representantes diplomáticos o culturales. El propio Primo de Rivera propuso el nombramiento como embajador en Argentina del periodista vitoriano Ramiro de Maeztu, que estaba participando en la redacción de un proyecto de Constitución como miembro de la Asamblea Nacional Consultiva. Maeztu llegó a Buenos Aires a principios de 1928 y allí conoció al padre Vizcarra. Este le convenció de su interpretación antirracista del descubrimiento y la colonización españoles, de modo que Maeztu se convirtió en un propagandista de la Hispanidad. Nada menos que en el primer número de la revista *Acción Española*, editado en diciembre de 1931, el vitoriano publicó un artículo titulado «*La Hispanidad*» y dedicado a Vizcarra:

> «"El 12 de octubre, mal titulado el Día de la Raza, deberá ser en lo sucesivo el Día de la Hispanidad." Con estas palabras encabezaba su extraordinario del 12 de octubre último un modesto semanario de Buenos Aires, El Eco de España. La palabra se debe a un sacerdote español y patriota que en la Argentina reside, D. Zacarías de Vizcarra. Si el concepto de Cristiandad comprende y a la vez caracteriza a todos los pueblos cristianos, ¿por qué no ha de acuñarse otra palabra, como ésta de Hispanidad, que comprenda también y caracterice a la totalidad de los pueblos hispánicos?».
> «(...) La Hispanidad, desde luego, no es una raza. (...) Sólo podría aceptarse en el sentido de evidenciar que los españoles no damos importancia a la sangre, ni al color de la piel, porque lo que llamamos raza no está constituido por aquellas características que puedan transmitirse al través de las obscuridades protoplásmicas, sino por aquellas otras que son luz del espíritu, como el habla y el credo. La Hispanidad está compuesta de hombres de las razas blanca, negra, india y malaya, y sus combinaciones, y sería absurdo buscar sus características por los métodos de la etnografía».

EL TIEMPO QUE HACE

PRECIOS DE SUSCRIPCION

Granada, capital, un mes 2,50 pts.
Id. provincia, trimestre 7,50 »
Provincias, trimestre . . 7,50 »
América, un año . . . 48,00 »
Extranjero, un año . . 54,00 »
PAGO ADELANTADO

IDEAL

AÑO IV — *Granada, domingo 13 de octubre de 1935* — NUM. 1.085

Redacción: Teléfono 1725 — SAN JERONIMO, 62 — Administración: Teléfono 1747

El comité acuerda el embargo financiero y comercial contra Italia

INGLATERRA, FRANCIA, RUMANIA, GRECIA Y SUIZA REDACTARAN LA RESOLUCION

EDEN INSISTE EN QUE LAS SANCIONES SEAN RAPIDAS

180.000 ETIOPES SE PREPARAN PARA LA RECONQUISTA DE ADUA

FRANCIA SEGUIRA ABASTECIENDO A ITALIA, SEGUN EL CONVENIO FIRMADO HACE UNA SEMANA

Cinco detenciones por el hallazgo de un depósito de explosivos de importancia en Granada

Se han librado 595.000 pesetas para atenciones escolares

GRANADA.—En un carmen del Camino de Canes, la Policía descubre un depósito de explosivos, de bastante importancia; se han practicado cinco detenciones. El director general de Primera Enseñanza libra quinientas noventa y cinco mil pesetas para atenciones escolares en nuestra provincia. (Página 5). Se celebró con gran brillantez la Fiesta de la Raza. (Pág. 4). Una mujer herida de importancia por atropello de automóvil, en Motril. (Pág. 11)

POLITICA.—Los señores Chapaprieta, Gil Robles y M. de Velasco celebraron ayer una conferencia para tratar, al parecer, de la situación internacional. También se habló de los presupuestos. (Pág. 7)

CONFLICTO ITALO-ETIOPE.—El Comité de sanciones ha acordado recomendar el embargo financiero y comercial contra Italia. Francia, Inglaterra, Rumania, Grecia y Suiza redactarán la resolución. Eden insiste en un discurso en la urgencia de las sanciones. Inglaterra quiere que antes de cesar las importaciones italianas, se declare el boicot a los productos de este país. La actitud inglesa se estima en Francia peligrosa. (Páginas 9 y 10). En el frente Norte se prepara una concentración de ciento ochenta mil etíopes para la reconquista de Adua. El ministro italiano se negó a abandonar Addis Abeba y fue recluido en la casa de su Ras. (Página 8)

GENERALES.—En Oviedo se celebró con entusiasmo la entrega de una bandera a la Guardia Civil. Acto en conmemoración de la Fiesta de la Raza en Madrid. (Pág. 6)

SECCIONES FIJAS.—Resumen semanal de Bolsa. Educación y enseñanza. El tiempo. Deportes. (Pág. 2). Carnet mundano. (Página 12). Notas religiosas. Programas de radio y espectáculos. (Pág. 13)

DE LA FIESTA DE LA RAZA

Granada conmemoró ayer el descubrimiento de América y en una procesión cívica en la que figuraban las autoridades locales y de la provincia, llevó coronas de flores a la tumba de los Reyes Católicos y al monumento a la Reina Isabel y Cristóbal Colón. En la foto superior, los pajes del Ayuntamiento depositan un escudo de flores en la Capilla Real, y abajo, un momento del desfile de las fuerzas de Aviación, que después de algunos años, desfilan junto con las del Ejército y de Orden público en Granada. (Fotos Torres Molina)

La Fiesta de la Raza en 1935, en la portada del periódico *Ideal*, de Granada.

Durante su estancia de dos años en Argentina, Maeztu conoció la entonces potente vida cultural de este país y de sus vecinos, así como la necesidad por parte de los españoles de tratar a los americanos sin displicencia. El anterior embajador, un aristócrata, había provocado el enfado de los argentinos al referirse a ellos como «desagradecidos vástagos» y al menoscabar figuras como las del general San Martín y el comodoro Rivadavia.

Uno de los mejores recuerdos de su misión en Argentina lo constituyó la celebración de la Fiesta de la Raza en 1929, cuando el presidente Yrigoyen le colocó a su derecha. La obra cumbre de Maeztu fue un libro famoso por su título, *Defensa de la Hispanidad*, publicado en 1934, dos años antes de su asesinato, y que gozó de un gran recibimiento en España y Argentina en los sectores tradicionalistas[179]. En sus páginas arremetía contra el panamericanismo, por amparar el imperialismo económico de Estados Unidos, y el indigenismo, al que acusaba de idealizar las etapas más atrasadas, pobres y sangrientas de las sociedades nativas, y de enmascarar la penetración soviética[180].

De los tres vascos, solo uno de ellos, el sacerdote Vizcarra, vio cumplida su propuesta de trocar la Raza por la Hispanidad.

LA HISPANIDAD ENTRA EN EL DICCIONARIO

La II República mantuvo la fiesta del Día de la Raza, con participación de los Gobiernos de la época. No solo asistían ministros a los actos con embajadores de las repúblicas hispanoamericanas, sino que se desarrollaban desfiles con la bandera tricolor. Los embajadores españoles daban recepciones y pronunciaban discursos en los que vinculaban el nuevo régimen con las hazañas de Colón y los conquistadores. Valga como ejemplo este de 1932 de Salvador de Madariaga, embajador de España en Francia y

179 Libro reeditado por Almuzara en 2017.

180 GONZÁLEZ CUEVAS, Pedro Carlos: *Maeztu. Biografía de un nacionalista español*, Marcial Pons Historia, Madrid, 2003, pp. 235-250 y 309-317.

autor de varias obras sobre el imperio español y personalidades como Hernán Cortés y Simón Bolívar.

> «La última guerra civil de emancipación, más corta y menos cruenta, tuvo lugar del 12 al 14 de abril de 1931. La última nación hispánica que se emancipó del imperio caduco de los Austria y Borbones, es España, y al eliminarse el cadáver insepulto de la monarquía española, desaparece el último obstáculo de las naciones hispánicas libres. Ya podemos mirar el pasado con ojos claros e intentar discernir el sentido de nuestra epopeya. (...) Ahora para salvarnos por completo, tenemos que recurrir a esta nuestra suprema virtud de sublimar las cosas y entrever una alta empresa, un gran descubrimiento, una suprema colonización. Queda por descubrir, colonizar y emancipar el ancho mar y el nuevo continente de nuestra propia raza. Queda por imprimir en la Historia otra página con los grandes capitanes y los grandes pilotos, y ya parece que con la imaginación vemos a nuestras veinte naciones de habla hispánica como veinte majestuosas carabelas que surcan los mares hacia un sol que no se ponga jamás».

Y así transcurrió el 12 de octubre de 1935 en las oficinas de la Generalidad, según *La Vanguardia* del día siguiente:

> «Con motivo de la Fiesta de la Raza, ayer fue día inhábil en la Generalidad, donde no hubo más actividad que la que se desarrolló para disponer el té Que fue servido por la tarde. No asistió a su despacho ninguno de los consejeros, y el señor

> Pich y Pon estuvo tan sólo breves momentos en su despacho oficial, de donde salió para visitar las obras del Departamento de Gobernación».

Los españoles de entonces no esperaban que el Estado se encargase de todo, por lo que numerosas instituciones y asociaciones, desde la Academia de la Historia y los ateneos a sencillos clubes, organizaban sus actos. En un ejemplo de los frutos que engendra la guerra cultural cuando se libra de manera incansable, la voluntad popular movió a los académicos de la lengua. Hasta 1936, la palabra hispanidad solo significaba el uso de palabras y giros de la lengua española en otros idiomas. La Academia Española introdujo en la edición de su diccionario de ese año una nueva definición de hispanidad, que ahí se mantiene:

> «Carácter genérico de todos los pueblos de lengua y cultura españolas».

La última celebración en la relativa paz del régimen republicano fue la correspondiente a 1935. Durante la guerra civil se trató de mantener la celebración. El 12 de octubre de 1936, en el paraninfo de la Universidad de Salamanca se reunió un pequeño auditorio para escuchar diversos discursos. Allí se produjo el famoso incidente entre el general José Millán Astray y Unamuno, que había sido restaurado en el cargo de rector vitalicio por la Junta Nacional de Defensa en septiembre, después de que en agosto se lo hubiera retirado el Gobierno del Frente Popular.

Y la *Gaceta de la República* del 1 de octubre de 1938 publicó un decreto de Manuel Azaña, presidente de la República, que, «con motivo de la conmemoración anual del descubrimiento de América y a fin de contribuir a estrechar las relaciones intelectuales», instituía el «Premio España». Éste se reservaba a autores hispanoamericanos y se concedía por obras extraordinarias en literatura, historia, ciencias y artes.

La Hispanidad como elemento unificador se extendió entre historiadores, pensadores y políticos de los dos continentes. El argentino Jorge Luis Borges escribió un poema, titulado *España*, en que canta a su pasado español.

> podemos profesar otros amores,
> podemos olvidarte
> como olvidamos nuestro propio pasado,
> porque inseparablemente estás en nosotros,
> en los íntimos hábitos de la sangre,
> en los Acevedo y los Suárez de mi linaje,
> España,
> madre de ríos y de espadas y de multiplicadas generaciones,
> incesante y fatal.

Incluso los españoles exiliados por la guerra —muchos de ellos establecidos en países hispanoamericanos— difundieron la Hispanidad, como León Felipe en estos versos:

> Cuando se muera España para siempre, quedará un ademán en la luz y en el aire... un gesto…
> Hispanidad será aquel gesto vencido, apasionado y loco del hidalgo manchego.
> Sobre los hombres levantarán mañana el mito quijotesco

y hablará de hispanidad la historia cuando todos los españoles se hayan muerto

Monumento a Colón en Chivilcoy (Argentina).
Se inauguró el 12 de octubre de 1892.

POR FIN, EL «DÍA DE LA HISPANIDAD»

El régimen franquista convirtió la Hispanidad en una de sus guías en política exterior. En 1940, estableció el Consejo de la Hispanidad, que después de la Segunda Guerra Mundial, en diciembre de 1945, se convirtió en el Instituto de Cultura Hispánica. Entre cuyas obras destacó la concesión de becas a cientos de estudiantes americanos, algunos de los cuales se convirtieron posteriormente en médicos, diplomáticos, escritores, catedráticos y gobernantes en sus países. Entre los más ilustres destacan el peruano Víctor Andrés Belaunde, que fue ministro de Asuntos Exteriores de su país y presidente de la Asamblea General de las Naciones Unidas, los bolivianos Adolfo Siles y Carlos Mesa, presidentes de su país, o el historiador chileno Jaime Eyzaguirre. Después de varios cambios de nombre, en la actualidad el organismo se denomina Agencia Española de Cooperación Internacional para el Desarrollo y dedica su presupuesto a asuntos políticamente correctos, como el desarrollo humano sostenible y la lucha contra el cambio climático.

Fue precisamente el franquismo el que eliminó la expresión de Día de la Raza. Un decreto publicado en el *Boletín Oficial del Estado* el 8 de febrero de 1958 rebautizaba la fiesta como Día de la Hispanidad y subrayaba en esta su contenido espiritual y de unión.

> «La Comunidad hispánica de naciones —que convive fraternalmente en la Península y en el Nuevo Continente con la Comunidad Luso-Brasileña— tiene el ineludible deber de interpretar la Hispanidad como un sistema de principios y de normas destinado

a la mejor defensa de la civilización cristiana y al ordenamiento de la vida internacional en servicio de la paz. De aquí el que debamos entender principalmente este aniversario como una prometedora vertiente hacia el futuro; y la Hispanidad misma como doctrina de Fe, de Amor y de Esperanza que, asegurando la libertad y la dignidad del hombre, alcanza con idéntico rigor a España y a todos los pueblos de la América Hispánica».

Monumento a Colón en Toluca. Lo inauguró el presidente mexicano Porfirio Díaz en 1900.

El Real-Decreto 1358/1976, de 11 de junio, sobre fiestas civiles, añadía a estas la onomástica del rey Juan Carlos I, el 24 de junio, y mantenía el 18 de Julio y el 12 de Octubre, del que no se decía nada más. El 19 de diciembre de 1980, los socialistas presentaron en el Congreso de los Diputados una proposición de ley con el fin de que se declarase fiesta nacional el 6 de diciembre, fecha de la aprobación de la Constitución en referéndum. El nombre oficial sería el de Día de la Constitución. Entonces la izquierda no decía que la Constitución había sido impuesta por el miedo.

El Gobierno de UCD aprobó el Real Decreto 3217/1981 en el que se decía:

> «La singular importancia del día doce de octubre, Fiesta de la Hispanidad, en la que se conmemora el descubrimiento de América y el origen de una tradición cultural común a los pueblos de habla hispánica, aconseja dar a su celebración la máxima solemnidad y permanencia en todo el ámbito nacional».

Y se mandaba que los poderes públicos programaran «actos oficiales y populares conmemorativos de la Fiesta Nacional española y Día de la Hispanidad».

Dos años después de haber instituido el 6 de diciembre (Real Decreto 2403/1985, de 27 de diciembre) como Día de la Constitución y «ocasión de reavivar la vinculación de los ciudadanos a la Constitución Española», el Gobierno de Felipe González reguló de nuevo el 12 de Octubre. La Ley 18/1987, de 7 de octubre, estableció esa fecha como la de la Fiesta Nacional de España, aunque prescindió de la denominación de Día de la Hispanidad. En la exposición de motivos se afirmaba que

> «simboliza la efemérides histórica en la que España, a punto de concluir un proceso de construcción del

> Estado a partir de nuestra pluralidad cultural y política, y la integración de los reinos de España en una misma monarquía, inicia un periodo de proyección lingüística y cultural más allá de los límites europeos».

Pese a los circunloquios, los separatistas saben que el 12 de Octubre representa a España y a una gesta de los españoles. Por eso no acuden a los actos oficiales, aunque suponga profanar la memoria de los vascos y catalanes que participaron en la gesta americana por parte de quienes aseguran venerar a sus mayores.

RESISTENCIAS INDÍGENAS. ¿DE VERDAD?

La misma peste antihispana se ha extendido a América. La reivindicación por parte del «socialismo del siglo XXI» y de los antropólogos de las universidades estadounidenses de una falsa arcadia de carácter socialista, feminista y hasta ecologista en la que vivían felices los indígenas antes de la arribada de españoles y portugueses ha desencadenado una oleada de protestas contra la Hispanidad, desde Norteamérica a la Patagonia. Los Gobiernos de izquierdas han sustituido el Día de la Hispanidad por el «Día de la Resistencia Indígena», «Día del Respeto a la Diversidad Cultural», «Día de la Interculturalidad y la Plurinacionalidad», «Día de los Pueblos Originarios y del Diálogo Intercultural» o «Día de la Descolonización». Nombres tan largos y ridículos como los títulos que se atribuyeron muchos de los primeros gobernantes de la independencia, como «dictador plenipotenciario» o «generalísimo de las Américas». También se han destruido o desmontado numerosas estatuas de Cristóbal Colón y de los conquistadores. Ya a finales de los años 30 del siglo XX, José Vasconcelos señaló a los mexicanos que sus lágrimas por un pasado inexistente causaban risas fuera de su patria:

> «Hablar de reivindicaciones indígenas en nombre de un nacionalismo que no existió jamás, es algo que no podía nacer de la entraña del pueblo mexicano, sino que le era inspirado desde afuera, como una ponzoña destinada a envenenar su futuro».[181]

Esa revuelta ideológica ha llegado a España, donde algunos latinoamericanos vinculados a la extrema izquierda, que odia al cristianismo y a Europa, exigen la misma iconoclastia con el argumento tan habitual en nuestros tiempos de que les ofende ver en las calles monumentos a la reina Isabel la Católica, Cortés, Colón, Pizarro…

Si los catalanes decidiesen erradicar completamente el idioma español de su región, junto con sus paisanos que lo siguieran manteniendo, ese hueco demográfico lo colmarían en unos pocos años los nacimientos de peruanos, mexicanos y colombianos. La lengua española se mantendría como una de las principales del mundo; sin embargo, Cataluña quedaría aún más ensimismada, dividida y, como demuestran los datos de natalidad en los pueblos del interior, camino de ser islamizada. Otro tanto les ocurriría a los iberoamericanos que renunciasen a su origen hispano para reclamarse descendientes por sangre o por deseo de los nativos americanos, aunque en

181 VASCONCELOS, José: *Breve historia de México*, Ediciones Botas, México DF, 1950, p. 231.

realidad sean nietos de quienes emigraron a América desde España o Italia a mediados del siglo XX. Sin arraigo ni tradiciones, repudiando su origen verdadero y adoptando otro mentiroso, no solo se mantendrían en su desmembramiento intelectual y político, sino que se ahondaría su condición de peones de otros poderes, a la manera de los cubanos que murieron en Angola convertidos en cipayos de una de las superpotencias de la Guerra Fría.

La Hispanidad es la manera en que veinte naciones figuran en la historia y en la que pueden volver a irrumpir en el futuro como un bloque geopolítico. Por eso tiene una multitud de enemigos, tanto interiores como exteriores. Escojamos solo uno de ellos, el francés Jacques Chirac, presidente de la V República entre 1995 y 2007 —condenado pocos años después por corrupción—. Siempre que se reunía con otro jefe de Estado de un país hispanoamericano, Chirac aprovechaba para «discutir la brutalidad de la conquista española en América latina y la fuerza de las culturas indígenas. La ceremonia se convirtió en el tedio para los ministros de Cultura franceses, que escuchaban en cada oportunidad el mismo tema y rogaban: "Otra vez, ¡no!"»[182]. Chirac, apodado *«El Africano»* debido a sus vínculos con los regímenes de los países africanos que fueron antiguas colonias francesas, se olvidaba de los desastres, las matanzas y los expolios de los que Francia era responsable para presentar una *Republique* inmaculada y filantrópica. Cuando en julio de 2002, el marroquí Mohamed VI envió a un grupo de militares a ocupar el islote Perejil, bajo soberanía española, como acto de chantaje, el único Gobierno de la Unión Europea que boicoteó las

182 *Clarín*, 8-1-2006.

solicitudes de ayuda de Madrid contra la agresión —que además rompía el tratado de buena amistad entre España y Marruecos— fue el francés[183].

El arquitecto Martín Alberto Palacio diseñó este monumento al Descubrimiento para el IV Centenario.

183 Cfr. AZNAR, José María: *El compromiso del poder*, Planeta, Barcelona, 2013; y CEMBRERO, Ignacio: *Vecinos alejados*, Galaxia Gutemberg, Barcelona, 2006.

Revista argentina *Caras y Caretas*. Ejemplar del 12 de octubre de 1928 depositado en la Biblioteca Nacional de España.

Uno de los que advirtieron pronto sobre las consecuencias de despojarse de la herencia y la sangre hispanas fue el presidente argentino Juan Domingo Perón, quien, en un discurso pronunciado el 12 de octubre de 1947 y olvidado, dijo a sus compatriotas:

> «La historia, la religión y el idioma nos sitúan en el mapa de la cultura occidental y latina, a través de su vertiente hispánica, en la que el heroísmo y la nobleza, el ascetismo y la espiritualidad, alcanzan sus más sublimes proporciones. El Día de la Raza, instituido por el Presidente Yrigoyen, perpetúa en magníficos términos el sentido de esta filiación. (…) Si la América olvidara la tradición que enriquece su alma, rompiera sus vínculos con la latinidad, se evadiera del cuadro humanista que le demarca el catolicismo y negara a España, quedaría instantáneamente baldía de coherencia y sus ideas carecerían de validez».

José Vasconcelos señaló a los mexicanos que las lágrimas por los pueblos originarios eran risas de satisfacción en otros lugares.

> «Hablar de reivindicaciones indígenas en nombre de un nacionalismo que no existió jamás, es algo que no podía nacer de la entraña del pueblo mexicano, sino que le era inspirado desde afuera, como una ponzoña destinada a envenenar su futuro».

Las maniobras de otras potencias, norteamericanas, europeas o asiáticas, no serían tan dañinas si no fuera por los muchos hispanos, de un lado y otro del Atlántico, que rechazan el vínculo cultural y religioso de la Hispanidad, mientras prefieren modelos extranjeros y alianzas contrarias a los intereses comunes, sea por ignorancia, por ideología o por soborno.

Otros títulos en
Libros en el **Bolsillo**

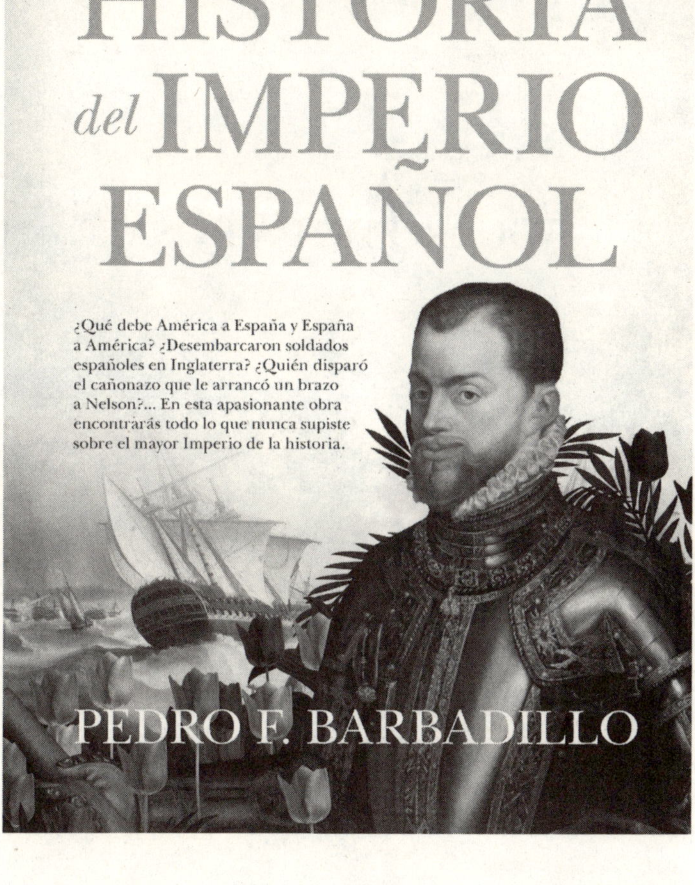
Eso NO ESTABA
en mi LIBRO de
HISTORIA
del IMPERIO
ESPAÑOL
¿Qué debe América a España y España a América? ¿Desembarcaron soldados españoles en Inglaterra? ¿Quién disparó el cañonazo que le arrancó un brazo a Nelson?... En esta apasionante obra encontrarás todo lo que nunca supiste sobre el mayor Imperio de la historia.
PEDRO F. BARBADILLO

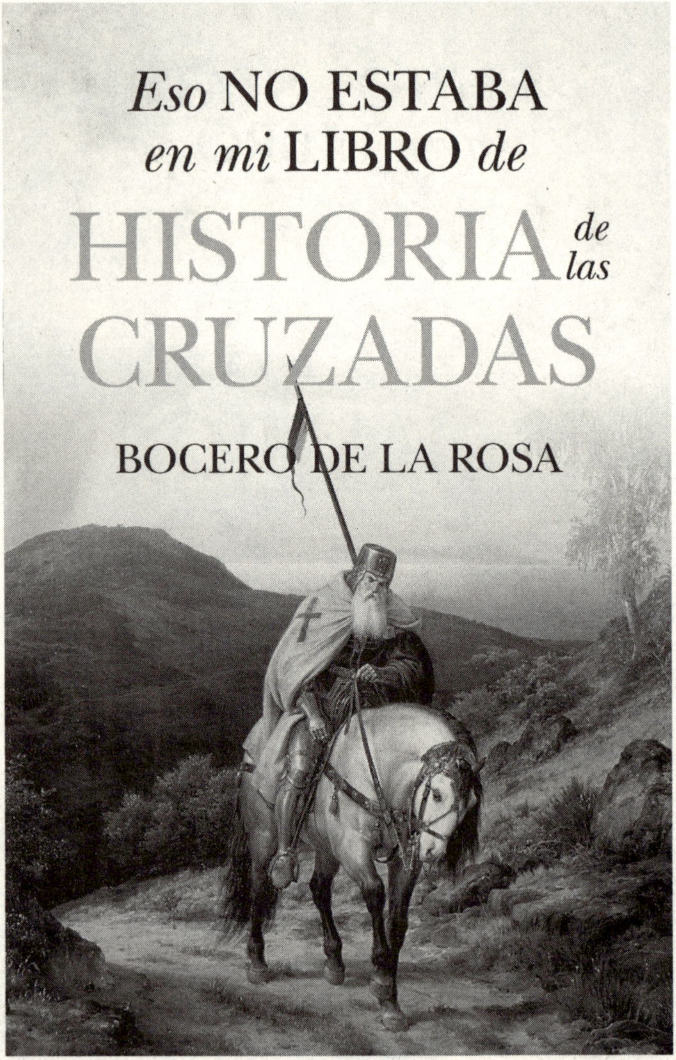
Eso NO ESTABA en mi LIBRO de
HISTORIA de las CRUZADAS
BOCERO DE LA ROSA

Eso NO ESTABA
en mi LIBRO *de*
HISTORIA *de la*
CASA REAL
ESPAÑOLA
por
ANA FERNÁNDEZ PARDO

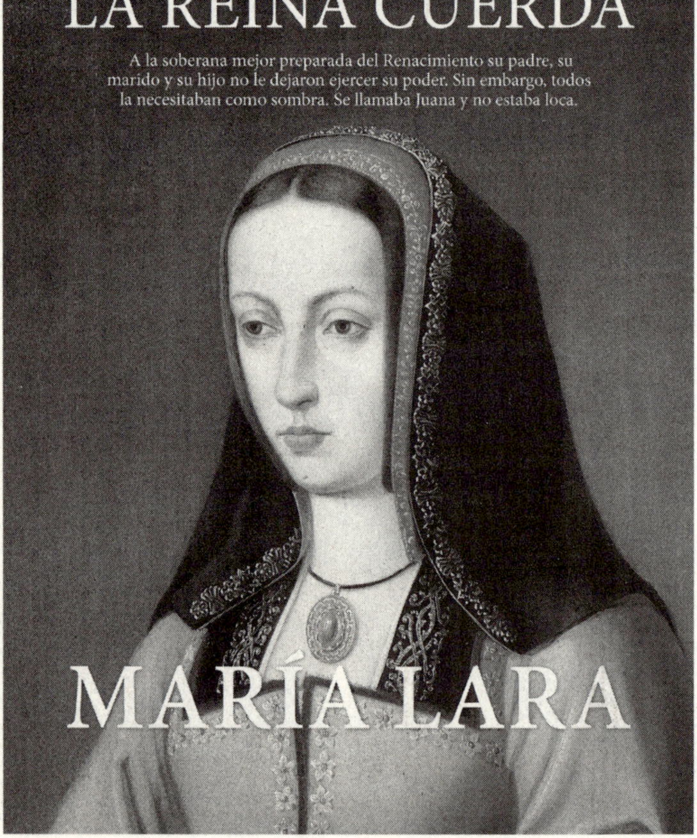
JUANA I
LA REINA CUERDA
A la soberana mejor preparada del Renacimiento su padre, su marido y su hijo no le dejaron ejercer su poder. Sin embargo, todos la necesitaban como sombra. Se llamaba Juana y no estaba loca.
MARÍA LARA

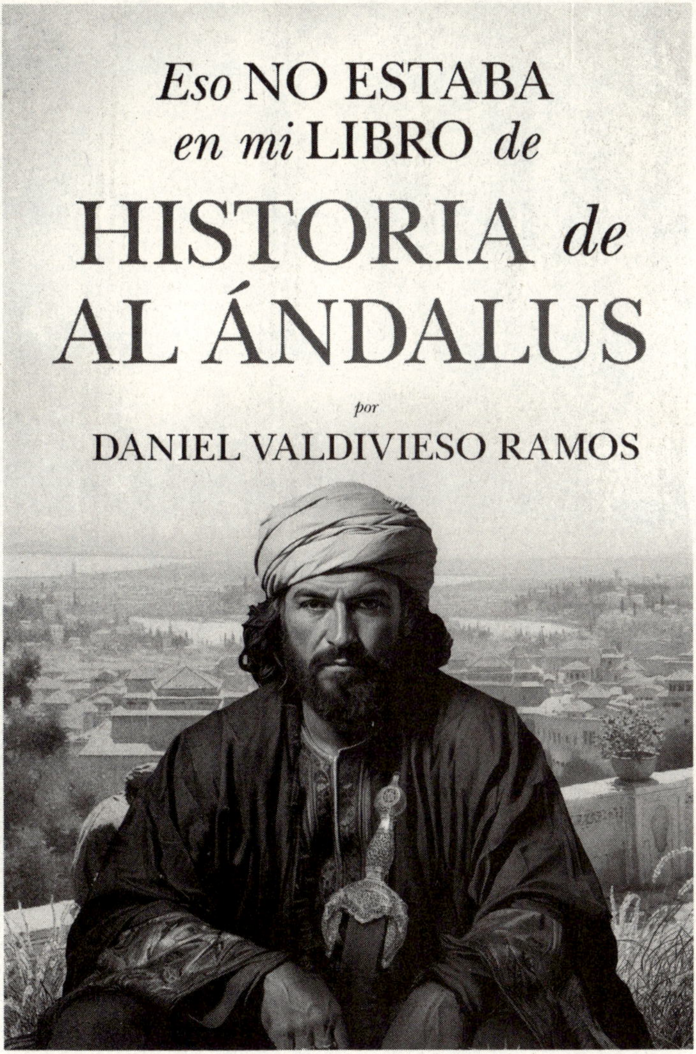
Eso NO ESTABA
en mi LIBRO de
HISTORIA de
AL ÁNDALUS
por
DANIEL VALDIVIESO RAMOS

Este libro se acabó de imprimir por encargo de la editorial Almuzara el 17 de abril de 2025, en el DXXXIII aniversario de la firma en Santa Fe de las capitulaciones entre los Reyes Católicos de Castilla y Aragón y el navegante Cristóbal Colón para concertar su viaje a través del Atlántico a China.